GRAMMAIRE COMPARÉE

DES

LANGUES DE LA FRANCE.

GRAMMAIRE COMPARÉE

DES

LANGUES DE LA FRANCE

PAR

LOUIS DE BAECKER

FLAMAND, ALLEMAND
CELTO-BRETON, BASQUE, PROVENÇAL
ESPAGNOL, ITALIEN, FRANÇAIS
Comparés au SANSCRIT.

PARIS

LIBRAIRIE CH. BLÉRIOT

25, rue Bonaparte

1860.

INTRODUCTION

I

ORIGINE DES LANGUES

« Avant toutes choses était le Verbe, et le Verbe était « Dieu; le monde a été créé par la puissance du Verbe, et « le Verbe a été la lumière du monde, et le monde n'a eu « qu'un Verbe (1). »

Ainsi s'expriment la Genèse et l'Evangile. Pour Moïse, le législateur du peuple d'Israël, et pour Jean, l'apôtre du Christianisme, la parole est l'attribut le plus grand, le plus digne de Celui qu'ils désignent par deux lettres, la première et la dernière de l'alphabet : *Ego sum alpha et omega,* Je suis le commencement et la fin. La parole divine a donné la vie à l'univers, et elle s'est reflétée dans la langue de l'humanité, une langue-mère : voilà la tradition!

Emanée de Moïse, adoptée par le Christianisme, elle a atteint les proportions d'une croyance religieuse, et elle est restée longtemps incontestée.

Lorsque l'homme, avide de connaître les causes de ce

(1) *Erat autem terra labii unius et sermonum eorumdem.* GEN., c. 9, v. 1.

qui est, eut posé cette question : Quelle a été la première langue parlée sur la terre? quelle est la langue primitive? la réponse a été d'abord confuse.

Les premiers écrivains qui se sont occupés de linguistique sont Platon dans son *Cratyle*, Aristote dans son *Interprétation*, et Varron dans son traité *De la langue latine*. Mais les théories qu'ils ont exposées dans ces ouvrages sont plutôt relatives à la grammaire qu'à l'histoire des langues. Cependant Hérodote a rapporté (liv. II, c. 2) que Psammeticus, roi d'Egypte, voulant savoir quelle avait été la première langue parlée par les hommes, fit enfermer deux enfants nouveau-nés sous la surveillance d'un gardien ou berger, auquel il avait enjoint de les tenir éloignés de tout contact avec les hommes et de ne leur jamais adresser la parole. Mais il lui recommanda expressément de saisir et de retenir le premier mot qui sortirait de la bouche des petits prisonniers. Lorsqu'ils eurent atteint l'âge de parler, le berger entendit un jour les enfants proférer ce cri, *Beccos*. Le roi, averti du fait, remarqua la même exclamation, et s'étant nformé du sens qu'il fallait attacher à ce mot, on lui dit que les Phrygiens désignaient le pain par *Beccos*; et le roi en conclut que la langue phrygienne était la langue originelle et naturelle à tous les hommes. Mais depuis on a renouvelé l'expérience de Psammeticus, et les enfants sont restés muets.

La recherche de la langue primitive n'a été franchement abordée que par les commentateurs de la Bible, par les théologiens. Il y avait là pour eux un intérêt religieux, il fallait pouvoir confirmer le récit des livres saints. L'hébreu obtint alors un droit de primogéniture sur les autres langues, et des esprits d'une haute valeur, parmi lesquels on compte Juste-Lipse, Vossius et Dom Calmet, attachèrent à ce droit une importance presque égale à celle d'un article de foi.

Théodoret (1), Amira (2), Myricœus (3) et d'autres maronites du Mont-Liban, ne laissèrent pas longtemps la langue hébraïque en possession de son triomphe. Ils revendiquèrent la priorité d'origine pour l'abyssinien, le syriaque, le chaldéen, l'arménien et l'éthiopien. Les Egyptiens et les Chinois élevèrent les mêmes prétentions en faveur de leur langue nationale.

Pezron et Pelloutier se firent les champions du bas-breton; Th. de Sorreguieta (4), D. P. de Astarloa (5) et J. B. Erro (6) plaidèrent pour le basque; Goropius Becanus (7), Adrien Van Schrieck (8) et le gantois de Grave (9), pour le flamand. Latour d'Auvergne, l'auteur de *l'Origine des premières sociétés*, et Court de Gebelin, l'auteur du *Monde primitif*, défendirent les droits du celtique.

C'était en décomposant les mots de leur langue et en en comparant les syllabes à des syllabes d'autres langues, que ces auteurs s'efforçaient de prouver l'antiquité de leur idiome de prédilection. Et pour donner un corps à leur singulier système, ils ont écrit des livres volumineux! Seulement, à tout cet échafaudage il manquait une base scientifique. Appuyé sur des rêves, il dut s'écrouler et s'anéantir le jour où la philologie entra dans la voie qui

(1) *Qu. 60, 61, in Genes.*
(2) *Præfat. in suam Gramm. Syr.*
(3) *Præfat. in Gramm. suam Chald.*
(4) *La Semaine espagnole-basque.* Madrid, 1804.
(5) *Apologie de la langue basque.* Madrid, 1803.
(6) *El Alfabeto primitivo.* Madrid, 1806.
(7) *Origines Antverpianæ.* Anvers, 1569.
(8) *Origines rerum celticarum.* Ypres, 1614.
(9) *La République des Champs-Elysées.* Gand, 1806.

venait de s'ouvrir aux sciences positives, c'est-à-dire lorsqu'elle adopta, comme la physique et la chimie, l'observation des faits pour base de ses expériences et de ses lois.

Leibnitz attacha son nom à ce nouvel essor donné à la linguistique.

Depuis lors, des spécimens de toutes les langues de l'Europe et même du monde connu furent colligés. Le jésuite espagnol Hewas en publia à Césène, et l'impératrice de Russie Catherine II fit paraître à Saint-Pétersbourg un vocabulaire comparé des idiomes de l'Europe, de l'Asie et de l'Afrique. Ces précieux matériaux, joints aux versions de l'Oraison dominicale dans presque toutes les langues de la terre (versions que S. Chamberlayne avait réunies et publiées à Amsterdam), furent de la plus grande utilité. Ils facilitèrent l'étude des langues; on compara celles-ci entre elles, on les groupa par familles, et l'on crut à leur parenté, quoiqu'on ne sût pas encore comment elle s'était établie.

La philologie en était là, lorsqu'à la fin du dix-huitième siècle, elle reçut de la politique un secours inattendu : les Anglais s'étaient rendus maîtres des Indes, et le sanscrit, l'ancienne langue sacrée des Indiens, attira l'attention des savants de la Grande-Bretagne.

« Cette langue, dit M. Le Brocquy, dont les premiers monuments remontent à trente-trois siècles, a eu une destinée semblable à celle d'une de ses filles, la langue de l'ancienne Rome. Comme le latin, le sanscrit est depuis longtemps une langue morte, et, comme lui, il n'a pas cessé de servir de langue sacrée à des populations nombreuses; comme lui encore, et bien plus que lui, il a donné le jour à beaucoup d'autres idiomes; enfin, toujours comme la langue du Latium, il a laissé une foule de documents d'une grande valeur littéraire, et qui permettent de le soumettre à une étude philologique approfondie.

« Cet antique idiome se parlait jadis dans tout l'Indoustan, depuis le golfe de Bengale jusqu'à la mer d'Arabie, et depuis l'extrémité méridionale du pays jusqu'aux montagnes Himalaya au nord. Le sanscrit est bien supérieur au latin, et plus parfait encore que le grec : de toutes les langues connues, c'est la plus flexible, la plus composée et la plus complète. Elle se prête à une analyse pour ainsi dire microscopique ; tous ses mots dérivés se ramènent facilement et clairement à leurs racines premières, qui existent dans la langue elle-même.

« Or, pour les premiers linguistes à qui fut révélée l'existence du merveilleux idiome, ce ne fut pas un médiocre sujet de surprise et de joie de découvrir que le sanscrit était l'origine non-seulement des idiomes modernes de l'Inde et de l'ancien persan, mais aussi qu'il était la souche d'où s'étaient formées toutes les grandes branches du langage européen, le grec, le latin et le teutonique, avec toutes leurs ramifications, ainsi que le celtique et le slave, avec leurs affiliations diverses. Dès lors, la révolution linguistique fut consommée, et la science s'est depuis trouvée portée sur un terrain solide, voie large et féconde par laquelle bientôt elle a marché à de grandes et magnifiques conquêtes.

« Des savants de presque toutes les parties de l'Europe, et particulièrement de l'Allemagne, s'associèrent, pour l'étude comparée du sanscrit, aux travaux de la société asiatique de Calcutta et d'autres linguistes anglais. L'unité originaire de toutes les langues de l'Europe fut établie avec une entière évidence, sauf deux idiomes d'un domaine géographique peu étendu, le finnois et le basque, qui ont été reconnus ne point se rattacher à la langue de l'Inde (1).

« En même temps que les limites de la haute linguistique, furent reculées prodigieusement les bornes de l'ethnographie, science née avec elle, et dont désormais elle est inséparable. Les vagues traditions conservées des temps antéhistoriques, les données incertaines des écrivains de l'antiquité et les timides conjectures de la littérature moderne sur l'origine asiatique des peuples européens, reçurent une éclatante confirmation, et, quant aux faits généraux, acquirent un caractère de certitude absolue. Ainsi, la linguistique retrouve les traces effacées de la grande famille iranienne, scythique ou sanscrite ; elle va la prendre à son berceau, dans sa patrie primitive, qui s'étendait depuis la Paropamise jusqu'aux sources du Tobol, depuis la mer Caspienne jusqu'à l'Altai et la chaîne du Bolor ; elle la suit dans ses vastes émigrations, et nous la montre occupant non-seulement la Perse, l'Arménie, la Médie et l'Indostan, mais couvrant de ses peuplades tout le sol de l'Europe, qui ne fait que continuer le territoire de l'Asie.

« L'hypothèse de la descendance collatérale des langues, dont auparavant on ne faisait que soupçonner la réalité, ayant été ainsi heureusement vérifiée à l'aide du sanscrit sur l'ensemble des groupes européens, on se trouva puissamment encouragé à en poursuivre le développement dans le classement de toutes les autres langues connues. On le fit avec empressement et persévérance, et voici,

(1) Nous reviendrons sur ce point.

très-succinctement résumé, le résultat auquel aboutirent ces immenses recherches du savoir et de la patience. Nos lecteurs comprennent que nous devons renoncer à le faire connaître dans ses détails, et que nous ne pouvons consacrer que quelques lignes à le présenter dans son expression la plus générale : le nombre des langues-mères ou indépendantes, qu'autrefois et naguère encore on avait singulièrement exagéré (on en avait compté plus de 70), fut excessivement réduit. On prouva que toutes les langues du globe se ramenaient à cinq ou six classes, premières et grandes divisions sous lesquelles venait se ranger, par genres ou par espèces, la totalité des autres idiomes. Le nombre des races crues d'abord primitives ou aborigènes fut restreint dans la même proportion, et, guidé par le fil conducteur de l'affinité du langage, on constata que des peuples vivant aujourd'hui dispersés sous les latitudes les plus diverses, et devenus étrangers les uns aux autres par les mœurs, la religion et les institutions politiques, appartenaient pourtant originairement à l'une des grandes races conquérantes ou émigrantes qui, au nombre de quatre ou cinq, avaient, dans des temps reculés, subjugué ou peuplé paisiblement toutes les contrées de la terre. — Les vœux de Leibnitz étaient exaucés et la plupart de ses prédictions accomplies.

« Ajoutons que les caractères de ces quelques grandes familles du langage humain ont été bien définis, et que les limites qui les séparent sont aujourd'hui nettement tracées. Il en résulte qu'il paraît difficile d'y découvrir encore des points de contact suffisants qui, comme un lien commun, puissent unir entre elles les classes que la science présente comme distinctes et isolées. Certains linguistes l'ont tenté cependant; car, si la recherche d'une langue primitive est définitivement abandonnée, il ne manque pas d'auteurs qui persistent à croire à la préexistence d'une langue unique, type à jamais perdu, mais dont tous les autres idiomes doivent reproduire, bien que plus ou moins affaiblis, quelques traits indélébiles. Ces essais n'ont pas jusqu'ici fourni des preuves aussi concluantes que les autres travaux de la linguistique moderne. A la vérité, il n'y a peut-être pas deux langues, n'importe dans quelles familles différentes on les choisisse, qui n'offrent certaines affinités verbales; mais ces mots qui leur sont communs font partie intégrante de l'un des idiomes et se rattachent à ses racines, tandis que dans l'autre ils ne sont en quelque sorte que superposés. La coexistence d'un certain nombre de mots similaires de cette nature prouve bien mieux le mélange de deux peuples ou leurs relations subséquentes qu'une communauté de race et de langage. Les écrivains partisans de l'affinité universelle des langues n'accusent souvent eux-mêmes que des résultats restreints, obtenus par leurs recherches comparatives. Ainsi, Lepsius, qui a écrit pour établir une connexion entre le sanscrit et l'hébreu, se résume en donnant comme certaine « l'existence dans les deux langues d'un germe commun, *quoique non développé* (1). »

Cependant l'illustre de Humboldt va plus loin en parlant des langues d'Amérique : « Des recherches faites avec la plus scrupuleuse exactitude, en suivant une méthode qui n'avait pas encore été employée dans l'étude de l'étymologie, ont prouvé, dit-il, l'existence de quelques mots communs aux vocabulaires des deux continents. Dans quatre-

(1) *Palæographie, als mittel für die sprachforschung zunaechst am sanskrit nachgewiesen.*

vingt-trois langues américaines examinées par Barton et Vater, on trouve cent soixante-dix mots dont les racines paraissent les mêmes; et il est facile de voir que cette analogie ne peut être accidentelle, puisqu'elle ne repose pas purement sur l'harmonie imitative, ou sur cette conformité d'organe qui produit une identité presque parfaite dans les premiers sons articulés par les enfants. Des cent soixante-dix mots qui ont cette analogie, trois cinquièmes ressemblent au mantchou, au tongouse, au mongol et au samoyède, et deux cinquièmes se retrouvent dans les langues celtique et tchoude, biscayenne, copte et congo. Ces mots ont été trouvés *en comparant la totalité des langues américaines avec la totalité de celles de l'ancien monde*, car jusqu'à présent nous ne connaissons aucun idiome américain qui paraisse avoir une correspondance exclusive avec aucune des langues de l'Asie, de l'Afrique ou de l'Europe (1). »

Ainsi, par une méthode plus sévère, par une observation plus soutenue, il serait possible à la science d'arriver au même résultat que la Genèse, et de conclure, comme Moïse, à l'unité du langage humain. Pourquoi renoncerions-nous à cet espoir? L'homme ne possède-t-il pas la faculté absolue de comprendre toutes les langues du globe, en tant qu'elles sont des manifestations de l'intelligence humaine par des signes qui frappent l'oreille ou les yeux? Dans toute langue ne se trouve-t-il pas des sons fondamentaux ou primitifs, qui sont comme la base ou le germe des mots-racines, exprimant partout et toujours les mêmes idées? S'il en était autrement, comment pourrait-il s'identifier avec les idiomes si variés des peuples disséminés sur

(1) *Vue des Cordillères.*

la surface de la terre? L'homme n'est-il pas un être doué de raison, et la raison humaine n'est-elle pas la même partout.

Or, le langage de l'homme est le vêtement animé de sa raison, si je puis m'exprimer ainsi. Considéré en lui-même, il est immuable et invariable comme la raison qu'il représente. La forme seule des mots est variable et changeante, car les mots sont les signes et les interprètes des idées, toujours mobiles et modifiées. Toute langue établie par l'usage n'est donc qu'un ensemble de signes au moyen desquels nous acquérons ou communiquons des idées.

Nos idées proviennent soit de l'action du monde extérieur sur nos sens, soit de l'action intérieure de notre intelligence. Par exemple, le mot *cheval* est le signe de l'idée de l'animal ainsi nommé, et cette idée est le résultat des nombreuses sensations reçues de l'objet *cheval*, quand il frappa nos yeux pour la première fois.

C'est donc après une gestation purement intellectuelle que la parole naît et est émise par l'organe de la voix, « mystère paternel du Créateur, dit M. de Lamartine, inspirant lui-même aux lèvres de sa créature-enfant, la parole, le verbe, le mot, l'expression innée qui nomme les choses, en les voyant, du nom approprié à leur forme et à leur nature : car nommer les choses de leur vrai nom, c'est véritablement les recréer. Oui, il a dû enseigner la première parole et la première langue Celui qui a fait l'intelligence et le sentiment pour se communiquer, la poitrine pour faire résonner le son de toutes les fibres tendues et émues de nos passions, comme un clavier intérieur, toujours complet, que nous portons en nous; Celui qui a fait la langue pour articuler, les lèvres pour prononcer, la voix pour porter au dehors l'écho de l'âme! Des débris de cette première langue, parfaite et décomposée par quelques décadences intellectuelles, se seront recomposées les autres langues diverses et imparfaites, comme des pierres d'un temple écroulé, se rebâtissent lentement, dans le désert, quelques abris pour la caravane (1). »

Mais l'homme ne parle pas seulement avec la bouche pour être compris par l'oreille; il parle encore pour les yeux par les contractions de son visage, par le geste de ses mains et de ses pieds, par le mouvement de toutes les parties de son corps. Voyez le sauvage : tout parle en lui, ses joues, ses yeux, ses épaules, ses bras, ses mains, ses pieds. Le moindre de ses mouvements est une expression; toute sa personne est parole; sa physionomie trahit la plus légère émotion de son âme.

Ce langage est compris; il l'est en vertu de la loi d'imitation, qui est la même dans tous les pays, sous tous les climats, partout où l'homme a porté ses pas. Il est compris par le Nègre dans ses déserts brûlants; par l'Esquimau sur les côtes de la Mer Glaciale; par l'Indien dans ses forêts humides; par le Malais dans ses îles poissonneuses; par le Chinois dans son monde muré; par l'Européen dans son Europe ouverte au commerce des nations. Quelle variété de peuples! et combien ces peuples paraissent aujourd'hui séparés physiologiquement les uns des autres! Pourtant nous croyons que les membres de la grande famille humaine ont tous eu le même berceau, qu'ils sont tous originaires du centre de l'Asie, et qu'ils sont partis de là pour se répandre dans les contrées que leur réservait la Providence. Il est probable que tant de lieux et de climats divers ont dû influer sur leurs manières d'être, sur leurs

(1) *Vie de Guttemberg.*

habitudes et leurs travaux, modifier en eux la faculté d'articuler certains sons, et changer par suite le caractère de leur langage primitif.

En effet, le peuple qui vit sur le continent, dans les forêts ou dans les champs, qui s'occupe de chasse, de culture et de l'élève du bétail, a d'autres flexions dans la voix que celui qui, adonné à la pêche ou à la navigation maritime ou fluviale, vit et se meut sur l'eau. La langue du premier est âpre, dure, forte, comme le sol qui le nourrit ; celle du second est molle et fluide, comme l'élément qui l'entoure. « Si les bêtes avaient reçu le don de la parole, dit l'allemand Jacob Kalfschmidt, je nommerais la langue des poissons humide, celle des oiseaux aérienne, et celle des quadrupèdes terrestre. »

Ainsi, les peuples maritimes ont un langage labial et sifflant, et les peuples agriculteurs ou chasseurs l'ont guttural et râlant. Cette proposition peut être facilement vérifiée au moyen de l'analyse et de la comparaison de plusieurs langues. Par exemple, les sons constitutifs de la langue grecque se ressentent du voisinage de la mer et de ses côtes, tandis que les mots stridents de la langue allemande rappellent les montagnes, les pays de chasse, les forêts et leurs habitants.

Cependant tout enfant bien organisé est capable d'apprendre n'importe quelle langue. Par imitation ou par l'usage, il s'assimile les principales expressions du peuple chez qui il est élevé ; tous les sons lui deviennent familiers. Il se dépouille même des flexions de sa langue maternelle, et profère avec une égale facilité les accents nouveaux qui frappent son oreille. C'est qu'il a à sa disposition des appareils d'une grande flexibilité : le gosier, la langue, les dents et les lèvres. Il y a bien aussi les narines ; mais elles ne sont mises en jeu que lorsqu'il doit prononcer les consonnants *n* et *m*.

Ces quatre appareils fonctionnent au moyen de quatre mouvements, qui sont : des mouvements de percussion, de pression, d'aspiration et de respiration, et produisent autant de sons distincts dont voici le tableau :

SONS SOURDS ou INTERNES Se produisant au fond de la bouche.									SONS SONORES ou EXTERNES Se produisant à l'extrémité de la bouche.								
Sons gutturaux.				Sons linguaux.				Son nasal	Sons dentaux.				Sons labiaux.				Son nasal
k	**g**	**ch**	**h**	**r**	**l**	**sch**	**j**	**n**	**t**	**d**	**s**	**th**	**p**	**b**	**f**	**v**	**m**
Percussion gutturale....	Pression gutturale.......	Respiration gutturale.....	Aspiration gutturale......	Percussion linguale......	Pression linguale........	Respiration linguale......	Aspiration linguale......	Fermeture des dents, bouche interne fermée.....	Percussion dentale.......	Pression dentale.........	Respiration dentale......	Aspiration dentale.......	Percussion labiale.......	Pression labiale.........	Respiration labiale......	Aspiration labiale.......	Lèvres fermées, bouche externe fermée.........

Ces appareils, générateurs des sons primordiaux, sont comme les touches d'un clavier; comme celles-ci à qui l'on fait exprimer toutes les notes de la gamme combinées de mille manières différentes, ils rendent tous les sons de la voix que la volonté humaine a combinés. Or, ce mécanisme général des langues se présentant partout le même, parce que, suivant la remarque de M. Alfred Maury, il procède de la nature de notre esprit, et cette nature étant la même pour tous les hommes, il s'ensuit que le type dont les langues sont sorties doit être un, comme l'esprit humain est un, comme la nature humaine est une. Les langues ne seraient donc que les modifications ou les débris d'une parole primitive, du *Verbe* qui fut sans doute donné à l'homme avec l'existence, par Celui qui lui avait donné la pensée.

« Ainsi, à part les différences de détail, disait le regrettable Fallot, l'organisme de toutes les langues est un; les différences n'y portent que sur des subdivisions insignifiantes; l'essentiel est partout le même.

« Aucune langue n'a eu jusqu'à présent :

Pour le substantif et ses corrélatifs :	1° Plus de trois genres : masculin, féminin, neutre; 2° Plus de trois nombres : singulier, duel, pluriel; 3° Plus de sept cas.
Pour le verbe :	4° Plus de trois personnes : *je, tu, il ;* 5° Plus de sept temps : présent, futur premier et second, imparfait, parfait défini et indéfini, plus-que-parfait. 6° Plus de six modes : l'indicatif, l'impératif, le subjonctif, l'optatif ou conditionnel, l'infinitif et le participe.

« Les langues qui n'ont pas toutes ces formes suppléent à celles qui leur manquent par le double emploi de celles qu'elles possèdent.

« Toutes les langues ont de même l'accent tonique, l'accent prosodique, etc.

« Ainsi, on peut ramener la formation et l'organisation propre de chacune des langues connues à un système unique qui les contienne toutes et les expose toutes simultanément, comme on peut ramener les alphabets de tous les peuples à un alphabet conventionnel unique qui les contienne tous (1). »

Cette conclusion a été contestée dans ces derniers temps; elle l'a été vivement et avec une science profonde. On a nié la communauté d'origine des langues, et, comme preuve, on a montré la ligne de démarcation qui sépare les idiomes de la race sémitique de ceux de la race indo-européenne. On a dit : « Dans les deux races les plus « rapprochées en apparence, c'est-à-dire chez les Ariens

(1) *Recherches sur les formes grammaticales de la langue française.*

« ou Indo-Européens et les Sémites, les pronoms simples « et les verbes simples sont constitués phoniquement par « des syllables complétement différentes, enfants indé- « niables et caractéristiques à la fois des deux génies « divers qui les ont instinctivement, inévitablement, « procréés (1). »

Les pronoms ! Comparons ceux des Sémites et ceux des Européens :

	1re pers.		2e pers.		3e pers.	
Hébreu :	*anki, ani,*	je, moi;	*an-ta,*	tu;	*hou, hi,*	il.
Arabe :	*ana* (2)	—	*ent,*	—	*hou.*	—
Copte :	*ank,*	—	*nthok,*	—	*se.*	—
Sanscrit :	*aham,*	—	*tuam,*	—	*ayam.*	—
Slavon :	*as, iaz, ia,*	—	*tu, ty,*	—	*iis, ii, ie.*	—
Grec :	εγω,	—	τυ et συ,	—	ο, αυτος.	—
Latin :	ego,	—	tu,	—	hic, is.	—
Flamand :	ik,	—	du,	—	hy, sie.	—
Italien :	io,	—	tu,	—	ei, é.	—

D'après ces listes, n'est-il pas évident que tous les mots dont elles se composent procèdent d'un même type ? Sans doute les lettres ne sont pas identiquement les mêmes, mais les sons qu'elles représentent proviennent des mêmes organes; ce sont les mêmes appareils de la voix qui les produisent, chez les Sémites aussi bien que chez les Indo-Européens. Chez ceux-ci comme chez ceux-là, les mots que nous venons de citer, et qui ont reçu en grammaire la qualification de pronoms personnels, procèdent indistinctement de sons gutturaux ou dentaux. Or, l'identité des pronoms est la présomption la plus forte en faveur de l'identité des langues.

(1) *Moïse et les langues*, par Chavé. Paris, in-8o, p. 16.

(2) *An* constitue un soutien commun à la plupart des pronoms sémitiques. RENAN.

Les verbes ! conformément aux règles qui président à la formation des conjugaisons hébraïque, syriaque, chaldéenne et arabe, les pronoms se placent toujours avant ou après le radical des verbes. Exemple :

Hébreu :	*Luc-a*, je prête; *luc-t; luc-e; luc-nu; luc-ts; luc-tz; luc-u.*
Arabe :	*A-coun*; je serai; *te-coun; ïe-coun; ne-coun; te-counou; ïe-counou.*
Sanscrit :	*Lay-ami*, je dissous; *lay-asi; lay-ati; lay-amas; lay-atha; lay-anti.*
Grec :	λυ-ω, je délivre; λυ-εις, λυ-ει, λυ-ομεν, λυ-ετε, λυ-ουσι.
Latin :	*Lu-o;* — *lu-is, lu-it; lu-imus, lu-itis, lu-unt.*
Français :	*Lav-e,* — *lav-es, lav-e, lav-ons, lav-ez, lav-ent.*
Anglais :	*Lav-e,* — *lav-est, lav-es, lav-e, lav-e, lav-e.*
Allemand :	*Laug-e,* — *laug-est, laug-et, laug-en, laug-et, laug-en.*

M. Eichoff, dans son introduction au *Parallèle des langues de l'Europe et de l'Inde*, fait remarquer aussi que, dans ces langues, la conjugaison est née de l'adjonction des pronoms personnels à la syllabe radicale de chaque verbe. Donc, dans la conjugaison européenne comme dans la conjugaison sémitique, les procédés sont les mêmes.

D'ailleurs, M. Chavé reconnaît lui-même que « les « verbes sanscrits et hébraïques composant les trois classes « d'imitations de bruits *(crier, souffler, détruire)* pré- « sentent entre eux, çà et là, des ressemblances inévita- « bles. Le cri d'un animal est le même chez tous les « peuples. Les sifflantes W, S, F et le P devaient entrer « partout dans les imitations du souffle et du bruit du « vent. Les craquements, les grattements, les broiements, « les explosions devaient amener des consonnes et des « groupes de consonnes, tels que R, KR, GR, TR, « FU, PAU, etc. Quoi qu'il en soit, il est toujours facile « d'observer de notables différences même dans les plus « grandes ressemblances, et encore ces grandes ressem-

« blances ne se rencontrent-elles qu'une vingtaine de fois « tout au plus. »

Nous croyons, nous, qu'elles se rencontrent encore dans d'autres verbes qui ne dérivent pas de l'harmonie imitative. Ainsi, l'hébraïque GEÉ, être médicamenté, guérir, être bien portant, en santé, ne se retrouve-t-il pas dans le grec *ὑγιόω*, *sano, curo;* *ὑγιῶς*, *salubriter* et ses dérivés; dans l'anglais *go*, aller, marcher; dans l'allemand et le flamand *gang*, allure, démarche; *ganz*, entier?

L'hébraïque EGE, sonner, disputer, querelle, dans le grec *ηχη*, *ηχος*, son, bruit; *ηχεω*, sonner; *ηχω*, écho; dans l'espagnol et l'italien *eco;* dans le flamand et l'allemand *echo;* dans le russe *exo?*

L'hébraïque IGO, travailler, dans le grec *αγω*; dans le latin, *ago*, agir; dans l'espagnol *agio;* dans le flamand et l'allemand *acht*, attention?

L'hébraïque AGG, célébrer, dans le grec *αγιος*, saint; dans le flamand et l'allemand *gast*, et l'anglais *guest*, hôte, convié, fêté?

L'hébraïque AG, AUG, entourer, dans le grec *οκκος* et le latin *oculus*, œil; dans l'italien *occhio*, dans le slavon *oko;* dans l'espagnol *ojo*, dans le flamand *oge*, dans l'allemand *auge*, œil?

Il est aussi des substantifs hébraïques qui ont une grande analogie avec des substantifs européens. Exemple :

OLE, hauteur, se retrouve dans le latin *ala*, aile; l'espagnol *elato*, élevé.

ALE, chêne : dans l'anglais *olm*, dans l'allemand *holz*, dans le flamand *holt*, bois.

AL, bien, héritage : dans le grec *ἀλωῆ*, plaine; dans l'anglais *leg*, champ, pâture; dans l'allemand *wohl*, le bien.

Gid, nerf qui relie les diverses parties du corps : dans le flamand *keeten*, enchaîner; dans l'allemand *kette;* dans le latin *catena*, et l'espagnol *cadena*, chaîne.

Ali, fortement : dans le grec ἅλις, assez ; dans l'anglais *heal*, guérir ; le flamand *heelmeester*, médecin ; *held*, héros.

Oiloa, côte, auprès : dans le vieux mot français *lez*, auprès ; dans le grec ἅλλιξ, juste-au-corps.

Olie, chambre : dans l'anglais *hall* et le flamand *halle*, salle ; dans le latin, l'espagnol et l'italien, *aula*, palais ; etc., etc.

En faisant ressortir la ressemblance qui existe entre les syllabes constitutives des verbes et des substantifs sémitiques que nous venons de citer et certains verbes et substantifs des langues européennes, nous n'avons certes pas la prétention d'inférer de là que ceux-ci dérivent des premiers ; nous voulons seulement constater des analogies résultant, selon nous, d'un lien de parenté qui doit avoir uni jadis les Sémites et les Japhétides ; mais d'une parenté collatérale qui se perd dans la nuit des temps, d'une parenté semblable à celle d'un héritier à qui manque la preuve d'un ou de plusieurs degrés généalogiques pour établir sa filiation avec l'auteur commun de la famille, et qui, à cause de ce défaut de preuves, est exclu de l'héritage de ses pères, quoique les présomptions les plus graves militent en sa faveur.

M. Renan, qui vient de prendre une si grande place dans les études philologiques, et que l'on a classé parmi les adversaires de la doctrine de l'unité d'origine des langues, M. Renan reconnaît cependant que « les origines de l'humanité se perdent dans une telle nuit, que l'imagination « même n'ose se hasarder sur un terrain où toutes les in-

» ductions semblent mises en défaut... » Et plus loin, il ajoute : « Nous reconnaissons volontiers que rien, dans ce « qui précède, n'infirme l'hypothèse d'une affinité primor- « diale entre les races sémitiques et indo-européennes. On « ne peut dire qu'une telle hypothèse soit rigoureusement « exigée par les faits; mais elle y suffit, et rend compte de « plusieurs particularités sans cela difficilement explicables. « Quelque distincts, en effet, que soient le système sémi- « tique et le système arien, on ne peut nier qu'ils ne re- « posent sur une manière semblable d'entendre les caté- « gories du langage humain, sur une même psychologie, « si j'ose le dire, et que, comparés au chinois, ces deux « systèmes ne révèlent une organisation intellectuelle ana- « logue (1). »

Nous sommes heureux de pouvoir citer ces paroles de l'éminent philologue français; tout ce qu'il refuse d'admettre, c'est la similitude des grammaires des Sémites et des Indo-Européens. A ce sujet, nous nous permettrons de demander à M. Renan si cette différence grammaticale ne provient pas de ce que la race sémitique est une race incomplète; « de ce qu'elle est à la famille indo-européenne, » pour nous servir des propres expressions du célèbre académicien, « ce que la grisaille est à la peinture, « ce que le plain-chant est à la musique moderne; de ce « qu'elle manque enfin de cette variété, de cette largeur, « de cette surabondance de vie, qui est la condition de la « perfectibilité (2)? »

« C'est en parcourant, dit M. Jehan, la chaîne entière des langues, en jetant un coup d'œil sur ce tableau mobile

(1) *Histoire de la formation des langues sémitiques*, p. 458.
(2) *Histoire de la formation des langues sémitiques*, 17.

soumis à une rotation continuelle dans laquelle la parole humaine se reflète sous mille nuances diverses, que l'on reconnaît avec admiration l'unité et la variété de la nature : unité dans l'essence même du langage, dans l'expression concise des idées simples, dans l'échelle limitée des sons fondamentaux, qui ne sont guère qu'au nombre de cinquante ; variété dans leurs combinaisons infinies, dans l'abstraction et l'assimilation des idées mixtes, dans les formes de chaque idiome spécial, qui caractérisent les progrès de chaque peuple, et qui des cris du sauvage s'élèvent jusqu'à l'inspiration du poète et à la dialectique de l'orateur. Combien d'idiomes plus ou moins élaborés ont déjà disparu de la surface du globe ! Combien d'autres se sont confondus, transformés par des révolutions violentes, ou modifiés et altérés par la marche progressive des siècles, comme ils se modifient encore tous les jours, sans que les efforts de la science ni les chefs-d'œuvre de la littérature puissent arrêter ce mouvement irrésistible imprimé à toutes les choses terrestres (1) ! »

(1) *Dictionnaire de linguistique*, Introduction.

II

LANGUES DE L'ORIENT ET DE L'OCCIDENT

Au centre de la haute Asie est une immense chaîne de montagnes entrecoupées de steppes et de terres fertiles. Là s'élève l'Hymalaya à 7821 mètres au-dessus du niveau de la mer. C'est dans cette contrée que l'antique tradition et la vraisemblance placent le berceau de l'humanité, de la première famille humaine, d'où sont sortis plusieurs rejetons qui ont donné naissance à diverses races, partant aux diverses langues parlées dans l'univers.

Tout porte à croire qu'après la retraite des eaux dans leur vaste bassin, les plateaux de ces hautes montagnes ont été les premiers habités, et que c'est de là que s'est effectuée la première émigration des peuples.

La population de la terre est aujourd'hui d'environ un milliard d'habitants, qui parlent, suivant l'évaluation du géographe Balbi, 5860 langues (1), et se partagent l'ancien et le nouveau monde, c'est-à-dire l'Europe, l'Asie, l'Afrique, l'Amérique et les îles de l'Océanie ou la Polynésie.

Tous les peuples de ces cinq grandes divisions territoriales peuvent être ramenés à cinq grandes variétés

(1) D'après une statistique publiée en 1859 par le *London Journal*, le nombre des langues qui se parlent dans le monde connu est de 2,523, dont 587 en Europe, 596 en Asie, 276 en Afrique et 1,264 en Amérique.

de races que nous distinguerons par la couleur de leur peau :

A. — La race blanche, au visage ovale et régulier, au front développé, à l'angle facial ouvert, aux grands yeux posés horizontalement, au nez aquilin, habite l'Europe, l'Asie occidentale et la partie la plus occidentale de l'Afrique.

On a appelé aussi cette race *caucasique*, parce qu'on la croit originaire du Caucase, montagne située entre la mer Caspienne et la mer Noire.

Cette branche se subdivise, suivant M. Ludovic Lalanne, en trois rameaux :

« 1° *Araméen* ou *sémitique*, comprenant les Assyriens, Chaldéens, Arabes, Phéniciens, Juifs, Abyssiniens, etc. Ces peuples ont l'ovale de la figure long et un peu étroit, les pommettes peu saillantes, le nez grand et assez busqué, et de plus ils sont remarquablement enclins au commerce et au mysticisme. Ils ont été les fondateurs des principales religions du globe ;

» 2° *Indo-européen*, comprenant les Indous, Pélasges, Celtes, Cantabres, Perses, Germains, Scandinaves, en un mot tous les peuples qui parlent les langues désignées sous le nom de langues indo-européennes. C'est le rameau guerrier et perfectible par excellence de la race caucasique ;

« 3° *Scythique* ou *tartare*, comprenant les Scythes, Parthes, Turcs, Finlandais, Finnois, Hongrois, les habitants actuels du voisinage des Monts-Ourals et de la Sibérie jusqu'aux confins de l'Yénissel.

B. — La race jaune, « la face aplatie, le front bas, oblique et carré, les pommettes saillantes, les yeux étroits et obliques, le menton légèrement saillant, la barbe grêle, les cheveux droits et noirs et la peau olivâtre. Cette variété, dont un caractère moral assez prononcé est de rester stationnaire après avoir acquis un certain degré de civilisation, se divise en trois rameaux répandus à l'orient des régions occupées par les races caucasiques :

« 1° *Mandchou*, comprenant les Kalmoucks, les Kalkas, un grand nombre de tribus nomades et presque toutes les peuplades de la partie orientale de la Sibérie ;

« 2° *Sinique*, comprenant les Chinois, Japonais, et les habitants des îles Philippines, Mariannes, Carolines, et de toutes les terres qui s'étendent au nord de l'équateur, depuis le premier de ces archipels jusqu'au 172e degré de longitude orientale. C'est le rameau le plus remarquable de la variété mongolique ;

« 3° *Eskimau* ou *hyperboréen*, comprenant les Lapons, les Esquimaux du Labrador et les habitants des Kouriles et des îles Aleoutiennes. »

C. — La race rouge, au teint rouge de cuivre, aux cheveux longs et noirs, au nez retroussé, à la barbe rare, habite l'Amérique.

D. — La race brune, à la bouche large, aux cheveux crépus, habite la presqu'île de Malacca et les îles de Sumatra, de Java, de Célèbes et de Timor; les îles innombrables de l'Océanie situées à l'est de la Nouvelle-Zélande, jusqu'aux archipels des îles des Amis et des îles Basses.

E. — La race noire, « le crâne comprimé, le nez écrasé, la mâchoire saillante, l'angle facial aigu, les lèvres grosses, les cheveux crépus et la peau plus ou moins noire. Elle existe au midi de l'Atlas et se divise en rameaux *éthiopien*, *caffre* et *hottentot*. De plus, on rattache encore à la race nègre la population primitive de l'Australie et d'une partie des archipels de l'Océanie. Ces peuplades, comprises sous le nom d'*Alfourous-Endamène* et d'*Alfourous-Aus-*

tralien, sont très-peu connues. Elles habitent le plateau central de la Nouvelle-Guinée, quelques-unes des îles Mollusques et différentes parties de l'intérieur de l'Australie. Elles ont les cheveux rudes et lisses.

« Le littoral de la Nouvelle-Guinée et les îles de la Nouvelle-Bretagne, de la Nouvelle-Irlande, de la Louisiane, de Salomon, des Nouvelles-Hébrides et de la Nouvelle-Calédonie, renferment encore une autre espèce de nègres, nommés *Papous*, et que l'on croit originaires d'Afrique. Ils ont la chevelure épaisse et peu laineuse, le visage assez régulier, le nez un peu épaté et le front élevé, et se rapprochent beaucoup des nègres de Madagascar (1). »

A ces cinq grandes races humaines correspondent cinq grandes divisions de langues, qui reçoivent leur nom des cinq parties du globe, savoir :

1. Langues de l'Asie,
2. Langues de l'Europe,
3. Langues de l'Afrique,
4. Langues de l'Amérique,
5. Langues de l'Océanie.

Chacune de ces divisions se subdivise en familles; les familles de langues qui ont entre elles de l'analogie ou des liens de parenté forment des groupes.

Les deux groupes les plus remarquables et les plus dignes de notre attention sont celui des langues sémitiques et celui des langues indo-européennes. Ce dernier est le plus connu, et pour nous le plus utile à connaître.

(1) V. *Million de faits.*

§ I. LANGUES SÉMITIQUES.

Les langues sémitiques se divisent en quatre branches :

A. Hébraïque,

B. Syriaque,

C. Arabique,

D. Abyssinique.

A. — La branche hébraïque comprend : 1° la langue hébraïque, qui se subdivise en trois dialectes : l'ancien hébreu, le samaritain et le rabbinique ; 2° la langue phénicienne, et 3° la langue punique ou carthaginoise.

B. — La branche syriaque comprend : 1° le syriaque, 2° le chaldéen.

C. — La branche arabique comprend : 1° l'arabe ancien, 2° l'arabe littéraire, 3° l'arabe vulgaire.

D. — La branche abyssinique comprend : 1° l'axumite, qui se divise en *gheez* ancien et *gheez* moderne ; 2° l'amharique.

D'après M. Renan, le berceau des langues sémitiques est situé au sud-ouest de l'Asie, dans la région comprise entre la Méditerranée, la chaîne du Taurus, le Tigre et les mers qui entourent la péninsule arabique. Dès les temps anté-historiques, ces langues sont restées cantonnées dans les mêmes régions où nous les voyons parlées encore aujourd'hui, et d'où elles ne sont guère sorties que par les colonies phéniciennes et l'invasion musulmane, c'est-à-dire dans l'espace péninsulaire fermé au nord par les montagnes de l'Arménie, et à l'est par les montagnes qui limitent le bassin du Tigre. « Aucune famille de langues n'a moins voyagé, ni moins rayonné à l'extérieur... Mais ce que les

Sémites ne firent point dans l'ordre des choses extérieures, ils le firent dans l'ordre moral, et l'on peut, sans exagération, leur attribuer au moins une moitié de l'œuvre intellectuelle de l'humanité. A la race sémitique appartiennent ces intuitions fermes et sûres qui dégagèrent tout d'abord la divinité de ses voiles, et, sans réflexion ni raisonnement, atteignirent la forme religieuse la plus épurée que l'antiquité ait connue (1). »

§ II. LANGUES INDO-EUROPÉENNES.

Le groupe de ces langues a son berceau dans la riante vallée de Kaschmir et dans les gorges du Caucase, entre la mer Caspienne et le nord de la chaîne de l'Hymalaya. « Deux courants d'émigration se sont produits dans les temps qui précèdent l'histoire, dit M. Jehan dans son *Dictionnaire de linguistique* : l'un au sud vers l'Iran (Perse) et plus à l'est, jusque par-delà le Gange ; l'autre dirigé vers l'Europe, soit par le sud de la Caspienne et de l'Asie-Mineure, soit par le Nord et par l'Oural. Cette race énergique et progressive s'est heurtée tour à tour aux races finnoises, tartares, sémitiques, nègres et américaines, envoyant successivement en Europe les Celtes, les Germains et les Slaves, tandis qu'en Asie la domination appartenait à l'ouest aux Persans et à l'est (jusqu'en Océanie) au sanscrit. Aujourd'hui, la famille indo-européenne a subjugué et civilisé le monde. C'est elle qui semble avoir désormais le privilége de réunir de proche en proche tous les hommes dans une providentielle fraternité. »

(1) *Histoire générale et système comparé des langues sémitiques*, p. 26 et p. 3.

Six familles de langues composent le groupe indo-européen :

A. Les langues indiennes.
B. Les langues persanes ou iraniennes.
C. Les langues celtiques.
D. Les langues slaves.
E. Les langues germaniques.
F. Les langues gréco-latines.

A. — Les langues indiennes sont parlées aujourd'hui entre le Gange et l'Indus, sous forme de plusieurs dialectes, par des peuples vainqueurs de l'ancienne nation indienne, tels que les Bengalis, les Seiks, les Mahrates, les Malabrais, les Tamuls, les Telingas, les Mogols, les Turcs indiens, les Zinganais ou Zingalais, les Eingalais, les Maldiviens, et les sauvages habitants des montagnes. En tête de la famille des langues indiennes se présente :

Le SANSCRIT, la langue sacrée des Brahmines, la mère de tous les idiomes indiens. Le nom de cette langue signifie « policée, parfaite, » et indique par quelles phases douloureuses elle a dû passer avant d'être consacrée par l'usage ; et pourtant les documents qui nous l'ont révélée avec la forme ou la physionomie sous laquelle nous la connaissons datent depuis plus de 1500 ans avant l'ère chrétienne. Écrits sur des feuilles de palmier bien fragiles, conservées par la religion dans le temple ou transmises de génération en génération par la fidélité de l'Indou, ces documents sont de vénérables ruines d'une civilisation presque étreinte, rendues à la lumière pour enseigner aux Européens, avec les éléments de leurs propres idiomes, l'origine de leurs littératures, de leurs arts et de leurs sciences. En possession d'un alphabet de cinquante lettres ou caractères correspondant à toutes les flexions ou modulations de la voix, et exprimant avec une merveilleuse clarté les nombreuses combinaisons des signes phoniques et graphiques, la langue sanscrite renferme en elle le type des langues européennes et partage avec elle ses trésors. Sa composition est simple et logique, et offre à l'art poétique un champ sans limites. Aussi la poésie conserve-t-elle le même éclat aux quatre âges de l'histoire littéraire des Indes. Après le premier âge, l'âge religieux auquel appartiennent les Védas, vient l'âge héroïque avec les lois de Manou, le législateur indien; avec les Puranas ou annuaires mythologiques et les poèmes gigantesques de Ramaya et de Mahabharat, dont l'un chante la victoire de Ceylan, l'autre la lutte des deux dynasties régnantes, et qui ont valu à leurs auteurs Valmykis et Vyasas, contemporains et voisins d'Homère, la réputation de poètes et de philosophes d'une taille majestueuse. Vient ensuite le bel âge de l'esprit, où, peu avant Virgile, Jayadevas dans ses élégies pastorales, et Calidasas dans sa gracieuse Sacontala, ont fait entendre les accents les plus suaves et les plus purs de la langue indienne. Après ces âges commence celui de la décadence, visible dans les monuments littéraires des derniers siècles; et l'Inde, la vieille sœur de l'Europe, touchait déjà à son déclin, lorsque celle-ci commençait à peine ses grands travaux. Mais l'Inde n'oublia jamais sa langue sonore et sentimentale, et les Brahmines l'étudient encore, comme nous le latin.

La forme des mots sanscrits est conservée dans les nouvelles langues de la presqu'île indienne, qui sont :

1° Le *prakrit*, idiome vulgaire du peuple et des femmes, d'origine mahrate, mais devenu la langue sacrée d'une secte boudhiste, nommée Dschaïnos;

2° Le *Pali*, langue sacrée du boudhisme du Ceylan, de la presqu'île au delà du Gange où il s'est formé, a donné naissance à deux dialectes, le *fan* et le *kavi*. Ce dernier est un sanscrit très-pur parlé à Java et à Bali;

3° Les dialectes populaires parlés à l'est et à l'ouest de l'Indoustan, au pied de l'Hymalaya et des monts Vindhya;

4° L'*hindoustani*, langue née de la fusion du sanscrit, de l'arabe et du persan, et parlée par 19 millions de Musulmans du Mogol de l'Inde;

5° Enfin les dialectes des 600,000 Ziguanais, Gypsies, Zingari, Egyptiens ou Bohémiens errants en Europe, et des Indous noirs de l'Asie; dialectes formés du sanscrit pur, du persan ou de mots empruntés à des langues encore inconnues.

B. — Les langues persanes, parlées entre l'Indus et le Tigre par un peuple qui formait autrefois le royaume des Perses et des Parthes, et qui continue de vivre parmi les Guèbres ou adorateurs du feu, les nouveaux Parsis, les Kurdes et les Buchares, dans l'Afghan et le Relutschistan, sur les frontières de l'Inde, dans les hautes vallées du Caucase. Les langues persanes comprennent:

1° Le *puschtu*, qui paraît être un dialecte composé d'indou et de persan, une transition entre les langues indiennes et persanes; il est parlé par les Afgans dans le royaume de Caboul et les Belutsches dans le Belutschistan, et dans l'État de Syndi;

2° Le *zend*, l'ancienne langue de Zoroastre et de la Bactriane, la souche des langues persanes modernes;

3° Le *pelhvi*, langue qu'on retrouve dans les traductions des livres de Zoroastre, et qui fut parlée autrefois dans la Perse occidentale, dans l'ancienne Médie et sur les rives du Tigre. Sa grammaire est toute persane, quoique son vocabulaire soit en grande partie sémitique;

4° Le *parsi*, l'ancien idiome des persans, conservé peut-être parmi les Guèbres de Perse, de l'Inde occidentale et de l'île Mozambique ;

5° Le *persan moderne*, mélange du vieux parsi avec l'arabe, la langue littéraire de peuples indiens, persans et boukhariens ;

6° Le dialecte *kurde*, parlé dans le Kurdistan et le Louristan, et *l'osette*, au milieu du Caucase, au nord de la Géorgie, par les Irous que l'on suppose être des descendants des Alains du moyen-âge ; l'*arménien* et le *géorgien*, qu'il est difficile de classer ethnographiquement.

C. — Les langues celtiques furent parlées, dans les temps les plus reculés, entre les Alpes et les Pyrénées, le Rhin et l'Océan. Les Celtes s'allièrent de bonne heure aux plus anciens peuples indo-européens, et donnèrent naissance aux Gaëls et aux Cimbres. Les premiers fondèrent les Etats des Eduens, des Séquanais et des Avernes, et se propagèrent ensuite sous le nom d'Ombriens en Italie, et de Gallois dans l'île de Bretagne ; les derniers, qui se partagèrent en Boïens, Bolgs et Armoricains, envahirent aussi cette même île et s'y établirent.

Soumis d'abord aux Romains, ensuite aux Germains, les Celtes ont vu l'unité de leur langue se fractionner en deux petits groupes bien dégénérés, qui se maintiennent aujourd'hui dans l'Irlande, l'Ecosse et la province de Galles en Angleterre, et dans la Bretagne en France. Ces deux petits groupes sont :

1° Le *gaëlique* qui comprend l'*irlandais primitif*, dont il reste des monuments littéraires du VIe au Xe siècle, idiome encore parlé dans les campagnes de l'Irlande ; et l'*erse*, parlé dans les montagnes de l'Ecosse, où il a été importé par des Gaulois fugitifs ;

2° Le *cymrique*, auquel se rapportent le *gallois*, parlé

dans la province de Galles, où il a été importé par les Celtes connus sous le nom de Cimbres ; le *cornique*, parlé dans le Cornouailles, et le *bas-breton*, parlé dans la Bretagne française, où il a été importé par les Celtes qui s'établirent dans l'ancienne Armorique. « Nous ne savons presque rien, dit M. Alfred Maury, de la langue que parlaient nos pères les Gaulois, mais que le petit nombre de mots qui nous en est resté suffit pour rattacher au même groupe. De toutes les branches de la famille indo-européenne, c'est celle en effet dont les destinées ont été les moins heureuses et les plus bornées. Les langues celtiques sont venues mourir sur les rives de l'Océan, qui opposait une barrière infranchissable aux émigrations nouvelles de ceux qui les parlaient. Envahies par les populations latines ou germaines, les races celtiques ont perdu pour la plupart le langage qui les distinguait, sans perdre pour cela tout à fait le cachet de leur individualité (1). »

D. — Les langues slaves, parlées entre la mer Noire et la Baltique par une population de soixante-deux millions d'habitants, qu'on distinguait autrefois en Sarmates, Roxolans, Gzekes, Venètes et Pruzes, nommés aujourd'hui Russes, Illyriens, Polonais, Bohémiens, Wendes, Lettes, Lithuaniens. Ces langues se divisent en trois rameaux :

1° Le serbo-russe, parlé par les Slaves de l'est, comprend l'esclavon ou vieux slavon, idiome en usage jusqu'à Pierre-le-Grand et dont les livres lithurgiques ont conservé des traces ; le russe moderne, parlé dans la grande et petite Russie ; le serbe, dans la Servie, la Dalmatie et la Croatie militaire ; le carnique, dans la Carniole, la Carinthie et la Croatie provinciale.

(1) *Revue des Deux-Mondes*, p. 918, 15 avril 1857.

2° Le vendo-polonais, parlé par les Slaves de l'ouest, comprend le bohémien, usité dans la Bohême, la Moravie et une partie de la Hongrie; le polonais, dans la Pologne, la Gallicie et une partie de la Silésie; le venède, dans la Haute et la Basse-Lusace.

3° Le letto-prussien, parlé par les Slaves du centre, comprend le prussique ou vieux prussien, langue éteinte parlée autrefois dans la Prusse orientale; le lithuanien, qui rappelle le plus son origine sanscrite, parlé dans la Lithuanie et la Samogitie; le letton, dans la Courlande et la Livonie.

Quant au mélange subséquent des langues slaves avec les idiomes germaniques, M. Eichoff en donne une assez juste idée dans les lignes suivantes :

« Lorsque le génie de Pierre-le-Grand révéla la Russie à l'Europe, et appela de toute part au milieu d'elle les lumières de la civilisation, le russe, déjà enrichi d'une foule de mots qu'il devait au contact des Mongols, des Polonais, des Allemands, adopta encore beaucoup d'expressions hollandaises, anglaises et françaises, consacrées aux découvertes nouvelles et devenues dès lors indispensables, et vit ainsi son vocabulaire s'étendre dans une progression immense. Par bonheur, telle est la souplesse et l'extrême régularité des langues slaves, que tous ces mots d'origine étrangère, loin de produire une bigarrure fâcheuse, s'incorporèrent tout naturellement dans la masse des racines existantes, en adoptant leurs formes et leurs flexions et en imitant leur nature, de manière à produire un ensemble parfaitement rationel et homogène, qui a fini par devenir une des langues les plus remarquables de l'Europe (1). »

(1) *Hist. de la langue et de la littérature des Slaves.* Paris, 1839.

E. — Les langues germaniques. Longtemps avant que la race latine sortît des gorges du Caucase, la famille germanique s'était arrêtée dans le nord de l'Europe entre le Rhin et les Carpathes, les Alpes et la mer Glaciale; peut-être avait-elle été primitivement confondue avec les vieux Scythes. Une branche de cette famille, partie des rives du haut Danube, poussa dans le cœur de l'Allemagne, et forma la nation guerrière des Teutons, des Suèves, des Franks et des Allemands; tandis qu'une autre branche atteignit l'Elbe et engendra les Saxons, les Frisons, les Lombards et les Angles, qui allèrent bientôt se fixer en Angleterre. Une troisième branche suivit le cours de l'Oder, et s'établit, sous le nom de Scandinaves et de Goths, sur les côtes de la Baltique. Ces peuples, d'origine germanique, se liguèrent un jour pour secouer le joug de Rome, et constituèrent l'occident moderne. Dans le midi de l'Europe, leur idiome fut absorbé par celui des nations vaincues; mais dans le nord il est resté intact.

Aussi, l'histoire des langues germaniques présente quatre phases :

I. La période gothique, c'est-à-dire celle où les Goths finirent par se fixer dans l'ancienne Médie (la Servie et la Bulgarie de nos jours). La Bible d'Ulphilas est un monument curieux de la langue mœso-gothique du IIIe siècle.

II. La période de l'ancien haut-allemand, parlé autrefois dans toute l'Allemagne méridionale, la Suisse, la Hesse, la Thuringe, etc., et qui se subdivise :

a. En *scandinave*, parlé dans la Scandinavie du VIIIe au IXe siècle, conservé dans l'Edda et la Voluspâ, et qui a donné naissance aux idiomes modernes : l'islandais, le norwégien, le suédois et le danois;

b. En *ancien bas-allemand*, parlé au moyen âge dans

une grande partie de l'Allemagne septentrionale et dans les anciens Pays-Bas, et qui a produit : 1° le *saxon*, parlé au moyen âge en Angleterre (d'où est né l'*anglais* par suite d'un mélange avec le *roman)*, et sur les côtes de la Flandre : 2° le *néerlandais*, qui comprend aujourd'hui le *flamand* et le *hollandais;* 3° le *frison*, parlé anciennement sur le rivage de la mer depuis le Rhin jusqu'à l'Elbe, et père de trois sous-dialectes : le *frison de Westphalie*, le *frison batave*, parlé dans les provinces de la Westfrise, et le *frison septentrional*, parlé sur la côte occidentale du duché de Schleswig et dans quelques îles voisines du Danemark.

III. La période du haut-allemand intermédiaire a produit les *Nibelungen* et la langue des minnessänger, du XIe au XVe siècle.

IV. La période du haut-allemand moderne, qui est devenu depuis Luther la langue littéraire de toute l'Allemagne, la langue de Goëthe et de Schiller.

Les langues germaniques se rattachent plus au zend et au persan qu'au sanscrit. Leur étroite liaison avec les langues iraniennes indique suffisamment le point de départ des peuples qui chassèrent les Celtes vers l'occident et prirent leur place dans l'Europe centrale.

F. — Les langues de la famille gréco-latine, qu'on appelle aussi pélasgique ou thrace, ont eu leur berceau entre les Alpes et l'Hémus, la mer Méditerranée et la mer Noire. Une branche de cette famille s'étendit dans l'Asie-Mineure, la Phrygie, la Lydie et la Troade, traversa le Bosphore et se fixa dans les plaines de la Thrace, tandis qu'une autre poussa à travers la Thessalie vers la Grèce et le Péloponèse, s'y arrêta et donna naissance aux idiomes des Pélasges et des Hellènes, d'où sortirent bientôt les dialectes des Éoliens, des Ioniens, des Doriens et des Achéens. Puis elle gagna les côtes de la Phénicie et de l'Égypte, et s'éternisa dans une littérature dont on admire encore les chefs-d'œuvre.

Longtemps avant la domination des Macédoniens en Asie, les colonies grecques avaient semé la civilisation au delà des îles et sur le sol italien, où déjà d'autres rameaux de la même famille occupaient les bords de l'Adriatique, d'un côté sous le nom de Tusques ou d'Étrusques, de l'autre sous celui d'Osques ou de Latins.

La langue de ces derniers, devenue l'idiome des Romains, dont la petite ville naissante s'accroissait chaque jour de tribus italiques et des vaincus de toutes les nations, se mêla aux rameaux celtique et ibérien, et donna naissance aux langues italienne, espagnole, portugaise, française, et en partie à l'anglaise, autant de véhicules qui transportèrent la langue latine dans toutes les parties du globe.

Telles sont les six familles de langues qui constituent le groupe indo-européen, nommé aussi japhétique, d'un nom emprunté aux traditions hébraïques, — à l'un des trois fils de Noë.

Des linguistes ont hésité à ranger dans ce groupe l'ancien ibérien ou la langue basque, qui se parle encore en France et en Espagne des deux côtés des Pyrénées, parce qu'ils ont cru que sa structure grammaticale se rapprochait beaucoup de celle des langues du Nouveau-Monde. Mais, en présence du mémoire de M. Peter du Ponceau sur le caractère général et les formes grammaticales des langues américaines, l'hésitation doit cesser : « En examinant le basque, dit-il, j'ai d'abord été porté à croire avec le professeur Vater, en partie sur son autorité, et par quelque faible lumière que je crus voir jaillir de la comparaison que je fis d'un livre traduit en cette langue avec l'original, que les formes de ses verbes étaient à peu près les mêmes que celles de nos Indiens (d'Amérique). Je n'avais pas encore vu le *Mithridates*, où la structure de cette langue est très-bien décrite au commencement du second volume, et aussi dans le quatrième, où se trouve une savante dissertation par le baron de Humboldt. Ce fut alors que, pour la première fois, je fis connaissance avec une langue qui, je crois, n'a pas sa pareille dans tout le reste du monde. Je la vis avec étonnement conservée seulement dans un coin de l'Europe, par quelques milliers de montagnards, le seul fragment qui nous reste de peut-être cent dialectes, tous formés sur le même plan et d'après le même système, qui probablement existaient à une époque très-reculée et étaient généralement parlés dans une grande partie de l'ancien continent. Comme les ossements du mammouth et les coquilles d'animaux testacées, dont les races sont depuis longtemps éteintes, la langue basque existe comme un monument effrayant de l'immense destruction produite par une longue suite de siècles. Elle est là debout, entourée de langues dont la structure, soit ancienne, soit moderne, ne ressemble en rien à la sienne. C'est une langue tout à fait étrange et seule de son espèce ; comme celles de nos Indiens, elle est artificielle dans ses formes, et composée de manière à exprimer à la fois beaucoup d'idées ; mais, lorsqu'on la compare à celles des aborigènes de l'Amérique, il est impossible de ne pas apercevoir l'immense différence qui existe entre elles. Il suffira, je crois, d'en donner un seul exemple :

« C'est un des traits les plus frappants de nos langues indiennes, qu'elles sont entièrement dépourvues des verbes auxiliaires *être* et *avoir*. Je ne connais dans aucun de ces idiomes des mots qui puissent exprimer abstraitement les idées qui nous sont communiquées par ces deux verbes. Ils ont le verbe *sto*, je suis dans telle situation ou dans tel lieu, mais ils n'ont pas le verbe *sum;* ils ont *possideo, teneo,* mais ils n'ont pas *habeo,* dans le sens que nous donnons à ce mot. Dans la conjugaison des verbes basques, au contraire, ces deux auxiliaires sont tout; c'est à eux que la grammaire prodigue cette profusion de formes qui leur permet d'exprimer à la fois toutes les idées accessoires du verbe, tandis que l'action ou la passion principale s'exprime séparément, au moyen du participe. Par exemple, je l'aime, *amo eum*, est un verbe transitif, et se rend, en basque, par *maitetuba dot,* qui, littéralement traduit, signifie : *amatum illum habeo ego. Maitetuba* est le mot qui exprime la forme du participe *amatum;* les trois autres idées sont comprises dans le monosyllabe *dot,* dont la première lettre *d* signifie *illum*, la seconde *o* signifie *habeo,* et *t* représente le pronom *ego* (1). On peut dire, à la vérité, que ces formes sont compliquées comme celles des verbes indiens, et que, comme celles-ci, elles servent à exprimer à la fois plusieurs idées : toutefois la différence de leur arrangement est si grande, qu'il est impossible de dire qu'il existe de l'affinité entre elles ou qu'elles sortent de la même source. Il y a plusieurs autres formes dans la structure du basque, qui diffèrent essentiellement de celles des langues américaines; mais je me dispense de les désigner ici, afin de ne pas ajouter à la longueur de ce rapport. »

Pour M. de Humboldt, le basque est une langue d'origine européenne, et l'une des plus anciennes de notre continent. « Il ne doute pas, dit M. Jehan, que cette lan-

(1) Nous donnerons dans le cours de cet ouvrage une autre explication du verbe auxiliaire basque *dot* ou *dut.*

gue n'ait autrefois été répandue dans toute la péninsule hispanique ; et il donne, à l'appui de son opinion, une liste de noms de lieux, tant de la Bétique et de la Lusitanie que de la Tarragonnaise, lesquels ne s'expliquent d'une manière satisfaisante que par le basque. Le savant allemand regarde donc le basque comme ayant été la langue commune de la race ibérienne, et il en suit la trace là même où cette race s'est trouvée mêlée à la race celtique. Il la retrouve hors de la péninsule, d'abord dans toute l'Aquitaine, puis le long de la Méditerranée, des Pyrénées à l'Arno ; dans cette lisière dont le nom de Ligurie lui paraît être basque : *Li-gor*, peuple d'en haut, ou peuple des côtes. Enfin la même nature de recherches lui paraît déceler l'ancienne existence de cette langue dans les trois grandes îles du bassin de la Méditerranée comprises entre l'Espagne, la France et l'Italie. Amédée Thierry, dans l'introduction de son *Histoire des Gaulois*, reconnaît à son tour qu'un grand nombre de noms d'hommes, de dignités, d'institutions, relatés dans l'histoire comme appartenant soit aux Ibères, soit aux Aquitains, s'interprètent facilement par le basque (1). »

D'après ces considérations, nous classerons le basque parmi les langues indo-européennes, dans la proximité du celtique et du gothique : car, d'un côté, M. de Humboldt a reconnu des traces du celtique dans des noms de villes et de populations de presque toute la moitié occidentale de la péninsule ibérienne, et, d'un autre côté, M. Aug. Chao trouve entre le basque et le sanscrit ce qu'il appelle des analogies de vocalisation, notamment dans la partie savante et théogonique de leur vocabulaire ; et nous avons remarqué

(1) *Dictionnaire de linguistique*, p. 710.

des mots basques qui nous ont paru dérivés du gothique ou ayant au moins une grande affinité avec cette langue. Nous espérons démontrer aussi l'anologie des formes grammaticales du basque avec celles du sanscrit.

III

LANGUES DE LA FRANCE

En remontant dans les siècles les plus reculés, aussi haut que les données historiques le permettent, on voit que les Celtes occupaient l'espace compris entre le Rhin, l'Océan, la Méditerranée, les Alpes et les Pyrénées (1), et que, 600 ans avant l'ère vulgaire, ils s'emparèrent d'une grande partie de la Dalmatie et de l'Asie-Mineure, de la Germanie, de l'Italie et de l'Espagne, où ils s'établirent sous le nom de Celtibériens. Les bardes bretons et gallois racontent dans leurs vieux poëmes nationaux que des colons celtes, les Lloegrians (de la Gascogne) et les Brythons de l'Armorique (la Bretagne française), vinrent se fixer dans l'île appelée depuis la Grande-Bretagne. Bède-le-Vénérable rappelle de même ce lointain souvenir dans son *Histoire ecclésiastique de l'Angleterre*, liv. I, c. 1 (2).

Mais cette nation conquérante, qui avait porté si loin ses armes victorieuses, eut aussi ses jours de revers. Les Celtes furent refoulés par ceux-là mêmes chez qui ils s'étaient installés. Deux siècles avant l'ère chrétienne, les

(1) MONE, *Geschichte der heidenthums im nordliche Europa*, I.

(2) *Sketch of te early history of the Cymry or anciens Bretons from the year 700 before Christo to a. D. 500.*

Teutons du nord de la Germanie, poussés sans doute par des populations d'origine asiatique, tombèrent sur eux, les écrasèrent ou les forcèrent à se retirer dans les parties méridionales et occidentales des Gaules.

Cinquante ans plus tard, les Romains s'emparèrent d'une province gauloise baignée par la Méditerranée, et qui reçut le nom de Narbonnaise. Un demi-siècle était à peine écoulé que la colonie romaine eut des difficultés avec ses voisins, et se vit dans la nécessité de réclamer du secours de la métropole. César vint avec ses légions, et dix ans après la Gaule lui était soumise.

C'est à lui que nous devons les premières notions exactes que nous possédions sur cette contrée. Le général romain la divise, comme on sait, en trois parties, déduction faite de la Narbonnaise : 1° l'Aquitaine, bornée par les Pyrénées et la Garonne ; 2° la Celtique proprement dite, située entre l'Aquitaine et la Belgique, et 3° la Belgique, s'étendant depuis la Marne jusqu'au Rhin (*Cæs.*, l. I). Il remarque que les habitants de ces trois grandes provinces diffèrent entre eux de mœurs, d'institutions et de langage : *Hi omnes linguâ, institutis, legibus, inter se differunt.* En effet, les Aquitains étaient de race ibérienne, et la plupart des Belges de race germanique ; les Celtes seuls étaient de leur propre sang, ayant une langue à eux. Donc, au rapport de Jules César, quatre langues étaient parlées dans la Gaule à l'époque de son invasion par les armées romaines, savoir : le latin dans la Narbonnaise, l'ibérien ou le basque dans l'Aquitaine, le celtique chez les Celtes, et le tudesque chez ceux des Belges originaires de la Germanie.

Cependant, malgré le texte si positif des *Commentaires*, « l'opinion qui voit dans les Celtes et les Germains deux peuples de race différente, après avoir régné longtemps sans conteste, a trouvé récemment, dit M. Arendt, des contradicteurs qui cherchent à faire prévaloir un système diamétralement opposé, d'après lequel Celtes et Germains sont deux branches d'une même souche dont l'une a précédé l'autre dans l'occupation des pays occidentaux de l'Europe. Considérée en elle-même, cette opinion n'est pas nouvelle. Tous ceux qui ont étudié savent que déjà dans l'antiquité des auteurs d'un grand poids, depuis Strabon jusqu'à Suidás et Zonaras, l'ont soutenue ; on peut même dire que, depuis la renaissance des lettres jusqu'au siècle dernier, elle fut le plus généralement adoptée. Niebuhr, tout en la considérant comme erronée, avoue cependant qu'il y a 70 ans, elle était répandue et acceptée au point qu'aucune voix qui aurait essayé de la combattre n'eût été écoutée (1).

« Le revirement ne date que de la première moitié du XVIIIe siècle; son point de départ fut la publication des *Gallicarum et francicarum rerum scriptores*. Dans la préface de ce célèbre recueil, D. Bouquet soutint l'identité de la langue gauloise avec l'idiome du pays de Galles, et jeta ainsi les fondements du système qui voit dans les Gaulois et les Germains deux races foncièrement distinctes. Une occasion s'offrit bientôt d'étudier la question plus complétement.

« En 1741, l'Académie des inscriptions et belles-lettres mit au concours la question suivante : « Quelles étaient les « nations gauloises qui s'établirent en Asie-Mineure sous « le nom de Galates, en quel temps y passèrent-elles ? « quelle était l'étendue du pays qu'elles y occupaient ?

(1) V. Niebuhr, *Vortraege über alte laender-und Vœlkerkunde.*

« quelles étaient leurs mœurs, leur langue, la forme de leur « gouvernement, en quel temps ces Galates cessèrent-ils « d'avoir des chefs de leur nation et formèrent un Etat in- « dépendant? » Pelloutier, de Berlin, remporta le prix, et, généralisant ses recherches, publia, en 1750, sa célèbre *Histoire des Celtes*, qui embrasse presque tous les côtés de la question, traitée imparfaitement par un grand nombre d'auteurs antérieurs. Pelloutier s'attache à démontrer que Celtes et Germains sont deux noms désignant la même race, et qu'à l'exception d'un petit nombre de contrées, les Celtes ont donné des habitants à l'Europe entière. Les témoignages contemporains sont unanimes à signaler la sensation produite par l'ouvrage de Pelloutier; mais, comme il arrive presque toujours, l'exposition d'un système absolu provoqua une réaction d'où sortit un système tout aussi exclusif dans le sens opposé. Schœpflin, le célèbre auteur de l'*Alsatia illustrata*, combattit le premier les opinions de Pelloutier dans ses *Vindiciæ Celticæ*, qui parurent en 1754. Schœpflin distingue soigneusement les Celtes des Germains, renferme les premiers dans les limites de l'ancienne Gaule, et repousse particulièrement l'opinion qui considère ces deux peuples comme étant de même race. Pelloutier ne répondit point de son vivant à l'agression de Schœpflin; mais à sa mort on trouva parmi ses papiers une réfutation des *Vindiciæ*, qui fut reproduite, en 1771, par M. de Chiniac dans la nouvelle édition de l'*Histoire des Celtes* de Pelloutier. Schœpflin refusa toute discussion ultérieure, « ayant trouvé « bon, disait-il, de m'abandonner à la décision de la répu- « blique des lettres, et de ne jamais répliquer. » Cette décision lui fut favorable; son système n'a fait que se développer et se fortifier, à tel point que, de nos jours, il est arrivé à l'état de doctrine reçue et à peu près généralement adoptée. Cependant, depuis quelque temps, de différents côtés, des tentatives indépendantes les unes des autres ont été faites pour revenir au premier système, celui de l'identité. Des recherches approfondies avaient été entreprises en Allemagne sur les Celtes, leurs migrations, leur langue, les traces de séjour qu'ils ont laissées dans différentes parties du pays. Le mouvement général des études historiques s'étant porté sur les origines de la nation, beaucoup de faits et d'éléments nouveaux furent mis au jour, et il était à prévoir qu'une question aussi fondamentale que celle des rapports entre les races primitives ne tarderait pas à être reprise. C'est ce qui a eu lieu, en effet. Après que différents travaux d'une moindre importance eurent préludé, en quelque sorte, à une nouvelle manifestation de l'ancienne doctrine de l'identité, parut, en 1855, le livre du professeur Holtzmann, de Heidelberg, intitulé : *Kelten und Germanen...*, dans lequel la thèse de l'identité est plaidée avec un talent fort remarquable, avec une très-grande érudition et surtout avec une conviction si entière que l'auteur, tout en reconnaissant que sa doctrine peut, au premier abord, paraître paradoxale, n'hésite cependant pas à exprimer le ferme espoir qu'elle finira par être généralement adoptée. Le livre de M. Holtzmann a produit de la sensation, tout en rencontrant de vives contradictions. On peut reconnaître que plusieurs des considérations invoquées par le savant professeur de Heidelberg sont faites pour ébranler la foi absolue qu'on avait jusqu'ici dans le système de la non-identité, et peut-être est-il permis de prévoir que la doctrine régnante devra être modifiée dans quelques points (1). »

Quoi qu'il en soit, le résultat de la domination romaine

(1) *Bulletin de l'Académie royale de Belgique*, t. 23, IIe partie, 1856, p. 81 et s.

dans la Gaule fut l'altération de l'idiome primitif des Gaulois, ensuite l'absorption de cet idiome par le latin. C'était dans le génie de Rome d'imposer aux nations conquises non seulement ses lois et ses mœurs, mais encore sa langue. *Opera data est ut imperiosa civitas non solum jugum, verum etiam linguam suam domitis gentibus.....* Saint Augustin, qui fait cette remarque en termes éloquents, voit en même temps dans ce rayonnement de la langue romaine, quelque chose de providentiel et de prédestiné. Par elle l'Eglise rayonnera sur le monde et propagera sa foi. « Sans doute, dit M. Villemain, il y avait des idiomes locaux, des patois qui se cachaient dans quelque coin de village ; mais la religion parlait latin, la loi parlait latin, la guerre parlait latin ; partout le latin était la langue que le vainqueur imposait au vaincu. Pour traiter avec lui, pour lui demander grâce, pour obtenir la remise de l'impôt, pour prier dans le temple, toujours il fallait la langue latine (1). »

Les beaux esprits de Lyon, de Poitiers, de Bordeaux, de Toulouse, la parlaient avec élégance, lorsque Paris n'était qu'une petite bourgade dont le langage ressemblait assez, suivant Julien, au croassement des corbeaux.

Mais la langue latine, arrivée au plus haut degré de la perfection, portait en elle le germe même de sa dégradation, germe qui devait se développer le jour où elle serait devenue l'instrument d'un peuple ignorant et barbare. Cette langue si littéraire, si bien assouplie à toutes les exigences de l'éloquence et de la poésie, si harmonieuse dans la bouche de Cicéron et de Virgile, avait une grammaire trop savante pour ceux dont les besoins et les idées étaient

(1) Tableau de la littérature du moyen âge, t. I.

simples et bornées. Aussi, lorsque, vers le IVe et le Ve siècles, les nations germaniques vinrent se heurter contre les Romains et s'établir en Gaule après les avoir vaincus, le caractère synthétique de la langue latine fut le principal obstacle à ce qu'elle se maintînt dans toute sa pureté au milieu de ce pays, où les armes romaines l'avaient fait régner durant quatre cents ans.

A la même époque où les Visigoths, les Burgondes et les Franks, envahissaient la Gaule, les premiers au midi, les seconds à l'est, les troisièmes au nord, des Bretons fuyaient de l'île qui portait leur nom, traversaient la mer sur leurs chiules et abordaient dans l'Armorique, qui, depuis, fut nommée la Petite Bretagne, ou Bretagne française. Ces fugitifs étaient de race celtique, et venaient chercher un refuge dans un pays celtique, demander asile à d'anciens compatriotes. De là cet antique lien de race et de langage qui unit encore de nos jours les Bretons du pays de Galles et les Bretons de la France ; union qui s'est manifestée d'une manière bien imposante, lors de la fête nationale que les Gallois offrirent en 1838 à leurs frères d'Armorique. Voici comment cette cérémonie est rapportée dans le *Journal des Débats*, à la date du 22 octobre 1838 : « M. Th. de la Villemarqué, envoyé à titre d'élève de l'Ecole des Chartes, par le Gouvernement français, pour étudier les manuscrits gallois, avait eu l'heureuse idée de composer un chant armoricain, en se servant, autant que possible, de termes encore usités dans le pays de Galles... Nous ne soupçonnions pas dans le peuple qui nous entourait, dit un témoin oculaire, assez de foi dans la religion du passé, pour prévoir l'effet magique produit par cette démonstration vivante d'une origine commune. Etonné de comprendre la voix fortement accentuée de l'auteur, il se dressait sur les bancs, les chapeaux s'élevaient dans l'air, et les trépignements qui ébranlaient la salle n'étaient plus un simple témoignage de satisfaction, ils trahissaient une émotion réelle. Un des hommes les plus éminents de l'auditoire a remercié avec effusion M. de la Villemarqué, et une coupe de barde lui a été offerte. »

Les côtes occidentales de la Gaule ne furent pas les seules visitées par les insulaires de la Grande-Bretagne. Des Anglo-Saxons et des Saxons voisins de la Chersonèse cimbrique vinrent en même temps s'établir sur notre littoral du nord, qui reçut de cet établissement le nom de *Littus Saxonicum.* Ces nouveaux envahisseurs étaient, comme les Burgondes, de race germanique ; et, comme les Burgondes, qui avaient introduit la langue tudesque dans la province gauloise avoisinant le Rhin, où elle s'est conservée jusqu'à nos jours, les Saxons l'introduisirent parmi les populations maritimes auxquelles ils avaient disputé leur rivage. Toutefois il y avait entre l'idiome des Burgondes et celui des Saxons, la même différence qui existe encore aujourd'hui entre le haut et le bas-allemand.

La langue des Saxons donna naissance au *nederduitsch* ou néerlandais, devenu, par la puissance des traités politiques, le flamand dans les Flandres française et belge, et le hollandais en Hollande. M. l'abbé de Haerne a très-bien fait ressortir la similitude de ces deux langues dans son rapport à la chambre des représentants belges, sur la convention conclue, le 30 août 1858, entre la Belgique et les Pays-Bas, pour la garantie réciproque de la propriété des œuvres scientifiques et littéraires de ces deux royaumes. « Le *nederduitsch*, a dit l'honorable représentant, ou le bas-allemand, qui ne diffère d'une nation à l'autre que par quelques légères modifications orthographiques et par certaines tournures de phrases, est reconnu par le traité comme étant une seule et même langue sous deux dénominations différentes, langue qui est également comprise dans le nord de l'Allemagne. « Il y a quelques années, le souvenir de cette commune origine s'est réveillé aussi parmi les amis des lettres néerlandaises. Le 16 septembre 1850, ils se réunirent tous en congrès dans les murs d'Amsterdam, la capitale des Pays-Bas, et l'on vit à cette belle fête littéraire des Flamands de la France, de la Belgique et de l'Allemagne ; tous parlaient la même langue.

Revenons à la langue latine ; nous la voyons se décomposer, se déformer, au choc des populations nouvelles de la Gaule. Cette langue admirable finit par s'allier à l'idiome des étrangers, et de cette alliance bizarre sortirent des mots hybrides inconnus aux Romains. Même des mots d'un tudesque pur furent latinisés pour devenir *romans*.

Une autre cause contribua aussi à altérer singulièrement le latin, c'est la descente des Normands sur les côtes de la Neustrie. Ces farouches hommes de mer importèrent dans cette contrée leur idiome national, le scandinave, qui a donné des noms à quelques bourgs et villages de la Normandie actuelle.

Ainsi, à la fin du VIIIe siècle ou tout au commencement du IXe, nous voyons établis en France six idiomes différents, savoir :

1° Le celtique,

2° L'ibérien ou le basque,

3° Le latin,

4° L'allemanique ou l'idiome des Burgondes,

5° Le saxon,

6° Le scandinave.

Ces trois derniers idiomes ne sont que des rameaux d'une même branche.

En présence d'éléments si divers, que devint le latin? que devint la langue de la philosophie, du droit, de l'Eglise et de la poésie, langue flexible, variée, exprimant avec facilité les idées les plus abstraites de l'intelligence? — La langue latine, nous l'avons déjà dit, demandait pour être parlée, d'une part, des esprits cultivés, habitués à réfléchir, sachant distinguer les nuances les plus fines d'une expression; d'autre part, des oreilles aptes à saisir toutes les délicatesses de la parole et de la phrase latine. Or, les Ibériens, les Celtes, les Burgondes, les Saxons, les Normands n'avaient point de telles aptitudes. Le latin dut fatalement se transformer; il se transforma, et, dès le VIIe et le VIIIe siècles, des chartes de Dagobert et de Pépin portent avec elles des signes de sa récente corruption :

Dagobertus, rex Francorum, vir inluster, etc. — De omnes negotiantes in regno existentes, vel de ultra mare venientes in illâ stradâ quie vadit ad Parisiis, etc. — Cœteri pagences de alias civitates persolvunt de illos navigios de unaquaque puarradâ, etc. — De omnis necutientes tàm Saxones quam Frisones vel alias naciones promiscuas de quâcumque pages vel provincias ad festivitate Sancti Dionisii martyris, etc.

Voilà l'état où le latin était tombé aux VIIe et VIIIe siècles; des mots juxtaposés, point de règles grammaticales, tout y est fortuit. « Cependant, dit M. Villemain, une altération progressive ne tarda pas à s'introduire. Les restes des anciens idiomes celtiques, que la conquête romaine avait à demi-effacés, reparaissaient; quelques mots, apportés par les Francs, s'introduisaient avec des désinences latines. L'ignorance grammaticale, fort grande dans les magistrats et les officiers publics, l'était plus encore dans le peuple. Ces désinences, que l'on ne savait plus varier, devinrent un embarras que l'on supprima. On ne peut douter qu'au VIIe et au VIIIe siècles cette révolution, peut-être insensible d'un jour à l'autre, ne fût universelle. L'idiome moderne commença et fut d'abord le *roman rustique.* »

Mais les causes diverses qui avaient produit sur le latin un effet de décomposition rapide, et en même temps de lente reconstruction, n'avaient pas agi partout avec uniformité. Le roman parlé dans les provinces situées au midi de la Loire, où tout rappelait encore la civilisation romaine, avait conservé plus d'analogie et d'affinité avec la langue latine, que le roman des provinces septentrionales, où les nouveaux conquérants étaient plus nombreux et n'avaient pas renoncé à la langue de leur ancienne patrie.

De là cette division de la langue romane en langue d'oc et en langue d'oïl. La ligne de démarcation qui sépare le premier de ces idiomes du second commence au sud-ouest, au bord de la Gironde, près Blaye, se dirige, à travers les départements de la Charente-Inférieure et de la Charente, vers l'est de celui de la Vienne et le nord de la Haute-Vienne et de la Creuse; puis, pénètre dans l'Allier et passe à l'est du Puy-de-Dôme, et au nord des départements de la Haute-Loire, de l'Ardèche et de l'Isère. Cette distinction des deux langues fut telle qu'elle réagit sur la politique et le droit ; que les Etats de ces deux portions de la France s'assemblèrent quelquefois séparément pour voter des subsides, et que les provinces du midi furent nommées pays de droit écrit, et celles du nord pays de droit coutumier.

« Toutefois, écrit M. le professeur Moke dans son *His-*

toire de la littérature française, le dialecte roman qui se forma en Provence, et que l'usage désigna sous le nom de *langue d'oc*, ne semble guère différer de celui du nord que par le caractère plus éclatant des sons qu'il affectionne. Il n'adopte point l'*e* muet qui, dans les provinces septentrionales, était venu remplacer, par une sorte de murmure sourd, une partie des voyelles latines. Il conserve ces voyelles dans toute leur force, chaque fois qu'elles jouent un rôle essentiel dans le mot; mais, quand elles sont accessoires, il les supprime totalement. Ainsi, la langue devient à la fois plus sonore et plus nerveuse. En étudiant sa formation, il est facile d'y reconnaître les effets d'une prononciation vivement accentuée qui développait, pour ainsi dire, les syllabes dominantes, en même temps qu'elle affaiblissait toutes les autres. Cette variété d'intonations, qui rendait le langage brillant et cadencé, n'a pas entièrement disparu de la prononciation ordinaire dans le midi de la France, et elle était encore plus générale au moyen-âge, car on assignait alors pour caractère distinctif aux habitants de l'Aquitaine l'éclat de leur parole.

« Or, la sonorité de la langue et son accentuation amènent l'importance du rhythme dans la poésie. Un idiome sourd, comme le roman du Nord, n'a guère que des formes poétiques imparfaites et confuses, puisque les sons n'y ressortent pas, et que la mesure même arrive à peine nettement à l'oreille; mais un idiome cadencé conduit à une versification régulière, rhythmée, musicale, parce que chaque syllabe offre une valeur précise, que toutes résonnent différemment, et que les effets qui naissent de leurs rapports et de leurs contrastes sont parfaitement sensibles. La langue d'oc devait donc prêter à la poésie romane, dès ses premiers essais, des formes harmonieuses et des combinaisons délicates à l'opposé de ce qu'on pouvait attendre du dialecte septentrional. »

Aujourd'hui la langue d'oc subsiste encore dans plusieurs dialectes vulgaires de certains départements de la France, savoir :

Le *languedocien*, proprement dit, est parlé dans le Gard, l'Hérault, les Pyrénées-Orientales, l'Aude, l'Arriége, la Haute-Garonne, le Lot-et-Garonne, le Tarn, l'Aveyron, le Lot et le Tarn-et-Garonne ;

Le *provençal*, dans la Drôme, le Vaucluse, les Bouches-du-Rhône, les Hautes et les Basses-Alpes, et le Var ;

Le *dauphinois*, dans l'Isère ;

Le *lyonnais*, dans le Rhône, l'Ain et la Saône-et-Loire ;

L'*auvergnat*, dans l'Allier, la Loire, la Haute-Loire, l'Ardèche, la Lozère, le Puy-de-Dôme et le Cantal ;

Le *limousin*, dans la Corrèze, la Haute-Vienne, la Creuse, l'Indre, le Cher, la Vienne, la Dordogne, la Charente, la Charente-Inférieure et l'Indre-et-Loire ;

Le *gascon*, dans la Gironde, les Landes, les Hautes et Basses-Pyrénées et le Gers.

Il est démontré aujourd'hui que tous ces dialectes méridionaux, qu'on a flétris depuis des siècles du nom de *patois*, sont la continuation, un peu déteinte, il est vrai, de l'ancienne langue des Romains. M. Mary-Lafont, dans un ouvrage couronné par l'Institut, a tracé le tableau historique et littéraire de la langue parlée dans le midi de la France, par quatorze millions d'habitants. Il l'a qualifiée de langue romano-provençale, et en a fait connaître la grammaire et la littérature qu'elle a produite de nos jours. « En remontant à ses premiers rudiments, dit M. Lafont, on retrouve les premières pages de notre histoire ; en observant sa marche et ses progrès, on assiste pas à pas à ce curieux et long travail qui précède l'enfantement des empires; et puis, quand elle est formée, et que ces empires dont elle était la voix s'écroulent, c'est avec une ardeur plus vive encore, et une attention plus solennelle qu'on étudie sa renaissance dans les temps modernes et sa nouvelle fixation dans les temps contemporains. »

Plusieurs auteurs ont considéré le *catalan*, qui est parlé dans le Roussillon, comme un dialecte de la langue d'oc ou romano-provençale; mais nous croyons plutôt qu'il est une véritable langue ayant une existence individuelle, parce qu'il a engendré une littérature et une grammaire qui lui sont propres, et qu'il est devenu l'idiome d'une partie de l'Espagne.

Les dialectes principaux de la langue d'oïl sont :

Le *normand* qui comprend les sous-dialectes parlés dans la Bretagne, le Perche, le Maine, l'Anjou, le Poitou et la Saintonge;

Le *picard* qui comprend les sous-dialectes parlés dans la Picardie, l'Artois, la Flandre, le Hainaut, le Bas-Maine, la Thiérache et le Rhételois.

Le *bourguignon* qui comprend les sous-dialectes parlés dans le Nivernais, le Berry, l'Orléanais, la Touraine, le Bas-Bourbonnais, l'Ile-de-France, la Champagne, la Lorraine et la Franche-Comté.

Le dialecte picard était le plus important, parce qu'il était l'idiome de l'Ile-de-France, de la cour et de la capitale. C'est de lui qu'est sortie la langue française actuelle, la langue de Paris, des classes élevées, de la littérature, de la science, de la politique et de l'enseignement public de la France, mais non de *tout* le peuple français; car, en la présente année 1860 :

200,000	Français parlent	le flamand,
1,160,000	—	l'allemand,
1,070,000	—	le breton,
160,000	—	le basque,
200,000	—	l'italien,
100,000	—	le catalan ou l'espagnol,
14,000,000	—	le romano-provençal,
18,891,628	—	le français proprement dit et ses différents dialectes.

Total 35,781,628, chiffre égal à celui de la population de la France, d'après le tableau dressé en vertu du décret du 1er janvier 1851, et inséré au Bulletin des lois de 1852, nº 533 (1).

La France résumerait donc en elle, pour ainsi dire, toutes les langues de l'Europe. En effet, par le flamand et l'allemand, elle touche aux langues des Iles britanniques, de l'Islande, de la Norwège, de la Suède, du Danemark, de la Russie (2), des Pays-Bas, de la Belgique, de l'Al-

(1) Tout ce que nous disons des langues parlées en France peut s'appliquer aux langues parlées en Belgique; car 1,827,141 Belges y parlent français, 2,471,248 flamand, et 34,060 allemand. « Ainsi, suivant la *Statistique de la Belgique, en* « 1849, le français et le flamand, avec leurs dialectes, sont à peu près les seules « langues parlées dans la Belgique. Le flamand prédomine sur le français dans le « rapport de 570 à 421, ou de 4 à 3 environ. Les provinces des deux Flandres, « d'Anvers, de Limbourg et de Brabant, sont celles où le flamand est particulière- « ment parlé. Dans cette dernière province, cependant, une assez grande partie « des habitants parlent français ou plutôt wallon; leur nombre est à celui des « flamands comme 1 est à 2 environ. »

« Les autres langues ne sont parlées en Belgique que par les ouvriers que l'in- « dustrie et le commerce y ont appelés, et par les étrangers qui s'y trouvent mo- « mentanément de passage; il faut en excepter cependant l'allemand qui est la « langue d'une partie du Luxembourg. »

(2) Rask, *undersœgesle om det gamle islandske sprog.* « J'ai constaté par des « recherches faciles à faire l'identité étroite de l'islandais avec le danois et le « suédois; sa parenté avec l'allemand, le hollandais, l'anglo-saxon et l'anglais. « D'autres ont établi, par des recherches vraiment savantes, ses rapports avec le « grec et les langues slaves. » X. Marmier, *lettres sur l'Islande*, 1844, p. 517.

lemagne et de la Suisse ; par le breton, à quelques idiomes particuliers de l'Irlande, du pays de Galles et de l'Ecosse ; par le basque, l'italien et le catalan, aux langues de l'Espagne, du Portugal, de l'Italie et de la Grèce ; par le français, elle vulgarise les notions des arts, de la science et de la civilisation dans le monde.

N'est-ce pas un phénomène curieux et digne d'observation, que la persistance de ces divers idiomes sous un gouvernement centralisateur, aussi puissant que celui de la France ? On n'a pourtant pas manqué ni d'édits, ni de lois qui les ont proscrits. Louis XIII, par son édit de 1621, portant création du parlement de Pau, défend de faire usage du *béarnais* dans les actes officiels. Louis XIV, par un édit du mois de décembre 1684, veut « que dorénavant il ne puisse plus être plaidé dans la ville d'Ypres, et dans toutes les autres villes et châtellenies de la Flandre occidentale qu'en langue française ; défendons pour cette fin, ajoute-t-il, à tous avocats et procureurs, de se plus servir de la langue flamande, soit pour les plaidoyers, soit pour les écritures ou autres procédures, et aux magistrats desdites villes et châtellenies de le souffrir, ni de prononcer leurs jugements qu'en langue française, à peine de nullité et de désobéissance. »

Un arrêt du Conseil du 30 janvier 1685 ordonne que « toutes les procédures faites devant les juges de la province d'Alsace, soit supérieurs ou subalternes, les actes, contrats et autres expéditions, de quelque nature qu'elles puissent être, soit qu'elles soient faites par des notaires ou greffiers de ladite province, en fait de judicature ou autrement, seront écrites en langue française ; fait très-expresses défenses à tous juges, magistrats, baillis, notaires, greffiers, et à tous autres qu'il appartiendra, d'en recevoir aucune en langue allemande, à peine de nullité desdits actes, contrats et procédures, et de 500 livres d'amende. »

Un édit du mois de février 1700 porte « que toutes les procédures qui se feront dans les siéges et juridictions des pays de Roussillon, Conflans et Cerdagne (où l'on parle catalan), les délibérations des magistrats, des villes et communautés, les actes des notaires, et généralement tous actes publics qui se passeront ès-dits pays, seront mis et couchés en langue française, à peine de nullité. »

Nonobstant cet édit, les curés du Roussillon s'étaient maintenus dans l'usage de rédiger en langue catalane les testaments nuncupatifs qu'ils recevaient. Mais la loi du 24 mars 1754, prononça de nouveau la nullité de tout testament nuncupatif qui serait rédigé autrement qu'en langue française.

Ces lois n'étaient probablement plus observées à l'époque de la Révolution française, car la Convention nationale s'est crue obligée, le 2 thermidor an II de la République, de renouveler la défense d'écrire tout acte public en aucune autre langue qu'en français, à peine de six mois d'emprisonnement. Les députés de l'Alsace réclamèrent contre cette loi qui fut suspendue jusqu'à nouvel ordre.

Le 24 prairial an XI, les prohibitions furent remises en vigueur, et le 19 ventôse an XIII, il y fut sursis pour l'île de Corse seulement.

Enfin, de nos jours un ministre de l'Instruction publique s'est enquis de l'origine des idiomes et patois locaux, et des moyens de propager la langue française dans les campagnes. J'eus l'honneur d'être consulté sur cette importante question. Voici quelle fut ma réponse relativement au flamand :

« L'idiome populaire des arrondissements de Dunkerque et d'Hazebrouck et d'une partie de celui de Saint-Omer est la langue flamande ; je dis *langue* avec intention, afin qu'on sache bien que ce n'est pas un *patois*, à moins d'interpréter ce dernier mot dans le sens que lui a donné Charles Nodier : langue du père, langue du pays, conservée dans les races simples. Le flamand est une langue qui est parlée de Gravelines à Kœnisberg par seize millions d'habitants ; une langue qui a sa grammaire et sa littérature. — Lorsque Louis XIV eut conquis la Flandre maritime, il a voulu en extirper le flamand et le remplacer par le français. La volonté du grand Roi n'est pas encore accomplie. Au surplus, ce résultat n'est pas à désirer ; serait-il utile, profitable à la population flamande de la France ? Je ne le crois pas, car ce serait la priver d'un moyen facile de communiquer avec les peuples du nord. Je considère même les entraves qui ont été portées à l'enseignement du flamand dans les écoles de notre Flandre, comme ayant été funestes au développement intellectuel de la classe ouvrière de nos villes et de nos campagnes. Qu'est-il en effet advenu de ce système de prohibition ? C'est que l'enfant de l'ouvrier flamand, dont la langue maternelle est le flamand et qui ne sait que le flamand, étant forcé d'apprendre à lire et à écrire en français dans les écoles, sans pouvoir consacrer à cette étude le temps nécessaire pour bien posséder le français, cet enfant quitte les bancs de son école sans savoir ni le français ni le flamand. Que conclure de ce fait ? C'est que dans les écoles de la Flandre il faut enseigner simultanément le français et le flamand. Mais, dira-t-on, le français est le plus puissant levier de civilisation. — Oui, pour celui qui comprend le français, — non, pour celui qui l'ignore. L'expérience a démontré en Belgique que « l'élève qui a appris dans son idiome maternel les parties du discours, et s'est pénétré de leur but et de leur usage, qui s'est formé une idée du style, qui s'est rendu compte des idiotismes de sa langue, apprend beaucoup mieux et plus facilement une langue étrangère, que celui qui s'est livré d'emblée à l'étude de celle-ci, sans avoir régulièrement appris celle-là. Le premier, ayant un point de comparaison certain, sent aussitôt les différences de tournure et de construction que présente la langue étrangère; le second connaissant, malgré ses maîtres, son dialecte local, et ne pouvant le désapprendre, confond les idiotismes de ce dialecte avec ceux de la première langue qu'il apprend grammaticalement. Ajoutons que la construction du flamand aide à comprendre plus tard celle du latin et du grec, avec laquelle elle a beaucoup d'analogie (1).... »

L'allemand est aussi persistant en Alsace que le flamand en Flandre : « Tous les Alsaciens, m'écrivit un jour le savant M. de Ring, de Strasbourg, parlent l'allemand à l'exception, dans les villes, de quelques jeunes filles ou de quelques jeunes gens, auxquels leurs parents n'ont point donné de *bonnes* qui leur ont appris cette langue machinalement dans leur enfance, et qui, plus tard, n'ont pas senti le besoin de l'apprendre. Tout Alsacien est donc essentiellement né Allemand et doit parler l'allemand. — Tous les gens de la campagne parlent cette langue, et, dans un rayon éloigné des grandes villes, ignorent le français. Tout bourgeois, dans les villes, parle l'allemand et jargonne seulement le français. Tous les prédicateurs, dans les campagnes, depuis la frontière du Palatinat jusqu'à celles de Suisse, prêchent en allemand; les écoles sont allemandes, et, malgré le zèle que les instituteurs mettent à enseigner le français, ils ne sauraient empêcher les enfants de parler cette langue. — On ne l'enseigne pas dans les lycées du gouvernement;

(1) *Mémoire aux Chambres législatives de Belgique.*

on l'enseigne au contraire dans les gymnases protestants, et il n'est pas une famille protestante, même à Strasbourg, où cette langue, dans l'intérieur de la maison, ne soit la langue usitée; le français n'est usité que pour la réception d'un étranger. On ignorait le français en Alsace, il y a deux siècles, il est devenu la langue de la haute société; il est encore ignoré du peuple, où, sur cent individus, il y en a à peine dix qui le jargonnent un peu, et encore ces dix sont-ils proches des villes un peu considérables.

« Ainsi, comme vous le voyez, l'allemand se maintient dans toute la province. Il n'y a point été introduit, mais c'est au contraire le français qui y a été introduit avec la conquête.....

« Loin donc de poser la question : Quelles sont les causes qui ont introduit la langue allemande en Alsace; il aurait fallu demander : Quel moyen pourrait-on prendre pour la faire disparaître ? Le gouvernement français cherche depuis cinquante ans à le faire autant que possible ; mais les difficultés sont bien grandes ; et, comme je le disais en commençant, à l'exception de quelques Alsaciens et de quelques Alsaciennes de la haute société, qui par ton ne parlent pas allemand, tout le monde connaît cette langue, et reste fier de l'origine allemande de la province. Il n'y a que les employés du gouvernement, venus de l'intérieur de la France, et, par conséquent Francais d'origine et non Alsaciens, qui ignorent totalement la langue allemande. »

Ce que j'ai dit pour le flamand, MM. Mary-Lafont, Archu et Jaubert de Passa l'ont dit pour le provençal, le basque et le catalan.

« Trop strictement renfermés dans le cercle de l'investigation théorique, écrit le premier de ces philologues, les érudits ne songeront pas à se tourner vers l'Université, et à l'avertir qu'il existe quatorze millions d'individus connaissant *à priori* ces patois romans, et que, dès lors, au lieu de chercher à les effacer de leur esprit, au lieu de les proscrire, il faut en faire la *base* de l'enseignement linguistique; car, en les prenant pour échelle, et les comparant simultanément au français et au latin, on démontrerait, clair comme le jour, que les trois langues sont identiques, et, dès lors, l'enseignement, triplant sa portée, se simplifierait et abrégerait sa durée des deux tiers au moins (1). »

M. Archu, inspecteur des écoles primaires dans la Gironde : « Nés dans la grande famille française, les habitants de la partie occidentale des Pyrénées n'entendent point le langage de leurs frères, de leurs magistrats. — D'où vient cette ignorance de la langue nationale? — De l'absence de livres écrits dans les idiomes français et basque.

» On m'objectera, sans doute, que la loi du 28 juin 1833 ayant ouvert une ère nouvelle à l'instruction primaire, les instituteurs du pays euskarien ont mission d'enseigner le français à leurs élèves. — C'est possible. — Mais quel moyen a-t-on fourni à ces instituteurs pour les mettre en position d'apprendre la langue française à leurs écoliers? — Aucun. — Il n'existe pas de grammaire basque-française : il n'existe point de vocabulaire à l'usage des deux idiomes (2). »

M. Jaubert de Passa, correspondant de l'Institut : « Lorsque des écrivains recommandables entreprennent la pénible rédaction d'un dictionnaire ou d'une grammaire, et qu'ils se décident à les publier; lorsque le public accueille ces ouvrages, on doit en conclure que la langue,

(1) *Tableau historique et littéraire de la langue parlée dans le midi de la France*, p. 8.

(2) *Choix de fables de Lafontaine traduites en vers basques.*

que ces mêmes ouvrages nous font connaître, doit avoir encore une longue existence, et que l'arrêt dicté contre elle par la politique, soit en Catalogne, soit en Roussillon, ne saurait être exécuté, tant qu'il sera en opposition avec les mœurs, avec le caractère national et avec l'esprit d'isolement de ces deux contrées. Le catalan restera langue nationale en Catalogne, tant que les habitants de cette province se persuaderont que les rois de Castille ne sont que comtes de Barcelone, et tant que les intérêts, comme les mœurs du peuple catalan, seront en opposition avec les intérêts et les mœurs des autres peuples de l'Espagne. Le même résultat aura lieu en Roussillon, tant que l'instruction publique sera concentrée sur un seul point et en faveur d'un trop petit nombre; tant que le commerce, l'industrie agricole et un système d'administration plus favorable aux intérêts locaux, n'auront pas changé les mœurs et modifié le caractère national. Jusqu'à ce que ces diverses causes aient agi sur la masse, la langue catalane, ou, si l'on veut, l'idiome roussillonnais dominera, et il sera le moyen de communication le plus habituel et le plus populaire dans le département des Pyrénées-Orientales (1). »

Aussi, M. de Salvandy pensa-t-il qu'il fallait tenir compte des idiomes locaux pour l'enseignement du peuple : « Nous n'aurons jamais assez de coopérateurs dans la noble et pénible entreprise de l'amélioration de l'instruction populaire, écrivit-il étant ministre; tout ce qui servira cette belle cause doit trouver en nous une protection reconnaissante. Les travaux en langue rustique, tout modestes qu'ils peuvent paraître, ont donc quelques droits à l'estime

(1) *Recherches historiques sur la langue catalane*, dans les *Mémoires de la société des antiquaires de France*, t. VI, p. 402, 403.

des esprits préoccupés des besoins moraux et intellectuels du peuple (1). »

D'ailleurs, comme l'a très-bien fait observer le savant Rask, les lois, les mœurs, les religions changent; la langue reste, et, pour apprendre à connaître l'origine d'un peuple, pour pénétrer dans un passé obscur où la tradition certaine nous manque, où l'histoire est souvent interrompue, il n'est pas de guide plus sûr que les langues (2).

Respectons donc les vieilles langues parlées par nos pères, débris des nationalités dont est sortie la France moderne. Que Flamands, Alsaciens, Lorrains, Bourguignons, Bretons, Normands, Picards, Basques, Provençaux, Corses, honorent et chantent la commune patrie dans l'idiome de leurs montagnes et de leurs plaines, mais qu'ils n'aient qu'une âme et un cœur pour l'aimer et la servir!

(1) *Dictionnaire français-breton de Legonidec.* Introduction de M. de la Villemarqué.

(2) *Undersœgelse omdet gamle nordiske sprog. Lettres islandaises de* Marmier.

GRAMMAIRE COMPARÉE

PREMIÈRE PARTIE

SYSTÈME PHONIQUE

« Quand on compare, » dit M. Egger dans ses *Notions élémentaires de grammaire comparée*, « les mots et « les formes grammaticales en usage dans plusieurs lan- « gues, pour en montrer les ressemblances et les diffé- « rences, on fait ce qui s'appelle de la *philologie compa-* « *rative* ou *comparée*. »

Par la comparaison des mots et des formes grammaticales de plusieurs langues, on est parvenu à découvrir les règles et les procédés de leur formation.

Dans ces derniers temps, l'étude de la dérivation et de la composition des mots a été nommée *linguistique*, d'un mot mal fait, suivant M. Ad. Renier, mot auquel il préférerait, si on voulait bien lui laisser tout son sens, le vieux, et quoi qu'on en dise, très-respectable nom de *grammaire* (1).

Peut-être a-t-on renoncé en France à ce nom, parce qu'on s'était habitué à cette définition de Lhomond : « La grammaire est l'art de parler et d'écrire correctement. »

Réduite à ces termes, la grammaire, en effet, n'est qu'un *art;* mais elle devient une *science* de premier ordre, si on admet avec Denys le Thrace qu'elle embrasse la connaissance approfondie du mécanisme des langues et de leur histoire, des étymologies et des analogies, c'est-à-dire, des formes et de l'arrangement des mots ou de la syntaxe. Γλωσσῶν τε καὶ ἱστοριῶν πρόχειρος ἀπόδοσις· Ἐτυμολογιας εὕρεσις· ἀναλογιας ἐκλογισμός. C'est en nous plaçant au point de vue du célèbre grammairien grec, que nous nous proposons d'étudier les principes et les rapports des langues usitées en France, c'est-à-dire :

Du flamand,
De l'allemand,
Du celto-breton,
Du basque,
De l'italien,
Du catalan ou espagnol,
Du provençal,
Et du français proprement dit.

Or, les rapports qui existent entre les langues d'une même famille procèdent de deux sources différentes, des mots et des formes grammaticales ; c'est-à-dire, des mots pris isolément, étudiés en dehors de la place qu'ils occupent dans le discours, et des mots jouant un rôle dans le discours.

(1) *Traité de la formation des mots dans la langue grecque.*

« Les rapports des mots, dit M. Ampère, sont ceux dont on a le plus abusé, et qui prouvent le moins. Les combinaisons de sons que peut former la bouche de l'homme sont limitées, et parmi les combinaisons possibles, il en est un grand nombre que l'oreille rejette. Dans ce qui reste, il n'est pas étonnant qu'il se rencontre des ressemblances. surtout si l'on compare une grande quantité d'idiomes ; car de ce qu'un mot existe dans une langue, il ne s'ensuit pas nécessairement qu'un mot analogue ne puisse exister dans aucune autre (1). » En effet, à quoi servirait-il de savoir, par exemple, que le mot *père* s'écrit en sanscrit *pitr*, en zend *pata*, en persan *pader*, en latin *pater*, en italien et espagnol *padre*, en provençal *paire*, en grec πατήρ, en gothique *fadar* et *aita*, en vieil allemand *fatar*, en allemand moderne *vater*, en anglo-saxon *fader*, en anglais *father*, en vieux saxon *fadar*, en néerlandais (hollandais et flamand) *vader*, en vieux nordique *fadir*, en suédois *fader*, en vieil irlandais *athair*, en celto-breton et gallique *tad*, en lithuanien *téwas*, en letton *thews*, en prussique *tâws*, en vieux slavon *ot'z''*, en russe *otetz''*, en polonais *ojciec*, en bohémien *otec*, en finnois *isa*, en estonien *issa*, en lapon *attje*, en lapon moderne *atzhje*, en hongrois *atya*, en basque *aita ?* A quoi servirait-il de savoir tout cela, si j'ignore que le mot *père* est aussi, par le son et par le sens, de la famille des mots *patrie*, *paître*, *vitalité*, *maître*, *magistrat*, *etc.*; que le thème de tous ces mots est, pour les uns, le sanscrit PAT qui signifie *élever, tenir, avoir sous la main*, *gouverner*, dont la racine est PA qui signifie *nourrir*, et dont le germe est le son π - τ qui procède du mouvement labial π ; pour les autres, AD, qui signifie en sans-

(1) *Littérature, voyages*, etc., tome Ier, p. 299.

crit *manger*, *nourrir*, et procède du mouvement dental τ? Réunir en groupes ou ranger sur la même ligne des mots composés à peu près des mêmes lettres, n'est pas indiquer ni l'origine ni la filiation de ces mots. Ce procédé ne peut être d'une grande utilité en philologie. Ce qui importe, ce n'est pas tant de montrer les différentes manières dont s'écrit un seul et même mot dans plusieurs langues, mais de réunir les différents mots d'une même famille, ayant une même racine. Ce dernier procédé, qui seul fait connaître l'origine et la véritable signification de chaque mot d'une langue, est, il est vrai, un travail long et fastidieux; mais ce labeur est, suivant l'expression d'un poëte allemand, digne de la sueur des plus nobles et des plus braves.

Aussi, M. Fallot a-t-il dit avec raison que « l'étude des langues comparées entre elles doit se porter d'abord non point sur les mots, mais sur les sons dont se composent les langues. Il y a un nombre indéterminé de sons généraux communs à toutes les langues, mais il y a aussi dans chacune un petit nombre de sons qui lui sont propres et qui n'appartiennent point aux autres. Non-seulement chaque langue a des sons qui lui sont propres, mais elle a aussi des alliances de sons qu'elle recherche et qu'elle affectionne, des combinaisons qui lui sont particulières et qu'elle reproduit, sinon exclusivement, du moins plus fréquemment que tout autre. Il faut donc se livrer d'abord, dans l'examen de chaque langue, à l'analyse radicale des sons, qui la composent, et il faut comparer entr'eux les sons et les combinaisons des sons des différentes langues (1). »

Qu'est-ce donc qu'un *son* vocal?

(1) *Recherches sur les formes grammaticales de la langue française*, p. 429.

C'est le bruit que l'air fait entendre en traversant la cavité du larynx.

Ce bruit concourt à former la parole et produit ce qu'on appelle les *voyelles* et les *consonnes* :

Les *voyelles*, lorsque l'air chassé des poumons n'éprouve en passant par la bouche aucun obstacle, ne reçoit aucune empreinte, aucune marque particulière, ni de la part de la langue, ni de la part des parois, ni des lèvres, ni de l'arcade dentaire inférieure;

Les *consonnes*, lorsque ces diverses parties de la bouche apportent certains obstacles à l'émission de la voix simple.

I. — DES VOYELLES.

Il y a plusieurs sortes de voyelles; leur variété dépend de la forme que prend la bouche au moment de leur livrer passage.

En effet, « la bouche, en qualité de simple passage, dit M. Kersten, en qualité de simple canal, ouvert dans toute sa longueur depuis le pharynx jusqu'à l'extrémité des lèvres extérieures, est capable d'augmenter ou de diminuer considérablement sa cavité, soit en s'allongeant et en se raccourcissant, soit en s'élargissant et en se resserrant (1). »

D'un autre côté, la physiologie enseigne que si l'ouverture qui résulte du plus ou moins de rapprochement des cordes vocales est très-étroite, le son est aigu; que si elle est large, le son est grave. Entre ces deux points extrêmes, l'harmonie place des sons moyens ou doux.

De là trois classes de voyelles :

(1) *Essai sur l'activité du principe pensant*, p. 160.

1° Les *graves*, produites par la bouche allongée et élargie intérieurement : â, ô, ò, o, au, ou;

2° Les *aigües*, par la bouche raccourcie et retrecie intérieurement : a, ê, è, é, i;

3° Les *moyennes* ou les *douces*, par la bouche allongée, mais retrecie en même temps à l'intérieur : eû, eu, ö, œ, e, u.

Dans cette nomenclature, nous n'avons pas tenu compte des voyelles nasales, dont le son s'obtient en faisant passer par le nez une partie de l'air nécessaire à leur prononciation. Ces voix simples ne sont autres que des voyelles orales, accompagnées d'un attribut particulier *m*, *n*, *ng*.

On doit bien se garder de confondre les voyelles *au*, *eu*, *ou*, *ui*, qui ne forment qu'un son, avec les voyelles doubles, qui produisent un double son, comme UI dans *lui*, *puits*, *nuit*, *cuire*, *luire*; IE dans *ciel*, *miel*, *pied*; IA dans *diable*, *etc.*

Ces voyelles doubles s'appellent *diphthongues*, parce qu'étant réunies sans l'intermédiaire d'aucune articulation, elles se prononcent rapidement, mais distinctement, au moyen d'une seule émission instantanée de l'air sonore. Dans cette émission unique, on entend pourtant deux sons différents bien réels, et pour lesquels il a fallu une double modification du corps de tuyau de l'organe vocal. Par exemple, pour prononcer le mot *luire*, la bouche s'allonge, puis se retrecit. C'est cette double opération qui constitue la diphthongue; autrement, il n'y aurait qu'un son grave, une voyelle longue.

La langue sanscrite a dix voyelles simples et quatre diphthongues ou voyelles composées. On les distingue en brèves et en longues; chaque voyelle brève a une correspondante longue.

VOYELLES SIMPLES.

A, qui se prononce comme l'*a* français au commencement des mots, comme *o* au milieu et comme *e* à la fin; devant deux consonnes, il prend le son de l'*â* long.

â, *a* long.

i, *i* bref.

î, *î* long.

u, *ou* bref.

û, *oû* long.

ri, *r* liquide; la voyelle *i* doit à peine s'entendre dans la prononciation, qui est du reste assez vague.

rî, *r* long. Il paraît que ces deux dernières voyelles *ri* et *rî* sont une abréviation d'une voyelle primitive *ar*, dont l'*a* a été supprimé.

lri, *l* liquide *lrî*, *l* long.	Abréviations des voyelles primitives *alri* et *âlri*, dont l'*i* doit aussi être à peine entendu dans la prononciation.

DIPHTHONGUES OU VOYELLES COMPOSÉES.

Ai, *a* + *i*, prononcez *ê* long.

âi, *â* + *i*, prononcez *êi*.

au, *ô* long.

âu, o + *u*, *ou*.

« Les voyelles autres que *a* et *â* sont susceptibles, dans beaucoup de cas, dit M. Baudry, de se changer en diphthongues ou en syllabes composées, par suite de l'adjonction à leur gauche d'un *a* (changement qui s'appelle *guna*) ou d'un *â* (*vriddhi*). En voici le tableau :

Voyelles,	*i*, *î*;	*u*, *û*;	*ri*, *rî*;
Guna,	*ê*;	*ô*;	*ar*;
Vriddhi,	*âi*;	*âu*;	*âr*.

« Le *guna* joue un grand rôle dans la grammaire sanscrite. Certains dérivés fort nombreux ne se forment qu'en donnant le *guna* à la voyelle radicale, lorsqu'elle en est susceptible. Ainsi, la racine *budh*, savoir, fait le verbe *bôdhâmi*, je sais. Au reste, le sanscrit note seulement de plus près un fait qui se passe dans beaucoup d'autres langues, et qui est la transformation des voyelles radicales simples en diphthongues pour former les dérivés. En français, par exemple, la voyelle radicale du primitif *digne* subit, pour former le verbe *daigner*, un véritable *guna* sanscrit. Seulement, tandis qu'en sanscrit les changements ont presque toujours lieu sur des voyelles radicales *i*, *u* ou *ri* qui se trouvent, au moyen de l'adjonction d'un *a*, remplacées par les diphthongues correspondantes, en français et en latin il arrive le contraire, et c'est la voyelle *a* du radical qui subit le plus souvent l'adjonction d'un *i*, comme *amour*, *aimer*; *damnare*, *condemnare* ($e = a + i$), etc. On pourrait multiplier les exemples à l'infini (1). »

Voici maintenant les voyelles et les diphthongues qui entrent dans les différentes langues de la France :

Le *flamand* possède dix voyelles : *a*, *e*, *i*, *o*, *u*, *ae*, *ie*, *oo*, *ue* et *y*. Il a aussi les voyelles nasales *aen*, *ein*.

Les voyelles *a*, *e*, *i*, *o*, *u* sont brèves et se prononcent comme en français.

Les voyelles *ae*, *ee*, *ie*, *oo*, *ue* et *y* sont longues et se prononcent comme *â*, *ée*, *î*, *ô*, *û*, et *î* en français. Cependant il arrive quelquefois que les voyelles simples *a* et *u* son-

(1) *Résumé élémentaire de la théorie des formes grammaticales en sanskrit.*

nent comme *â* et *û* longs; par exemple : *tA-ken*, tâches; *mU-ren*, murs.

La voyelle *ee* ou *é* long a trois sortes de sons : *long-doux, long-aigu* et *fort;* l'écriture n'a pas de caractère particulier pour les désigner; l'oreille seule doit en saisir les nuances.

Oo ou *ô* long a deux sortes de sons : *long-doux* et *long-aigu;* l'écriture n'a pas non plus de signe particulier pour désigner les nuances de ces deux sons, qui diffèrent du reste très-peu l'un de l'autre.

Dans certaines parties de la Flandre, l'*y* se prononce comme *ei* et a presque la valeur d'une diphthongue; dans la Flandre occidentale, il se prononce comme *i*.

L'*allemand* a six voyelles simples : *a, e, i, o, u* et *y,* qui se prononcent comme en français, à l'exception de l'*u* qui sonne comme *ou*, et de l'*e* qui a tantôt la valeur de l'*é* fermé, tantôt celle de l'*è* ouvert, tantôt celle de l'*e* muet.

Trois voyelles, surmontées du signe de l'*umlaut* : *ä, ö, ü* se prononcent comme *æ, œ, ue;* c'est la propriété de l'*umlaut* de changer un son simple en un son composé.

Sept diphthongues : *ai, ay, au, äu, ei, ey* ne se prononcent pas, comme l'ont avancé quelques grammairiens, en donnant à chaque voyelle le son qui lui est propre, ce qui nécessiterait une double émission de voix, mais par une seule qu'il est plus facile de faire mieux comprendre oralement que par l'écriture.

Sept voyelles doubles : *aa, ee, oo, ah, eh, oh* et *ie*, sont prononcées comme de simples voyelles longues, sauf quelques exceptions qu'enseigne la grammaire allemande.

Le *celto-breton* possède quatorze voyelles : *a, â, e, é, è, i, î, o, ô, u, û, eu, ou*, qui se prononcent comme en français, et *w* qui est toujours suivi d'une voyelle et se prononce à peu près comme *oa*, mais en ne formant qu'une seule émission de voix avec la voyelle qui suit.

21 diphthongues : *ae*, *ao*, *aou*, *ea*, *ei*, *eo*, *ia*, *ie*, *iu*, *oa*, *oe*, *ui*, *wa*, *we*, *wi*, *oua*, *oue*, *oui*, *eue*.

Le *romano-provençal* possède les voyelles *a*, *â*, *e*, *é*, *è*, *o*, *u*, *y*, *au*, *ou*, et les diphthongues : *ai*, *iou*, *you*, *eou*, *éou*, *ie*, *oyo*, *aou*, *iu*, *ue*, *ui*, *ey*, *eu*, *uo*, *oui*, *ay*, *aü*, *ia*, *ua*, *ieys*, *ieu*.

Le *basque* a six voyelles *a*, *e*, *i*, *o*, *u* et *y* qui sonnent comme en français, à l'exception de *e* qui se prononce comme *é* fermé, et *u* comme *ou*; et les diphthongues *ai*, *ei*, *oi*, *au*, *eu*, *ia*, *oa*, *ua*, *ue*, *ui*, *aou*, *iaou*, *aia*, *yayo*.

L'*espagnol* a six voyelles *a*, *e*, *i*, *o*, *u* et *y*, dont l'*e* sonne comme l'*é* fermé français, l'*u* comme *ou*, et l'*y* plus longuement que l'*i*. Il a en outre les diphthongues *ua*, *ue*, *ui*.

L'*italien* a six voyelles *a*, *ę* (é), *i*, *o*, *u*, (*ou*), *j*, et les diphthongues *ua* (*oua*), *ue* (*oue*), *ui* (*oui*), *ia*, *iu*, (*iou*), *io*.

Le *français* possède les voyelles *a*, *â*, *e*, *é*, *ê*, *è*, *i*, *î*, *y*, *o*, *ô*, *u*, *û*, *au*, *eu*, *ou*, *an*, *in*, *un*, *on*, et les diphthongues : *ai*, *ia*, *ié*, *iè*, *iai*, *oi*, *eoi*, *ouai*, *ain*, *oin*, *ouin*, *io*, *ien*, *ian*, *ieu*, *ion*, *iou*, *oë*, *ouan*, *ua*, *oue*, *oui*, *ue*, *ui*, *uin*.

Toutes ces voyelles sont sonores ou sourdes, suivant le plus ou moins d'ouverture de la bouche qui les fait entendre ;

Les voyelles sonores et sourdes sont longues ou brèves ;

Les voyelles longues ou brèves sont orales ou nasales ;

Les voyelles orales ou nasales sont graves, aigües ou douces.

Des auteurs ont prétendu que les voyelles sont le fond d'une langue, qu'elles en sont la partie essentielle et nécessaire, qu'elles sauraient même à elles seules en constituer une (1), et que les consonnes ne servent que de lien, de point d'appui, de passage naturel d'une voyelle à l'autre.

D'autres, au contraire, soutiennent que les voyelles n'ont pas de signification dans la racine des mots, et que leur unique objet est d'établir une distinction entre les mots d'une même famille, comme *pâture* et *pasteur*, *proférer* et *préférer*, etc. (2). Ces contradictions peuvent très-bien, ce nous semble, se concilier par les considérations que fait valoir M. Kersten : « Chez les peuples qui ont constamment la bouche ouverte, c'est-à-dire, chez ceux qui vivent sous une température élevée, les voyelles se prononcent aisément de suite, et le besoin de l'articulation se fait moins sentir. Je veux dire que, chez eux, le rapprochement des parties mobiles de la bouche est moins fréquent ; le canal demeure constamment ouvert et libre, et les voyelles l'emportent de beaucoup sur les consonnes. Chez ces mêmes peuples, les voyelles éclatantes, qui exigent une grande ouverture de la bouche, dominent dans le discours, et les voyelles aigües et les sourdes sont plus rares. Au contraire, chez les peuples qui habitent des climats froids et qui, par une suite nécessaire, donnent peu d'ouverture aux conduits aérifères, les parties mobiles de la bouche doivent se toucher constamment et produire ainsi d'innombrables articulations. De même, chez eux, les voyelles aigües, faibles, sourdes, l'emportent en nombre sur les voyelles éclatantes et fortes. »

Encore si les voyelles et les consonnes restaient immuables

(1) *Le vocabulaire océanien de l'abbé Boniface Mosblech* renferme nombre de mots uniquement composés de voyelles.

(2) Der laut oder vocal est in der Wurzel bedeuntungslos; erst in den aus ihr erwachsenen stämmen oder Wörteren dienen die verschiedenen laute zur unterscheidung ähnlicher wörter. — HENDRICH KALFSCHMIDT.

dans la formation des mots, peut-être pourrait-on dire que les unes ou les autres en sont l'âme et leur donnent la vie, mais les voyelles, aussi bien que les consonnes, et les consonnes aussi bien que les voyelles, sont sujettes à des causes de permutation qui influent souvent sur le sens intime des mots.

PERMUTATION DES VOYELLES.

Dans l'état actuel de nos langues, la voyelle est la base de tous les sons simples; elle sonne d'elle-même, mais il lui faut l'alliance de la consonne pour donner naissance au mot; car, suivant la belle expression de Jacob Grimm, la consonne forme le mot, et la voyelle le fixe et l'enlumine (1).

La consonne, de son côté, a aussi besoin de s'allier avec la voyelle, pour être entendue distinctement, pour produire le son qui lui est propre avec plus de clarté et de netteté. Lorsque la voyelle se montre, la consonne tournoie autour d'elle et la saisit, suivant une autre expression pittoresque du célèbre philologue allemand (2).

Toutes les voyelles peuvent se réduire à trois, dont procèdent toutes les autres. Primitivement, il n'y avait que les voyelles A, I, U; elles sont primordiales et communes à toutes les langues. C'est un point que Grimm et Bopp ont démontré dans leurs grammaires (3). C'est du jeu et des rapports de ces trois voyelles que dépendent non-seulement leur fixité ou leur mobilité, leur brièveté ou leur allonge-

(1) Die consonanz gestaltet, der vocal bestiment und beleuchtet das wort. *Deut. Gram.*

(2) Der vocal ruht, der consonant schwebt und ergreift jenen. *Geschichte der Deutsche sprache*, I, 191.

(3) *Deut. grammatik* von J. Grimm. — *Vergleichende grammatik* von Franz Bopp.

ment, mais encore la flexion et la sonorité harmonieuse des mots.

La voyelle A est la génératrice des sons intermédiaires entre I et U ; elle forme, dit Grimm, avec les deux autres voyelles, une trilogie qu'on retrouve dans les trois *genres*, les trois *nombres*, les trois *personnes*, les trois *voix* des verbes, les trois *temps*, les trois *déclinaisons* en *a*, *i*, *u*.

La prononciation de la voyelle A est la plus naturelle; la bouche est ouverte sans effort, et laisse à la voix le cours le plus libre. Pour les autres voyelles, elle se retrecit de plus en plus; elle est à moitié ouverte pour dire I, presque fermée pour U. On comprend qu'entre ces trois modifications de la bouche, il y ait place pour des sons intermédiaires, et que si, après avoir laissé passage au son A, le canal se raccourcit avec les lèvres, on entende le son AI, *ĕ*, *è*, *ê;* et qu'après le son I, on puisse faire sonner AU, *o*, *ô*, *ou*, par un élargissement intérieur du canal au moyen de la langue.

Puisqu'un son dépend de la plus légère modification de la bouche, modification souvent irréfléchie, involontaire, faut-il s'étonner qu'un même mot sonne différemment, non-seulement suivant les différentes contrées qu'il traverse, mais encore suivant les cantons, les villes, les bourgs, les villages d'un même pays ?

Cette dissemblance de sons provient de la permutation des voyelles, qui se fait de trois manières : 1° Les voyelles en permutant restent simples et conservent leur son, bref ou long ; 2° les brèves deviennent longues ; 3° les voyelles se combinent et deviennent diphthongues avec un son bref ou long.

La cause de la permutation est tantôt l'influence exercée sur elle, soit par une voyelle voisine, soit par une consonne; tantôt la paresse des organes, tantôt la diversité des climats, quelquefois aussi le besoin d'harmonie. L'effet de la permutation se fait sentir dans les rapports de plusieurs langues de même famille, dans ceux des dialectes d'une même langue, dans ceux de certains mots d'une même langue ou d'un même dialecte.

Toutefois, une loi, que les grammairiens n'ont pas encore nettement définie, semble présider à la permutation des voyelles. « C'est un fait, dit M. Ampère, que plus on s'élève haut dans l'histoire d'une langue ou d'une famille de langues, plus on trouve les mots harmonieux, pleins de voyelles retentissantes; plus on redescend, plus on les trouve écourtés, appauvris, pour ainsi dire; les voyelles sonores cèdent la place aux voyelles sourdes; de sourdes, elles deviennent tout à fait étouffées, muettes enfin, et finissent par disparaître. »

Un exemple démontrera ce fait :

Sanscrit........... *aham* (je ou moi),
Zend............. *azem*,
Celto-breton........ *am*,
Lithuanien......... *asz*,
Slavon............ *az*,
Grec.............. *ἐγω*,
Latin............. *ego*,
Birman............ *nâ*,
Basque............ *ni*, *nic*,
Romano-provençal... *iou*,
Espagnol.......... *yo*,
Italien............ *io*,
Français........... *je*,
Gothique........... *ik*,
Flamand........... *ik*,

Allemand ancien.... *ih*,

Allemand moderne... *ich*,

Islandais.......... *eg*,

Suédois........... *jug*.,

Danois............ *jeg*,

Anglais........... *i*,

Dialecte bourguignon. *i*.

Sanscrit........... *mâ*, *mâtar* (mère),

Basque............ *ama*,

Celto-breton....... *mamm*,

Grec.............. *μητηρ*,

Latin............. *mater*,

Gothique.......... *muothar*,

Allemand ancien.... *muoter*,

Allemand moderne.. *mutter*,

Islandais.......... *modir*, *modur*,

Danois et suédois.... *moder*,

Flamand.......... *moeder*,

Espagnol et italien.. *madre*,

Romano-provençal... *maire*,

Français.......... *mère*.

On voit par ces mots comment l'*a* sonore de l'Orient s'assourdit en passant à l'Occident et au Nord; ici, il devient *é*; là, *i*; ici, il se change en *o*; là, en *u*. Enfin, l'*a* final du sanscrit *mâtar* s'assourdit tellement dans les langues modernes, qu'il disparaît complétement dans la prononciation. Cependant, dans un autre exemple cité plus haut, nous avons vu que l'*i* du sanscrit *pitr*, père, s'est changé en *a*, dans les dérivés européens *vater*, *vader*, *pater*, *padre*, *paire*, etc.

« Ce fait paraît être une anomalie, dit M. Pictet, parce que, d'après toutes les observations, l'effet du temps sur les voyelles est de les changer de fortes en faibles, et non pas le contraire. Le sanscrit se trouve-t-il placé ici à un degré inférieur à plusieurs des autres langues de la famille, tandis que pour presque tout le reste, il leur est supérieur? En d'autres termes, aurait-il remplacé par *i* un *a* primitif? L'exemple de *pitr*, père, que Bopp croit dérivé par corruption d'une forme plus ancienne *pâtr* (de la racine *pâ*, nourrir, protéger), appuierait cette opinion, toutes les autres langues indo-européennes ayant une voyelle forte à la place de l'*i* (1). »

A l'*a* bref et long du sanscrit, correspond en général l'*a* bref et long de nos langues de France, surtout lorsque cette voyelle se trouve placée au commencement ou dans la première syllabe des noms. J'ai dit en général, car, comme on le pense bien, cette concordance n'a pas toujours lieu. L'influence des climats, du temps, des organes, des dialectes, des usages, des variations de l'orthographe, a fait prendre à l'*a* bref les formes diverses de *o*, *i*, *e*, *y*, *ai*, *ae*, *ea*, *ei*, *aoi*, etc., et quelquefois, ainsi qu'on l'a déjà remarqué, de *u*; rarement de *ui*.

Exemples : L'*a* du sanscrit *jaks* (railler, jouer) devient *o* dans le flamand *jocken*, *au* dans l'allemand *jauchzen*, *oa* dans le celto-breton *c'hoari*, *ou* dans le provençal *jougar*, *yo* dans le basque *yokhatcea*, *u* dans l'espagnol *jugar* (prononcez *jougar*), *iuo* dans l'italien *giuocare*, *ou* dans le français *jouer*.

L'*a* du sanscrit *path* (parler, demander, prier) devient *i* dans le flamand *bidden*, *ie* dans l'allemand *bieten*, *è* dans le celto-breton *pèden*, *i* dans le provençal *in-vitar*, *i* dans

(1) *De l'affinité des langues celtiques avec le sanskrit*, p. 19. — *Vergleichende grammatik* von Bopp., p. 62.

le basque *bidatcea*; *i* dans l'espagnol *con*-VI*dar*, *i* dans l'italien *in*VI*tare*, *i* dans le français *in*-VI*ter*.

L'*a* du sanscrit *ad* devient *e* dans le flamand *eten*, *e* dans l'allemand *essen*, *e* dans le latin *est*, (3e pers. du sing. d'*edo*), *e* dans le grec *ἔδω*; mais il est devenu *ia* dans le basque *yatéa*, à cause de sa concordance avec la finale *ea*; *y* dans le gothique *ytan*, et *i* dans le celto-gallique *itam*; il redevient *e* dans le celto-cambrien *esu* et dans l'anglais *to* E*at*.

L'*a* du sanscrit *at* (aller, marcher) devient *ai* dans le basque *yo* AI*tea*, et dans le celto-breton AIÔ, il ira.

L'*â* du sanscrit *yâ* et *gâ* (aller, marcher) devient *ae* dans le flamand *gaen*, et *e* dans l'allemand *gehen*.

L'*a* du sanscrit *jal* (froid, glacial) devient *ou* dans le flamand *kout*, et le celto-breton *skourna*, *o* dans le basque *hotz*, et dans le danois et l'anglais *kold* et *cold*, *oei* dans le norvégien *koeil*.

Le changement de *i*, *î* en *e*, *é*, *ê*, *ea*, *ai*, *ei*, *oi*, etc., est très-fréquent, et cela surprendra peu, dit M. Pictet, si l'on réfléchit à la modification de *i* en *é* par *guna* en sanscrit. Ainsi :

L'*i* du sanscrit *iç* (posséder, avoir en propre) devient *ei* et *oi* dans le vieil allemand *eigan* et *oigan*; *ai* dans le gothique *aigin*, *ae* dans l'anglo-saxon *aegen*, *ei* dans le flamand et l'allemand *eigen*. L'*e* du latin en passant dans l'espagnol se change en *ie*, exemple : lat. *tempus*, esp. *tiempo*.

L'*i* du sanscrit *iks* (voir) devient *au* dans le gothique *augo* (œil); *ea* dans l'anglo-saxon *eag*; *ey* dans l'anglais *eye*, *oo* dans le flamand *oog*; *au* dans l'allemand *auge*; *oe* dans le suédois *oega*; *ou* dans le norvégien *ouge*; *o* dans le latin *oculus*; *u* dans le provençal *huel*; *œ* dans le français *œil*; *o* dans l'italien *ojo* et dans l'espagnol *occhio*.

L'*u* du sanscrit *sûc* (distinguer) devient *ai* dans le gothique *saihwan ; ia* dans l'islandais *sia* et le norwégien *siaa ; e* dans l'anglo-saxon *sean*, *seón* et *sewan*, et dans l'allemand *sehen* ; *i* dans le flamand *zien*.

L'*u* du sanscrit *lut* (parler au loin) devient par le *guna* : *o* dans l'italien *lodare*, dans l'espagnol *elogiar*, et dans le français *éloge ; ou* dans *louer ; au* dans le latin *laudare*, dans le provençal *lausar*, dans le basque *laudatcea*, et *eu* dans le celto-breton *meu-leûdi*. L'*o* du latin devient *ue* en passant dans l'espagnol ; exemple : *bonus*, esp. *bueno*.

Il y a en sanscrit deux sortes de diphthongues ; d'une part, l'*a* bref se fond avec *i* et forme *ai* (ê) ; de l'autre, il se fond avec *u*, et forme *ô* (*au*) ; de manière qu'aucune des deux voyelles élémentaires ne se fait plus entendre, mais toutes les deux sont fondues dans un troisième son. En troisième lieu, *â* long suivi de *i* forme *âi*, et suivi de *u* forme *âu*, de manière que dans la prononciation les deux éléments puissent être entendus, comme dans ces deux mots allemands *waise* et *baum*, tandis que *ai* bref sonne comme dans le mot français *mais*, et *au* bref, comme dans celui de *Laure*. Cette dernière sorte de diphthongues prend naissance, lorsque, pour éviter l'hiatus, deux voyelles se contractent en une seule, comme dans *mamâitat*, contraction de *mama ètat*. Pour bien comprendre cette contraction, il faut ne pas oublier que l'*è* de *ètat* est la forme *guna* résultante de l'absorption de *a* et de *i*. Par sa position, l'*a* bref final de *mama* attire à lui et absorbe l'*a* bref initial de *aitat* ; ce qui fait que les deux *a* brefs, s'étant fondus, forment par *vriddhi* l'*â* long de *mamâitat*, et en font reparaître l'*i* primitif de *ai* (*a* + *i*). Il suit de là que les diphthongues sanscrites sont au nombre de quatre : *è* (*a* + *i*), *ô* (*a* + *u*), *âu* (*aa* + *u*) et *âi* (*aa* + *i*).

Pour qui a lu quelques pages écrites en flamand, allemand, celto-breton, provençal, basque, espagnol, italien ou français, il sera évident que les diphthongues du sanscrit se retrouvent dans nos langues de France ; mais avec les modifications produites par les mêmes causes qui ont provoqué les modifications des voyelles. Il nous paraît donc inutile de confirmer ce fait par des exemples particuliers.

Mais ce n'est pas seulement de langue à langue qu'a lieu la permutation des voyelles ; elle se manifeste aussi dans les divers dialectes d'un même idiome. Le français, enseigné d'une manière si uniforme par toute la France, n'y est cependant pas encore parlé d'une manière uniforme. L'ouvrier des villes et l'habitant des campagnes, — le peuple illettré, — ne respectent guère la véritable prononciation des mots.

On verra dans le tableau suivant, que j'emprunte à M. Tarbé, comment les voyelles permutent entre elles dans une seule province française, la Champagne (1) :

(1) *Recherches sur l'histoire du langage et des patois de Champagne*, Reims, 1851.

TABLEAU

Où sont réunies quelques-unes des variations subies dans les patois de Champagne p prononciation de la langue française.

Français.	Béru.	Auve	Somme-Tourbe.	Sainte-Ménéhould.	Possesse.	Alliancelles.	Courtisols.	Aube.	Haute-Marne.	Ard
a	o, ou, ai	au, é, ai,	i, o, y	an, y	é, ai, an, i	o, an, i, ai,	i, é	ai, é	o, é, ai, ey	i, é,
. . . .	. . . .	an, oa	. . . .	. . . .	. . . .	é, au	. . . .	. . . .	. . . .	
ai	o, a, an	a, i, oua	é, o, oua	a	j, in, a	a	. . . .	o	é, a	ai
ain	an	ai	. . . .	. . . .	ainlle	. . . .	an	i	. . . .	
ais	es, os	. . . .	ous, aus	. . . .	ins, ous	as, os	. . . .	os, as	ey	é, a,
ait	ot	è, èt	ouat	ot, ouat	int, oas	ot, aut	ée	o, ie	o, ot, a	ot
an	on, o	in	a	ain	. . . .	. . . .	ain	. . . .	a, in	or
ar	au, or	a	a	. . . .	a, au	o, au	. . . .	ae, ée, a,	a	a, a
. . . .	. . . .	. . . .	. . . .	. . . .	. . . .	. . . .	. . . .	ach, atch	. . . .	. . . .
ble	le	le, be	le, be	. . . .	le	le	. . . .	ve, be	. . . .	. . . .
bre	ber	ber, be	. . . .	. . . .	ber	. . . .	bier	ber, vre	. . . .	. . . .
c	. . . .	. . . .	. . . .	t	ch, t	. . . .	ch, t	ch	. . . .	
co	. . . .	que	que	. . . .	. . . .	. . . .	. . . .	que	. . . .	c
cr	. . . .	gr	. . . .	. . . .	gr	. . . .	gr	. . . .	. . . .	. . . .
D	. . . .	. . . .	. . . .	t	t	. . . .	. . . .	dj	. . . .	. . . .
é, ée	o, a, i	oi, cil	eu, u, i	u	u, i, ie	eé, u, o, au	ieu, u	ers, ien,	ai, o, a	
. . . .	. . . .	. . . .	. . . .	. . . .	. . . .	. . . .	. . . .	ier, eu, ey,	. . . .	. . . .
. . . .	. . . .	. . . .	. . . .	. . . .	. . . .	. . . .	. . . .	ou, o	. . . .	. . . .
eau	iau, ail	iau, é, iex	iau	iau	e, eix, ée	ey, ex	. . . .	ex, et, iau	. . . .	o
ec	é, er	eu	u, eu	eux	. . . .	o, eu	eu, eur	é	. . . .	é
el	. . . .	al	é	. . . .	eil, é, il, ex	é, ey	é, è, eu	al, ey	é	
en	a, on	a	a, in	à	. . . .	. . . .	a, ein, in	. . . .	. . . .	é,
ent	ont	ont	ont	ont	ont	ont	aint	ont	. . . .	c
er	ar, i, jé, is	cil, ail	é	é	eil, eir	. . . .	cur, eu, ay,	ey, é, éer,	re, ro, ey	ay,
. . . .	. . . .	. . . .	. . . .	. . . .	. . . .	. . . .	ey, euir	et, ech, ei	. . . .	. . . .
es, ez	. . . .	eil	é	. . . .	cil, is	o, au	eus	os	. . . .	ous,
eu, eus,	ou, u	euil, un, ou	o, ou	euil, ou, au	o, u, au, ae	. . . .	ou, aus	ou, ay, os	eiue, ue,	o, ai
eux	. . . .	u, œou	. . . .	aoux	. . . .	. . . .	. . . .	. . . .	oux	. . . .
eur	eu	œou	iau	eux	oux, aoux,	ou, ous	ioux	ou, ey	eus	or, e
. . . .	. . . .	. . . .	. . . .	. . . .	au	. . . .	. . . .	. . . .	. . . .	. . . .
G	ch	. . . .	. . . .	s	. . . .	. . . .	d, dz, z, hou	ch	. . . .	tj, ch
. . . .	. . . .	. . . .	. . . .	. . . .	. . . .	. . . .	. . . .	. . . .	é	ho
i, il	é	in, eil	ée, in, en	in	in, eil, ei, u	in	ai, in	in, ay	en, ié	i,
ie, ien	i, iau, ié, en	. . . .	. . . .	ié	. . . .	in	ié, é, in	ié	. . . .	ié,
ier	i, iar, iey	. . . .	oier	. . . .	. . . .	. . . .	i, ie, ü	ey	. . . .	i,
in	an	. . . .	. . . .	i	inlle	. . . .	. . . .	i	i, ié, é	
ir	i	i, in	i	i	i, in, er	i, in	i	. . . .	. . . .	a
is, ix	. . . .	ins	. . . .	ins	ins, eil	i, in, eye	ins	ins, iche,	. . . .	. . . .
. . . .	. . . .	. . . .	. . . .	. . . .	. . . .	. . . .	. . . .	ige	. . . .	. . . .
j	ch	ch	. . . .	ch	. . . .	d, dz, z	. . . .	. . . .	. . . .	
le	lo, ne	leu, ne, eul	lu, ul, eul	ul, el	lu, ul	. . . .	eul	leu, lou	ie, leu	. . . .
n	. . . .	gne	. . . .	gne	gne	. . . .	. . . .	gn, l	gne	. . . .
o	a	ou, eu, on	ou	. . . .	on, u, ou	ou	. . . .	ou, eu	au, ô	a,
oi, ois, oit	o, é, an	oué, é, ai,	oua, é, ié,	os, ot, oua	é, ou, oué	ot, oé, o,	in, oua, a,	oi, oé	a, o, ei,	i,
. . . .	. . . .	u, on	oé	. . . .	. . . .	ou, j, in	ié	. . . .	oz, ot	. . . .
oin	on	. . . .	on	on	on, oinlle	on	on	. . . .	. . . .	
oir	uir, oi, oer	oi, oué, oue	oua, oir	. . . .	oué, ouir	or	ey	oi	. . . .	
on	ou, o, an	ou, un	ou, oun	ou, an	oun	un, ou	. . . .	on, en	ou	i, un
. . . .	. . . .	. . . .	. . . .	. . . .	. . . .	. . . .	. . . .	. . . .	. . . .	
or	o	o, our	o, our	o	o, our	o, au	o	och, otch, o	. . . .	o,
ou	o, eu, u	o, eou, euil	. . . .	. . . .	ou, u, on	aé, a	eo, eou, iou	è, u, eu	o, os, eu	o,
. . . .	. . . .	on	. . . .	. . . .	. . . .	. . . .	. . . .	. . . .	. . . .	. . . .
our	or, ou	ou, eur	ou	ou	ou	ou	ou	. . . .	ou, o	
plu	plu, plou	puç, pé, pu	pu, puc	pu	pu	pu	pu	. . . .	. . . .	pe
pre	. . . .	peur	. . . .	. . . .	pru, peu	. . . .	peur	. . . .	. . . .	. . . .
re	er, ar	e, eur	ur, euz	eur, ez	ez, ué	euz, uz	. . . .	ze, er, eur	e	e
s	g, j, ch	. . . .	. . . .	. . . .	g, ch, j	j, ch	ch, j	z, g, j	g	g,
tre	te	te	te	te	te	. . . .	te, ter	. . . .	te	
u	ou, i, o	eu, un, o	on	on, an	eu, oou	oi, i, in	i, ey	oi, ei, i,	ei, eu	ou,
. . . .	. . . .	. . . .	. . . .	. . . .	. . . .	. . . .	. . . .	eu, ou	. . . .	. . . .
ui	j, y, oi	u, y, ue,	u, ue, is	i, y, u	eu, euil,	euys, ou, u	uye, y	u, eu	u, eu, y	u,
. . . .	. . . .	ouil, ieul	. . . .	. . . .	oui	. . . .	. . . .	. . . .	. . . .	. . . .
un	ou, u, oun	in	un, iun	cin, yun	cin, in, iun	. . . .	in, yn, iun	cin	oin	in, e
v	b	f	. . . .	. . . .	b	. . . .	. . . .	. . . .	. . . .	

Les mêmes changements de voyelles se rencontrent dans les dialectes français des autres parties de la France, dans ceux de la Flandre, du Hainaut, de la Picardie, de la Bourgogne, de la Vendée, de la Normandie, de la Gascogne, du Béarn, de l'Isère, du Berry, du Rémois, etc. On peut suivre ces variations dans les *Recherches sur le patois picard* de l'abbé Corblet, dans le *Dictionnaire Rouchi* d'Hécart, dans le *Dictionnaire patois de Lille* de Pierre Legrand, dans l'*Histoire de l'idiome bourguignon* de Mignard, dans les *Recherches sur la fusion du franco-normand et de l'anglo-saxon* de Thommerel, dans le *Glossaire du patois normand* de Julien Travers, dans le *Dictionnaire du patois du pays de Bray* de l'abbé de Corde, dans le *Vocabulaire du bas langage rémois* de Saubinet, dans le *Vocabulaire du Berry*, dans le *Glossaire du centre de la France* du comte Jaubert, dans le *Morvan* de Dupin, dans les *Poésies béarnaises*, dans le *Langage populaire de la Vendée* de Léon Audé, dans les *Recherches sur les patois ou idiomes vulgaires de la France* de Champollion-Figeac, dans le *Guide des Gascons* de S. M. et J. D., dans le *Dictionnaire du patois normand* d'Edelestand du Méril, dans les *Omnibus du langage*, dans le *Dictionnaire critique et raisonné du langage vicieux*, *etc.*

Ainsi, à Lille, *a* est très-ouvert à la fin des syllabes et des mots, comme dans *la*, *papa*, et prend le son de *è* dans *lerd*, *lierd*, *pater*, *crène*, pour *lard*, *liard*, *patar*, *crâne*. Il cesse d'être long dans *pâte* que l'on prononce *patte*, et s'élide dans les articles et pronoms féminins : *t'femme, s'mère, m'sœur*, pour « ta femme, sa mère, ma sœur. »

La diphthongue *ai* dans *portail*, *éventail*, *médaille* se contracte en *a* : *portal*, *évental*, *médale*.

Dans le Hainaut et le Cambrésis, *a* devient *i* dans *di-*

minche pour *dimanche; ar* dans *arcajou* pour *acajou; in* dans *invanie* pour *avanie; o* dans *pofe* pour *pauvre*, et dans *omère* pour *armoire; é* dans *éniau* pour *anneau; e* muet dans *consometion* pour *consommation*.

En Picardie *a* devient *e* dans *sercler* pour *sarcler*, *perler* pour *parler* : *o* dans *déjò* pour *déjà*, *t'iros* pour *tu iras*, dans *moison* pour *maison; ai* devient *oë* dans *foëre* pour *faire*, *ils mingeoëttent* pour *ils mangeaient; iei* dans *ils volieint* pour *ils voulaient; ouai* dans *jamouais* pour *jamais; au* devient *i* dans *grui* pour *gruau; eu* dans *keuse* pour *cause; ieu* dans *vieu* pour *veau*, *morcieu* pour *morceau*.

En Bourgogne *a* devient *ai* dans *aibri* pour *abri*, *ainge* pour *ange; o* ou *au* dans *évaulai* pour *avaler; e* dans *emenai* pour *amener; ar* dans *aivocar* pour *avocat; o* dans *boisser* pour *baisser; époizé* pour *apaisé; eau* devient *eà* dans *manteà* pour *manteau*, dans *peà* au lieu de *peau*, *noveà* pour *nouveau*.

Dans le Berry *a* devient *ão* dans *pão* pour *pas*, *là bão* pour *là-bas*, *tu vão* pour *tu vas*.

En Vendée, *a* devient *o* dans *chon*, *gron*, pour *champ*, *grand; i* dans *dedins* pour *dedans; ea* ou *è* dans *chapea* ou *chapè* pour *chapeau*.

Dans le pays basque, l'*a* du dialecte de la Biscaye devient *ai* dans celui de Guipuzcoa ; *i* dans celui de Soule et de Labourt. Ex : Bisc. *naz*, Guip. *naiz*, Lab. *niz*, Soul. *niz*.

Au contraire, *ai* du dialecte de Guipuzcoa devient *i* dans celui de Biscaye, de Labourt et de Soule : Guip. *nainzen*, Bisc. *ninzin*.

A Lille, *É* se prononce comme *eye* dans les mots terminés en *é* : *bonteye*, *cafeye*, pour *bonté*, *café;* au commencement et au milieu des mots, *è* ouvert sonne comme *eu* :

peure, meure, pour *père, mère*; *e* muet se change en *i* dans *bâteau, château, chapeau*, dont on fait *batiau, catiau, capiau*; il s'élide dans *feu* qu'on prononce *fu* et se change en *a* dans peu qui devient *pau* dans la prononciation.

Eu devient *o* dans *jeune* : un *jone* homme.

Ê long se change en *iè* dans *fête, tête, bête* qui se prononcent : *fiète, tiète, etc.*

E muet s'élide dans les articles et pronoms *les, mes, tes, ses* : *L's'infants, l's'amis*, et devient *i* dans *embarras, enfants* qu'on prononce : *imbarras, infants.*

En Hainaut, *E* se change en *a* : galetas, *galatas;* effronté, *affronté;* en *é* fermé : décret, *decrét.*

En *i* : encre, *inke;* chapeau, *capiau;* beau, *biau;*

En *o;* gosier, *gasio;* éperon, *époron*, ou bien en *ou* : éperon, *épouron.*

Eu se change en *o* : jeune, *jone;* jeunesse, *jonesse; eur* en *ou*, en *eux* : rieur, *riou* ou *rieux.*

É fermé devient *dé* dans ébrener, *déberner; in* dans écarlate, *incarlate.*

En Picardie, *E* muet ne se prononce pas : le, *l'*; refus, *r'fus;* peloton, *ploton; é* fermé devient *è* dans bonté, *bontè;* fermé, *fermè. È* se change en *é* dans mère, *mére;* frère, *frére; e* en *a* dans retenir, *ratenir;* repousser, *rapousser; e* en *ié* dans traiter, *traitier;* jugé, *jugié;* manger, *mangier; e* en *i* dans beau, *biau, etc.; e* en *ei* dans prendre, *preinde;* vendre, *veine;* rendre, *reine;* argent, *argeint*; compliment, *complimeint*; *er* en *i* dans changer, *cangi;* chercher, *cherchi; er* en *re* dans fermer, *fremer; eu* en *o* dans jeunesse, *jonesse; eu* en *u* dans malheur, *malhur;* mieux, *miux; eur* en *eux* dans docteur, *docteux;* voleur, *voleux.*

En Bourgogne, *E* se change tantôt en *a*, tantôt en *o*. On dit *violatte* pour violette, *tarre* pour terre, *hivar* pour hiver, *gouvanai* pour gouverner, *vatu* pour vertu, *borgei* pour berger, *chansenote* pour chansonnette. *E* devient quelquefois *i;* on dit *ligei* pour léger, *eil* devient *ou*, *mouïou* pour meilleur, *morvouillou* pour merveilleux; *e* se se change en *o* dans peine, *pone*, et dans feindre, *foindre*.

Dans tous les dialectes que nous venons de citer, *I* se change en *e*, *é*, *ai* ou *ei* : *destiller* pour distiller, *déligence* pour diligence, *éluminer* pour illuminer, *divaigne* pour divine, *maine* pour mine, *famaine* pour famine, *évalite* pour invalide, *lei* pour lit; *i* en *oi* : *déloier* pour délier, *proyère* pour prière; *ier* en *ei* : *métei* pour métier, *banneire* pour bannière; *ir* en *ère* : *offère* pour offrir; *if* en *iu* : *poussiu* pour poussif; *i* en *a* : *lapan* pour lapin, *malan* pour malin; *i* en *ion* : *taudion* pour taudis, *fremion* pour fourmi; *i* en *u* : *tulupe* pour tulipe.

O est souvent supprimé. Exemples : *luer* pour louer, *juer* pour jouer, *ébluir* pour éblouir, *recmincer* pour recommencer, *mi* pour moi, *ti* pour toi.

L'*o* se change en *ou* : rosée, *rousée ;* opinion, *oupignon ;* en *oi :* brosse, *broisse ; oi* en *ô* : froid, *frô ;* trois, *trô ;* avoir, *avor* ou *avoor ;* o en *a* : gosier, *gasio ;* omelette, *amelette ; oi* en *a* : roide, *rade ; oi* en *ou* : roi, *rouë ;* en *oa* : voir, *voar; oi* en *eu* : effroi, *effreu ;* en *i* : voisin, *visin ;* poignée, *pignée ;* s'asseoir, *s'assir ;* mon, *min ;* ton, *tin ; ou* en *eu* : roue, *reue ;* boue, *beue ; o* en *eo* : allons, *alleons ;* bâton, *bateon*.

L'*u* se supprime souvent. Exemples : lui, *li ;* où, *o ;* mourir, *morir ;* nourrir, *norir ;* oublier, *oblier ;* souffrir, *sofrir ;* tu aimes, *t'aimes ;* coup, *co*. *U* se change en *é* : commune, *comène ;* en *eu* : lune, *leune ;* une, *eune* : chute, *cheute ;*

fortune, *foteugne;* jusque, *jeuque;* en *o:* prune, *prone;* truelle, *troielle;* en *i:* humeur, *himeux*, en *ou:* surnom, *sournom*, etc.

Sans doute, ces permutations de voyelles n'ont lieu que dans le langage des classes illettrées des provinces; mais à Paris et dans ses environs, le peuple, qui est le plus spirituel du monde, dit aussi: *érière* pour arrière, *camomèle* pour camomille, *diviner* pour deviner, *missère* pour messire, *pipinière* pour pépinière, *ormoire* pour armoire, etc.

Déjà au XVIe siècle, le grammairien Jacques Dubois (Jacobus Sylvius), originaire d'Amiens en Picardie, avait signalé le fait de la permutation des voyelles. Dans son *Isagoge* ou Introduction à la langue française, il s'occupe longuement des changements que subissent les consonnes et les voyelles en passant du latin en français. Il les énumère tous et les démontre par de nombreux exemples.

Nous rapportons ici, d'après M. Ch.-L. Livet, un choix de ces exemples relatifs aux voyelles (1):

« 1. A. — L'*a* du latin se change, en français:

1° En E: *ala,* elè (aile); *talis,* tel; *par,* per (pair); *honestas,* honesté; *amabam,* aimée (j'aimais); *audiebam,* ouéè (j'oyais, j'entendais), etc. (2);

2° En I: *vacuare,* u-ider; *devacuare,* deu-ider;

3° En O et en U: *tangere,* toucer (toucher); *amamus,* [nous] aimons; *amabamus,* [nous] aimeons (aimions);

4° En EA: *aqua,* éauè ou iauè par syncope de Q (eau);

(1) *La grammaire française et les grammairiens au XVIe siècle.*

(2) Dans le flamand du moyen-âge, on trouve *e* pour *a: geslecht* pour *geslacht*, *geberde* pour *gebaerde*.

5° En AI : *pax*, pais ; *granum*, grain ; *stramen*, estraim, *trames*, traim : d'où *il vat grand traim* (velociter) ; *il vat a grand traim* (magnam alit familiam) ; cependant, de *tranare*, traîner, c'est train qu'il faut dire ; *romanus*, romain ; mais on dit *roman* pour une histoire écrite en français (*historia gallico sermone conscripta*) ;

6° En AÏ : *trado*, g-e traï (je trahis) ;

7° En AU : *falsus*, fauls (faux) ; *legalis*, *legales*, leal, leauls (loyal) ;

8° En OU : *apertus*, ouu-ert ;

9° Enfin, si l'A est combiné avec U, AU se change en O, en OU et en EU : *aurum*, or ; *thesaurus*, thesor (trésor) ; *audire*, oïr, et auir, et ouir (ouïr) ; *cauda*, ᵘcoè, et plus souvent *couè* (queue) ; *aucha*, auè, ouè, oiè ; — en picard, euè (oie).

2. E. — L'E du latin se change :

1° En A : *per*, par ; *mercator*, marchant, qui veut et qui marche ; car marᵸcer vient de *mercari*, parce que :

Impiger extremos currit mercator ad Indos.

2° En I : *legere*, lire ; *tegula*, tiulè, et, par métathèse, *tuilè* ;

3° En O : *ergo*, or ; *herres*, hor ou hoir (héritier) ;

4° En U : *lectus*, *electus*, luct, eluct, et, selon quelques-uns, lu, elu ; *thema*, thumè (thème), apostema, apostème, que les raffinés prennent *themè*, apostemè ; *fœmella*, fumellè ; *præpostus*, pruvost (prévot) ;

5° En IE : *petra*, pierrè ; *heri*, hier ;

6° En EI : *plenus*, plein ; *ingenium*, engein ;

7° En OI : *tela*, toilè ; *dormiebam*, [je] dormoiè ; *viderem*, [je] voiroiè ou verroiè ; *habere*, hau-oir.

Remarque. — Cette diphthongue *oi*, à la place de la voyelle *e*, est tellement du goût des Parisiens, qu'ils nomment leurs lettres *boi*, *coi*, *doi*, *g-oi*, *poi*, *toi*, au lieu de *be*, *ce*, *de*, *g-e*, *pe*, *te*. Il n'est donc pas étonnant que les Français traduisent le latin *me*, *te*, par *moi*, *toi*, *soi*. Les Picards sont plus près de l'étymologie; ils disent *mi*, *ti*, *si*, et plutôt *me*, *te*, *se*; cependant *moi*, *toi*, *soi* ne paraissent pas moins acceptables, comme purs mots grecs. Les Normands prononcent tous ces mots et les semblables avec un *e* et non en *oi*; exemple : *telè*, *estellè*, *séè*, *tect*, *velè*, *ré*, *lé*, *améè*, *etc.*; pour toile, estoille, soie, soir, toict, voile, roi, [j']amoie (j'aimois), etc. Aujourd'hui même cette prononciation semble être en faveur à Paris; on dit bien encore estoillè (étoile); mais si l'on entendait *estoillé* (étoilé) et non *estellé*, *endoibté* et non *endebté*, on mourrait de rire et l'on crierait au barbare.

8° En eu : *debitum*, deu, ou deut, ou debtè (dette); *debite*, deuement.

3. I. — L'i du latin se change :

1° En a : *lingua*, languè; *lineum*, lingè, et, en picard, lange;

2° En e : *littera*, lettré; *in*, en;

3° En u : *primarius*, prumier (premier); *fimarium*, fumier;

4° En i-(j) : *simia*, simi-è (singe); *pipio*, pii-on (pigeon), et réciproquement, i-(ou j consonne) en i voyelle : *rai-a*, raie; *Troi-a*, Troiè;

5° En oi : *via*, voiè; *vicinus*, voĉin; *vitrum*, voirrè (verre); *fides*, foi.

Remarque. — Mieux vaudrait-il, pour tous ces mots, dire avec les Normands : véè, véĉin, verrè, fé; cet *e*, employé d'abord, les Français l'ont changé en *oi*. Dans la banlieue de Paris, on entend à chaque instant dire : *Par ma fé verè* ; l'affinité des deux sons *e* et *oi* a causé la confusion.

6° En EU : *visus*, veu (vu) ;

7° En EI : *vigilia*, veilè (veille), d'où *evigilare*, eveiler (éveiller).

4. O. — L'o du latin se change :

1° En A : *Babylon* (ville), babylard (babillard) ; *domina, domisella,* damè, damoisellè ;

2° En E : *ego*, i-è et mieux g-è (je) ; *homo*, homè ;

3° En U : *βοσκον*, buscè (bûche) ; *ossosus*, ossu, osseux) ; réciproquement, U se change en o ; *mundus*, mondè ; *amamus*, [nous] amons ;

4° En OU : *amor*, amour ; *moles*, moulè (mesure de gros bois) ;

5° En EU : *hora*, heurè ; *coquus*, *coquinarius*, c̆eu (queux), cuiċinier ; *probus, à, um*, preud, preudè ; *odiosus, horosus, vinosus*, odieus, heureus, vineus, qu'il faut écrire avec *s* et non, comme le vulgaire, avec *x* final, à cause du féminin, lequel ne diffère du masculin que par l'addition d'un *e* ; *ovum*, euf (œuf) ; *cor*, c̆eur (cœur), qu'il ne faut pas écrire *œuf* et *cœur*, parce qu'il ne peut y avoir trois voyelles dans une même syllabe ; *labor* fait labeur et labour : et en effet o de certains mots latins se change en *eu* et en *ou*, tantôt dans le même sens, tantôt dans des sens différents.

6° En OI : *βοσκον*, bois (*pic*, bos ; flam. bosc). — En OI encore se change la lettre double OE : *pœna*, poinè (peine) ; *fœnum*, foin.

7° En UI : *coxa*, cuiscè (cuisse), d'où le diminutif *cuiscot* (cuissot) ; *octo*, uict (huit). — Réciproquement, UI se change en o : *fluitare*, floter.

5. U voyelle. — L'u du latin se change :

1° En e : *circulus*, cerclè ; *mundus*, mondè ;

2° En i : *ebur*, iu-irè et iu-oire (ivoire) ; *pungere*, pincer ;

En o : *summa*, sommè ;

En u-(v) : *februarius*, feru-ier, ou freu-ier, ou feu-rier (février). — Réciproquement, u-(v) se change en u : *vovere*, vouer ; *avicella*, aucel ou ocel (pic). — En français, auceau, eceau ou ouceau (oiseau) ;

5° En ou : *pulla*, poullè ; *curia*, cour ; *subitus*, soubit ; *subtilis*, soubtil ;

6° En oi : *nux*, nois ; *ungere*, oindrè ;

7° En eu : *fluvius*, fleuvè ; réciproquement, eu se change en u : ρευμα, rumè, d'où enrumè, et plus souvent, enroué ;

8° En ui : *puteus*, puis (puits) ; *lucere*, luirè ; *sum*, g-è sui (je suis) ;

9° L'υ (hypsilon) grec se change en u et en ou. τυμϐος, tumbè, d'où tumber ; υς, hou ; houhou, injure aux femmes de mauvaise vie ; sou, pieds de porc conservés.

Remarque. — C'est une faute d'écrire en français avec un y des mots qui ne sont pas d'origine grecque, comme *amy*, *roy*, *loy* ; il faut écrire ami, roi, loi.

5 (*bis*). U (V). — Le u se change :

1° En b : *curvus*, courbè. — Les Gascons confondent les deux lettres et disent *bin* pour *vin*, *veau* pour *beau* ;

2° En f : *ovum*, euf ; *vicem*, fois ;

3° En n : *pavo*, *pava*, pan, panessè (paon) ; *rubus*, roucè et ensuite roncè ; la réciproque est plus fréquente : *constare*, couster (coûter) ; *donarium*, douaire ; *tonsare*, touser (tondre).

Enfin u consonne est souvent intercalé entre deux voyelles : *deante*, deu-ant; ainsi de a (grec) privatif et de *eul* (oculus), *euclè*, *euglè*, avons-nous fait *au-euglé*.

Remarque. — Pour empêcher l'hiatus, outre le u-(v), nous avons le t : *mea amita*, ma antè est devenu ma tante; *mea avia*, ma aiè, a formé ma taiè (mon aïeule); et l'*s* : *dearmare*, desarmer. »

Le flamand, qui n'est parlé en France que dans deux arrondissements, voit aussi ses voyelles permuter d'une ville à une autre. On peut dire que, de Dunkerque à Bailleul et de Gravelines à Steenvoorde, elles parcourent toute l'échelle de la vocalisation. *A* se change en *œ* et en *au*, *o* en *a*, *ea* en *e*, *i* en *u* et en *y*; *eo*, *y* en *e*, *e* en *a*, *eo* en *u*, *o* en *u* et en *eu*. Ces variations orthographiques sont communes à l'ancien anglo-saxon, avec lequel notre flamand a la plus grande affinité.

Toutes ces voyelles paraissent avoir eu un son double ou accentué, analogue à la prononciation danoise ou suédoise. *A* et *â* long, qui s'écrit *ae*, ne se distinguent pas seulement par la longueur; *â* veut, aux environs du Catsberg (1), quelque chose de plus profond dans le son, comme l'*a* allemand de *wahr* (vrai); et ce qui le confirme, c'est que souvent il correspond à l'*o* anglais, à l'*å* danois et suédois. Par exemple, *vader* (père) se prononce *vauder* dans quelques communes du canton de Steenvoorde. Mais dans d'autres communes, l'*a* de *vader* est très-bref et se prononce comme *a* dans *Croate*. A Dunkerque, le son de *a* est très-ouvert; il devient *œ* ou *è* dans *daer* (là), qui se prononce *der*; ailleurs, il est plus profond et l'on dit *dor*.

E et *é* se distinguent l'un de l'autre par la longueur et

(1) Commune de Godewaerwelde, arrondissement d'Hazebrouck (Nord).

par le son ; *e* est plus ouvert et plus sonore, comme l'*è* ouvert français dans *après*, ou l'*e* anglais dans *there*. Les Dunkerquois disent *mynhère* (monsieur). L'*é*, qui s'écrit *ee*, est plus profond et plus prolongé, comme l'*e* allemand de *mehr* ou l'*é* français d'*armée*. A Hazebrouck, on dit *mynhéer*, *twée* (deux), à Dunkerque *twei*. Aujourd'hui, les deux *e* dans *beginnen* (commencer) sont muets, tandis qu'en anglo-saxon ils étaient sonores et accentués, *béginnan*. C'est le résultat de la contraction que le temps fait subir aux mots.

I et *y* diffèrent l'un de l'autre, comme en islandais et en danois. Le premier est plus près de *e*, le second de *ii* ou de *ij* ; exemple : *mit* (avec), *tín* (étain) ; *tyd* (saison), *wyn* (vin).

O et *ô* ou *oo*. *O* est bref et ouvert dans *lomp*, *dom*, *verdomt* (maudit), mais il devient long dans *boge* (arc), *geboren* (né), comme il l'est dans *voor* (devant), *pastoor* (curé), qu'on prononce *paster*. Dans notre Flandre, *ô* long n'est pas aussi étendu que l'*ó* islandais, que les Anglo-Saxons représentaient par *ow* ; exemple : *stow* (place), en islandais *sto*.

U et *û* long ; le premier se prononce comme *u* dans le français *lu*, *du* ; *huys*, prononcez *hüss* (maison) ; le second (*û* long) devient *eû* dans *mueren*, *schueren* (murs, déchirer), qu'on prononce *meûren*, *scheûren*, tandis qu'en anglais, l'*u* bref devient *ou* dans *full* (plein), *pull* (tirer), et que l'*ú* long prend le son de *oo* dans *house*.

Voici un spécimen du dialecte populaire des Flamands de la France ; c'est une chanson enfantine que les mères chantent en tenant leurs petits enfants sur les genoux, auxquels elles impriment en même temps le mouvement du trot du cheval. Dans ce chant, on verra cités les noms des villes de Menin, d'Ypres et de Cassel, et des villages de Lynke, Loon d'Ekelsbeque et de Sox, toutes communes des arrondissements de Dunkerque et d'Hazebrouck, à l'exception des villes d'Ypres et de Menin qui appartiennent aujourd'hui à la Belgique.

Iu te kotte perdetchje,
Te Cassel om ê steretchje,
En t'Yper om asijl :
Is t'Ypere geene,
Rid van dae nâe Meene;
Isser tot Meenen goedtkoop,
Brinkter er tien of t'walf stoop.
Perdetchji, wilt gy wel zeere loopen,
'K zal ê matje met aver koopen.
Perdetchje liep den drif den draf,
En als hy dae kwaem, en kreeg niet,
Noch aver, noch kaf;
'T goundt van dae nae Lynke,
'T kreeg ê teûche drinke;
'T ging van dae nae Loon,
'T kreeg ê matje boon';
'T king van dae naer Ekelsbeke,
'T kreeg dae een matje met aver t'eeten;
'T king van dae nae Socx,
'T kreeg daer al de dike vitte broks.

TRADUCTION.

Allons! petit cheval, à Cassel pour un petit gâteau (en forme d'étoile) et à Ypres pour du vinaigre; s'il n'y en a pas à Ypres, cours de là à Menin; y en a-t-il à Menin à bon marché, apporte-en dix ou douze pots. Petit cheval, veux-tu courir vite, je t'achèterai une petite mesure d'avoine. Petit cheval courut au trot, au galop, et quand il y arriva, il n'obtint rien, ni avoine, ni paille. Il alla de là à Lynke, il obtint un peu à boire; il alla de là à Loon, il obtint une petite mesure de fèves; il alla de là à Ekelsbeke, il eut une petite mesure d'avoine à manger; il alla de là à Socx, il reçut là tous les bons morceaux.

Dans le tableau suivant on verra d'une manière succincte les diverses transformations subies par les voyelles des langues germaniques, depuis le gothique jusqu'au flamand :

Gothique.	Nordique.	Ancien allemand.	Ancien saxon.	Anglo-saxon.	Ancien frison.	Suédois.	Danois.	Anglais.	Allemand.	Flamand.
A	a, ô	â, oa	a	a, ea	e	â	a	a, o	a	a
E	a, ä	a	a	ae, e	e	â	aa	ée	a	ae
I	ä, y, e	e, i	i, ae, a	i, ae, a	e, i	e, ä, ju	e, ae, y	i, ea	e, i	i, e, ei
O	o, oe, ae	o, uo	o	e, o	e	o, ö	o, ô	ce, oo	u, ü	oe
U	u, o	u, o	u, o	u, o	u, o	u, o	uu	ou, o	au	ui
ai	iö, ia, ei	ei, ai	e	a, ae, oe	e	e	e, ee	e, ea, i	e, ei	ei, ee, e
au	au, o	au, ou, o	a, o	ea, oa	a, o	ô	ô	ea, ee	au	oo
ei	ei, i	i	i	i	i	i	i	ee, i	ei	ij, y
iu	iu, io	iu	io	eo	io, ie	ju	y	i, ie	ie, eu	ie

En résumé, les permutations des voyelles semblent soumises à une loi euphonique, qui consiste en ce que deux voyelles de nature différente ne peuvent se succéder immédiatement dans deux syllabes consécutives d'un même mot. « Les voyelles, dit M. de Chevallet, n'étant autre chose que les diverses modifications apportées à la voix simple par les différentes dispositions des organes qui doivent lui livrer passage, il est évident que dans la prononciation on sera plus ou moins porté à émettre un son voyelle à la place d'un autre son voyelle, selon qu'il y aura plus ou moins de conformité entre la disposition des organes qui sert à produire l'un de ces sons et la disposition qui sert à en produire un autre. » Quant aux langues du Nord, nous l'avons déjà fait remarquer, elles sont encore sous l'empire d'une autre loi, qui tend constamment à l'assourdissement de leurs voyelles sonores, c'est-à-dire à la substitution de sons sourds aux sons clairs. Cette tendance est due sans doute à l'action du froid sur l'organe vocal, qui perd alors quelque chose de son élasticité musculaire.

Dans l'ancienne poésie germanique, la voyelle est encore influencée par la position qu'elle occupe dans le mot.

Ainsi, 1° une voyelle qui a une quantité déterminée reste invariable dans un mot, soit qu'étant décliné il reçoive une flexion, soit qu'il la perde, tandis qu'elle varie par ce que Jacob Grimm appelle *umlaut* ou *ablaut*, deux termes allemands qui seront expliqués dans la suite.

2° Une diphthongue est longue de sa nature.

3° Une voyelle brève, suivie de deux consonnes, reste invariable : *halm* « chaume, » *halmen*; *tant*, « dent, » *tanden; kint*, enfant, *kinden*, etc.

4° Une voyelle à la fin ou au milieu d'un mot, mais suivie d'une double consonne, suit la même règle : *val*, « chute, » *vallen*; *lam*, « agneau, » *lammen*, etc.

5° Une voyelle conserve sa quantité primitive, tant qu'une flexion ne vienne se joindre au thème du mot; exemple : *sal*, « je dois, » *dar*, « j'ose, » ne sonnent pas dans la prononciation comme *stael*, étable; *haer*, « cheveu, » *raet*, « conseil, » etc.; et ces mots ne sauraient rimer les uns avec les autres. Sont-ils déclinés, il arrive alors ceci :

a) Ou la déclinaison a lieu par l'adjonction d'une voyelle, et dans ce cas le monosyllabe devient dissyllabique et la voyelle brève reste invariable ; exemple : *dach*, *daghe; rat*, *rade; glas*, *glase*, etc. ; la voyelle longue devient brève; exemple : *haer*, *hare; raet*, *rade; wijn*, *wine*; *loon*, *lone*.

b) Ou la déclinaison a lieu par l'adjonction d'une consonne; alors le mot conserve le même nombre de syllabes et la voyelle reste ou redevient longue; exemple : *keren*, *keerde; pinen*, *pijnde*. Si la voyelle est brève, elle devient longue : *halen*, *haelt; breken*, *breect; maken*, *maecte*. Le même phénomène se reproduit dans tout mot qui résulte de la contraction de deux autres mots. Exemple : *saelt* de *sal dat*, etc.

On pourrait croire que, dans l'un et l'autre cas, il y a eu permutation d'une voyelle brève en longue, ou d'une voyelle longue en brève. Cette conclusion ne serait pas exacte. Grimm enseigne dans sa *Grammaire allemande*, I, 265-267, que, dans ces circonstances, la voyelle n'est ni longue ni brève, mais douteuse, incertaine.

Dans la troisième partie de cet ouvrage, lorsque nous traiterons des *Formes grammaticales*, nous parlerons avec plus de détail des causes particulières de la permutation des voyelles, et de l'influence de cette permutation sur la valeur et le sens intime des mots.

II. — CONSONNES.

Le lecteur sait déjà que la voyelle consiste dans le son de la voix librement émis, n'ayant rencontré aucun obstacle pendant sa sortie du pharynx et de la bouche. La consonne au contraire est le produit du son momentanément intercepté, ayant rencontré un obstacle pendant son émission.

Dans l'état actuel de nos langues, une consonne ne peut être prononcée ni entendue sans être accompagnée d'une voyelle ; il faut donc, pour faire entendre une consonne, une double modification du corps de tuyau de l'organe vocal : 1° modification nécessaire au son de la voyelle, 2° modification nécessaire à celui de la consonne.

Le gosier plus ou moins contracté, la langue, le nez,

les dents et les lèvres, sont les parties de la bouche qui modifient le son de la voyelle et produisent par conséquent les consonnes.

De là, cinq catégories de consonnes :

1° Les gutturales : *h*, *g*, *ch*, *sch*, *j*, *x*, *ng*, *gh*, *c*, *k*, *q*; elles se forment soit au fond de la bouche, soit à la porte même du pharynx. Le voile palatin et le dos de la langue sont les principaux organes qui agissent.

2° Les linguales : *r*, *l*, *ll* mouillée; elles se forment avec l'extrémité de la langue portée vers le palais.

3° Les nasales : *m*, *n*, *gn*; elles se forment en faisant refluer par le nez une partie de l'air sonore, au moment de l'interception produite par un des appareils de la bouche.

4° Les dentales : *z*, *s*, *ss*, *st*, *d*, *t*, *dt*, *th*; elles se forment lorsqu'on appuie la pointe de la langue contre la racine des dents supérieures.

5° Les labiales : *b*, *p*, *pf*, *ps*, *sp*, *f*, *ph*, *v*, *w*; elles naissent du mouvement des lèvres.

Toutes ces consonnes se font entendre avec la bouche ouverte ou presque fermée; elles sont donc, comme les voyelles, sonores ou sourdes.

Les consonnes sonores sont : *h*, *g*, *j*, *ch*, *sch*, *sp*, *f*, *ph*, *n*, *r*, *l*, *s*, *z*.

Les consonnes sourdes : *k*, *gh*, *ng*, *m*, *t*, *d*, *p*, *ps*, *b*, *v*, *w*.

Les consonnes sonores et sourdes sont gutturales, linguales, nasales, dentales ou labiales, selon l'appareil qui les fait mouvoir dans une bouche ouverte ou presque fermée.

Le tableau suivant rendra cette classification plus intelligible :

	CONSONNES SONORES.	CONSONNES SOURDES.
Gutturales :	*h, g, j, ch, sch.*	*c, k, g, gh.*
Linguales :	*r, l.*	*ll* mouillé.
Nasales :	*n.*	*m, gn.*
Dentales :	*z, s, ss.*	*t, d, dt, th, st.*
Labiales :	*f, ph, sp.*	*p, b, v, w, ps.*

Des grammairiens ont donné à ces consonnes le nom de fortes et de faibles ou douces, d'après le plus ou moins de force dépensée pour les produire. Ils ont distingué aussi les roulantes, les liquides, les coulantes, les chuintantes, les sifflantes, les aspirées, etc., suivant le son propre à chacune d'elles.

Le sanscrit a trente-quatre consonnes, et les grammairiens indiens les ont classées de cette manière :

	SOURDES.		SONORES.		NASALES.
	Faibles.	Aspirées.	Faibles.	Aspirées.	
1° Gutturales :	K	KH	G (*gne*)	GH	N
2° Palatales :	CH (*tch*)	CHH	J (*dj*)	JH	N
3° Cérébro-dentales :	ST	TH	D	DH	N
4° Dentales :	T	TH	D	DH	N
5° Labiales :	P	PH	B	BH	M
6° Semi-voyelles :	Y, r, l, v				
7° Sifflantes :	S, sh (*ch*), ç, h				

La distinction faite en sanscrit entre les cérébro-dentales et les dentales, parce qu'on prononçait les premières du nez avec une intonation particulière, n'a plus d'importance aujourd'hui ; on n'en retrouve de traces dans aucune langue européenne. Les quatre nasales *n* ne diffèrent entre elles que par des nuances de prononciation, difficiles à saisir dans nos langues modernes.

Il existe encore en sanscrit deux signes secondaires qui exercent une influence sur la prononciation de certains mots. Ce sont les signes **.** *anusvâra* (son après) et **:** *visarga* (séparation). Le premier se met au-dessus de la lettre après laquelle elle doit être prononcée, et sert à indiquer un son nasal très-prononcé ; le second se pose en rang de la ligne et indique une nasale affaiblie, une aspiration semblable à celle de *ah !* On lui donne cependant très-souvent le son de *s*.

Voici maintenant les consonnes en usage dans les diverses langues de la France :

Dans le flamand : *b*, *d*, *f*, *g*, *ch*, *h*, *j*, *k*, *l*, *m*, *n*, *ng*, *p*, *r*, *s*, *t*, *v*, *w*, *z*.

Dans l'allemand : *b*, *c*, *ch*, *ck*, *d*, *f*, *ff*, *g*, *h*, *j*, *k*, *l*, *m*, *n*, *p*, *pf*, *ph*, *q*, *r*, *s*, *sch*, *ss*, *sz*, *t*, *tch*, *tz*, *v*, *w*, *x*.

Dans le celto-breton : *b*, *k*, *d*, *f*, *g*, *h*, *ch*, *c'h*, *j*, *l*, *m*, *n*, *p*, *r*, *s*, *t*, *v*, *z*.

Dans le romano-provençal : *b*, *c*, *d*, *f*, *g*, *h*, *j*, *l*, *lh*, *m*, *n*, *p*, *r*, *ss*, *s*, *t*, *tg*, *v*, *z*.

Dans le basque : *b*, *k*, *ch*, *kh*, *d*, *f*, *g*, *j*, *h*, *tch*, *l*, *ll*, *lh*, *m*, *n*, *ñ*, *nh*, *p*, *ph*, *r*, *rr*, *s*, *z*, *t*, *th*, *tt*, *tz*, *tc*.

Dans l'espagnol : *b*, *c*, *ç*, *ch*, *d*, *f*, *g*, *h*, *j*, *k*, *l*, *ll*, *m*, *n*, *ñ*, *p*, *q*, *r*, *s*, *t*, *v*, *x*, *z*.

Dans l'italien : *b*, *c*, *d*, *f*, *g*, *h*, *l*, *m*, *n*, *p*, *q*, *r*, *s*, *t*, *v*, *z*.

Dans le français : *b*, *c*, *d*, *f*, *g*, *h*, *j*, *k*, *l*, *m*, *n*, *p*, *q*, *r*, *s*, *t*, *v*, *x*, *z*.

Permutation des consonnes.

Les consonnes qui sont, pour ainsi dire, la charpente des mots, permutent entr'elles comme les voyelles. « Telle est la nature de l'instrument vocal, dit Fabre d'Olivet, qu'il est susceptible d'efforts dans ses deux extrémités et dans son centre, en sorte que le même mot peut se prononcer différemment chez chaque peuple, selon la partie de l'instrument vocal sur laquelle ils appuient de préférence ; de là les variétés dans le langage qui font croire que chaque nation parle une langue différente, tandis qu'elles parlent la même langue, mais subdivisée par cette raison en divers dialectes.

« Les consonnes des mêmes touches prennent facilement la place les unes des autres dans les langues dérivées ; elles se prêtent même des secours mutuels en passant d'une touche à l'autre, et c'est alors qu'elles rendent l'étymologie des mots de plus en plus incertaine. On ne peut vaincre dans les idiomes modernes les obstacles que présente la substitution des consonnes que par la possession des langues primitives, dont les mots radicaux présents à la mémoire donnent la facilité de remonter jusqu'à la source primitive ; ces racines primitives, plus ou moins modifiées par l'articulation propre à chaque contrée, ont encore conservé une physionomie qui permet de les reconnaître, quoique quelques consonnes aient été substituées en même temps que les voyelles. »

M. Ampère confirme cette opinion en s'exprimant en ces termes : « Ou l'on possède les degrés intermédiaires qu'un mot a parcourus en passant d'une langue à l'autre, ou on connaît les lois générales et particulières qui président à la permutation des lettres entre ces deux langues.

« De ces lois, celles que j'appelle générales étaient connues de tout temps et je me bornerai à les rappeler ; elles se fondent sur l'analogie organique des lettres. Certaines lettres sont voisines dans la série des sons, elles sont produites par une disposition semblable des organes. Le passage de l'une à l'autre est plus naturel, plus fréquent, par conséquent plus probable que s'il s'agissait de deux lettres plus différentes entr'elles. D'après cela, on conçoit que les permutations doivent s'opérer facilement entre les lettres de même organe, dentales, labiales, gutturales, qui ne sont que la même lettre, douce, forte ou aspirée (1). »

Une autre observation à faire, c'est que dans la génération des langues les consonnes fortes, retentissantes à l'origine, vont s'affaiblissant, comme les voyelles sonores vont s'étouffant, comme les diphthonges vont se contractant. Et comme les voyelles terminales, devenues muettes, finissent par disparaître, les consonnes finales se détachent aussi et se perdent. Dans les pays septentrionaux et dans les montagnes, les consonnes sont généralement fortes ; dans les plaines et les pays méridionaux, elles sont adoucies. Enfin, le voisinage de certaines consonnes et de certaines voyelles exerce aussi, comme pour les voyelles, une influence sur la consonne qui suit ou précède la consonne ou la voyelle, cause de la permutation. Ce dernier procédé se fait particulièrement remarquer dans les mots dérivés.

C'est aux Grimm, aux Bopp, aux Rask, aux Burnouf, que nous sommes redevables de la découverte des lois qui président aux changements des voyelles et des consonnes et

(1) *Quelques principes pour l'histoire comparée des langues.*

déterminent les limites dans lesquelles ils sont respectivement renfermés pour chaque langue. Ainsi, on a remarqué que chaque consonne du sanscrit est représentée par son équivalent dans les langues dérivées, et il a été possible de tracer le tableau de ces transformations.

	Sanscrit.	Celto-breton.	Latin.	Grec.	Gothique	Basque.	Allemand.
1. Gutturales :	k	c	c (qv)	κ, π	h g	k	h, g
	k (ch)	ch	x (cs)	ξ, σσ, κτ, κ	hs, h, g	ts	k, ch, dj
	kh	g		χ		kh	
	g	gh	g, b	γ, β	k	gk	ch
	gh			χ			
	ng	n	n	γ nasal		n	
2. Palatales :	tch	dj, d	c (gv)	π, τ	k, f	itch	v
	tch, h		sc, c	σχ	sk		sk
	j	tch	g	γ	k	ij	ch
	jh						
	gn	n	n gutt.	ν			
3. Linguales ou cérébrales :	t	t					
	th	th		στ	st	ist	st
	d	d	d				
	dh	dh					
	n	n	n	ν			
4. Dentales :	t	t	t, s	τ, σ	th	its	d (t)
	th	th	t	τ	th		t, d
	d	d	d, l	δ, δ	t (d)	d	d
	dh	d	f, d	δ, σ	d		t
	n	n	n, l	ν, λ	n		n
5. Labiales :	p	p, f	p, c(qv)	π, φ	f	p, b, v	v
	ph	f	f			ph	
	b	b	b	β, π	b	b	b
	bh	b	f, b	φ (β)			
	m	m, mh	m	μ (β)	m		m
6. Demi-voyelles :	y	i, igh	j, i	ι, ε, ξ	j	j	j
	r	r, rh	r, l	ρ, λ	r, l	er	r, l
	l	l, ll	l	λ	l	l	l
	v	bh, mh f	v	F, υ, ε, β, φ esprit	v	b	w
7. Sibilantes :	ç	s	c (gv), s	π, σ esprit	h, s	g	h, s
	ch	ch	s, r	σ esprit	s	is, es	s, r
	s	s, h, r	sr	σ esprit	s, z	s	s, v
	sv	s, sg, c, h	sv, su	F esprit rude	sw	zp	
	h	h, g	h, g, c	χ, γ, κ	h, g	h, g	k

Tableau indiquant les permutations que les consonnes du latin ont subies en passant dans les dialectes nés de la décomposition de cet idiome : l'italien, l'espagnol, le provençal et le français.

	Latin.	Italien.	Espagnol.	Provençal.	Français.
	p	p	p, b	p, b	p, v, f
	b	b	b	b, p, v	b, v, f
Labiales :	f	f, v	v, f, h	f	f, h
	v	v, b	b	v, u	v, f
	m	m, n	m, n	m	m, n
	c dev. a	c, g	c, g	c, g, ch	l, g, ch
	c dev. e	c	c, z	c, ss, tz	c, s, x
	qu (a)	qu	qu, g	qv, c, g	c, g
Gutturales :	g (e)	g	g, j	g, j, i	g, j
	g (e)	g	g, y	g	g, j
	j	gi, g	j, y	j	j
	h		h	h	h
	t	t, d	t, d	t, d	t, d
Dentales :	d	d, z	d	d, z, t	d
	s	s, se, z	s, x, z	s	s, z
	n	n, l	n, l	n	n
Liquides :	l	l, i, gl, r	l, ll	l, lh, u	l, il, r
	r	r, dl	r, l	r, l	r, l

Tableau indiquant les permutations que les consonnes gothiques ont subies en passant dans les autres langues germaniques :

Gothique	Nordique	Ancien allemand	Ancien saxon	Anglo-saxon	Ancien frison	Suédois	Danois	Anglais	Allemand	Hollandais	Flamand
G	g	g, k	g	g	g, i	g	g	g, y	g	g	g
D	d, th	t	d, th	d, dh	d, dh	d	d	d, th	d, t, th	d	d
Q	k, qu	qu, w	qu	cv, c	k, qu	k, q	k, qu	qu, c	k	k, kw	k, w
H	h	h, ch	h	h	h,g,ch	h, g	h, j	h, gh	h, ch	h, g	h, g
Th	th	d	th	th	t,th,d	t, d	t, d	th	d, th	d	d
K	k	k,h.ch	c	c	k	k	k	c,h,ch	k, ch	k, ch	k, ch
J	j	j	i, g	g	i			y	j	j	j
T	t	z	t	t	t	t	t	t	z	t	t
V	v	w	w	v	w	v	v	w	w	w	w
F	f	f	f	f	f	f	f	f	v, f	v	v
W	hv	hv	hu	hv	hv	hv	hv	wh	w	w	w

Dans toutes les langues germaniques, les consonnes B, L, M, N, P, R, S restent invariables, à l'exception de B, qui devient quelquefois P en allemand, et de S, qui se change en Z dans le hollandais et le flamand.

A l'appui de ces tableaux, nous allons montrer le jeu de la permutation des consonnes dans quelques mots de nos langues.

On a vu plus haut que le groupe sanscrit *sv* est représenté en latin par *s* ou *su;* en grec, par *F* (esprit rude); en gothique, par *sw;* en basque, par *zp*, etc. Exemples : Sanscrit, SV*as*(*t*)*ri*, cas forts SV*a*-*sâr;* latin, SO-*r*-*or* pour SO-*s*-*or*, dont l'*s* s'est changée en *r* à cause de sa position entre deux voyelles; provençal, SOU-*er*, SO-*re;* italien, SU-*ora;* français, SOEU-*r;* basque, *ahi*-ZPA; celto-breton, C'HO-*ar;* (arabe, *okhrt*); gothique, SV*is*(*t*)*ar;* nordique, SYS(*t*)*ir;* ancien-allemand et ancien-saxon, SUS(*t*)*ar;* anglo-saxon, SV*us*(*t*)*er;* ancien frison, SUS(*t*)*er;* polonais, SIO*s*(*t*)*ar;* anglais, SIS(*t*)*er;* suédois, SYS(*t*)*er;* danois, SÔS(*t*)*er;* allemand, SCHW*es*(*t*)*er;* flamand, ZUS(*t*)*er*.

Sansc. TAN; grec, τεινω, τανυω, ταω; lat. TEN*do*, *ex*-TEN*do*, TEN*eo;* franç. TEN*dre*, *é*TEN*dre;* celto-breton STEN*a*, *as*TEN*na;* flam. STEN*en;* allem. DEHN*en;* espag. TEN*der*, *es*TEN*der;* ital. STEN*dere*, TEN*dere;* provençal TEN*dre*, *es*-TEN*dre;* basque *he*DA*tcea*, *uz*TE*rra*.

Sansc. ÇARNIS, ÇARÑGAN; hébreu QUOR*n* et *keren;* arabe QUERN et KARN; grec κέρας; lat. CORN*u;* gothique HAURN; flam. HOORN; allem. HORN; celt.-bret. GORN et KORN; roman.-prov. CORN*a;* basque *ap*ARR*a*, *mo*-KHO*a;* espag. CUERN*o;* ital. CORN*o;* français CORN*e*.

Sansc. NABH; grec μεσπιλη; lat. ME*spilum;* flam. MIS-*pel;* allem. M*espel* et N*espel;* celt.-bret. M*esper;* roman.-prov. N*espou;* basque MI*zpira;* espag. N*iespola;* ital. MES-*pola* et N*espola;* franç. N*éfle*.

Sansc. PARARJ (*para-arj*) ; lat. *peregrinus;* flam. *pel-grim;* allem. *pilger* et *pilgrim;* celt.-bret. *pirc'hirin;* roman.-prov. *pelerin;* basque *beilaria;* espag. *peregrino* ; ital. *pellegrino* , *peregrino;* franç. *pélerin.*

Sansc. VI-KUP ; grec ἐπισκοπος ; lat. *episcopus;* flam. *bischop;* allem. *bischof;* celt.-bret. *eskop;* roman.-prov. *evesque;* basque *apespicua;* esp. *obispo*; ital. *vescovo*; franç. *évêque.*

Sansc. VID ; grec εἰδεῖν, lat. *videre;* gothique *witan;* flam. *weeten;* allem. *wissen;* celt.-bret. *gwezet;* roman.-prov. *saber, veir;* basque *yaquitea;* esp. *saber, ver* ; ital. *vedere;* franç. *savoir, voir.*

Dans tous ces mots, la permutation s'opère entre consonnes d'un même organe, conformément au principe découvert par Jacob Grimm, et en vertu duquel ces lettres se remplacent dans un ordre presque invariable et pour ainsi dire dans un sens déterminé. Mais il est des cas où, pour bien suivre et constater les règles de la permutation des consonnes, on est obligé de scinder un groupe de langues en familles, parce que, dans le groupe général, ces lettres passent d'un organe à un autre. Ainsi, le sanscrit *sva-pna* donne naissance au latin *so-mnus* et à tous les dérivés néo-latins, l'espag. *sue-no*, l'ital. *so-nno*, le prov. *so-mi*, le français *so-mmeil*, par le changement du P primitif en N et en M. Dans les langues germaniques, le V sanscrit se change en L : sansc. *sva-pna;* ancien allemand, *slaf, slaff;* goth. *slep;* ancien frison *slap;* anglo-saxon *slep*, *slaep;* anglais *sleep;* hollandais *slaap* ; flamand , *slaep* ; allemand moderne *schlaf;* mais dans l'islandais *svefa*, le V sanscrit est maintenu.

Dans les dérivés du latin, la permutation des consonnes est aussi sujette à certaines règles. Nous signalerons les transformations des groupes PL et FL. Dans l'espagnol, PL et FL deviennent souvent LL. Exemple : lat. *plaga*, *pluvia*, *pluma*, *flamma* font en espagnol LL*aga*, LL*uvia*, LL*ama*. Dans le basque, le *p* de *pluma* est supprimé : *luma*, plume.

On aura remarqué sans doute le *ch* qui précède le *w* dans le mot allemand *schwester* et celui qui précède l'*l* dans cet autre mot germanique *schlaf*. Cette aspiration très-rude est propre aux Allemands. « Ces peuples, dit M. de Chevallet, obligés de se servir de caractères romains pour figurer les sons de leurs idiomes, ne trouvèrent pas dans l'alphabet latin de lettre dont le son fût équivalent à celui de cette aspirée; aussi ne purent-ils la noter que fort imparfaitement. Devant le *v* ils la représentèrent tantôt en doublant la lettre (*w*), tantôt en adjoignant au double *w* la consonne *h*, qui servait de signe à l'aspiration gutturale des Latins; mais comme cette aspiration était beaucoup trop faible comparativement à la leur, il s'ensuivit que le signe se trouva tout à fait inexact. Aussi eurent-ils souvent recours à des consonnes dont la prononciation était plus forte, et ils se servirent du *g* et du *c*, ou bien ils employèrent la notation composée *ch*, que les Allemands ont conservée (1). »

Nous venons de constater les permutations entre consonnes de même organe et d'organe différent; il s'opère encore entre les lettres un changement d'un autre ordre, c'est celui qui a lieu entre consonnes et voyelles. Exemple : Dans le français *veuve*, dans le provençal *veousa*, dans le flamand *weeuwe*, la voyelle U tient la place de la consonne D du sanscrit *vi*D*ava*, du latin *vi*D*ua*, de l'italien *ve*D*ova*, de l'espagnol *viu*D*a*; du TT allemand *wi*TT*we*, du T celto-breton *in*T*avez*.

(1) *Origine et formation de la langue française*, t. II, p. 89, 90.

L'*l* du groupe latin PL et FL se vocalise en italien; Exemple : lat. *plaga*, ital. *piaga;* lat. *pluvia*, ital. *piova* ou *pioggia;* lat. *pluma*, ital. *fiuma;* lat. *flamma*, ital. *fiamma;* c'est-à-dire que l'*l* latin est devenu *i* en italien. D'un autre côté, l'*i* du latin *dies, diurnus*, se change en *j* dans l'italien *djorno*, d'où est venu le français *jour*.

Les groupes latins *cl*, *pl* et *fl* se changent dans la langue espagnole en *ll*, et *li* en *j* et en *g*. Ex. : lat. *clamare*, esp. *llamar;* lat. *plenus*, esp. *lleno;* lat. *flamma*, esp. *llama;* lat. *filius*, esp. *hijo;* lat. *mulier*, esp. *muger*.

« L'aspiration gutturale, dit M. Jehan, si fréquente en espagnol, et qui se trouve transcrite par *j*, dans *hijo* et par *g* dans *muger*, a été regardée par quelques grammairiens comme devant être d'importation arabe. Ils s'appuient sur ce que le son de cette lettre, soit qu'on l'assimile au *kha* ou au *ghaïn*, est d'un usage fréquent dans les langues sémitiques. D'autres, retrouvant dans le *ch* des Allemands une valeur analogue, ont depuis considéré cette lettre, que les Espagnols nomment *jota*, comme ayant été introduite par les tribus germaniques. D'autres sont fort disposés à croire, contrairement à l'une et à l'autre de ces opinions, que l'emploi de cette gutturale est antérieur et à la conquête des Arabes et à l'invasion des Barbares, et qu'elle est indigène sur le sol espagnol, où, par la nature toujours si persistante des habitudes de prononciation, elle résista à l'influence des Latins.

« Une autre particularité de la prononciation des Espagnols, c'est le son qu'ils donnent au *z*, son qui est celui du *th* des Anglais. Les grammairiens font de la double *l* (*ll*) et de l'*n* accentuée (ñ) deux lettres particulières, quoique les valeurs qu'elles représentent soient communes aux Espagnols avec beaucoup d'autres peuples. La première, en effet, répond à notre *l* dite mouillée, et la seconde à la naso-gutturale que nous écrivons par *gn* dans *bagne*, *digne*, etc.... Dans l'idiome catalan, le *j* ne se prononce pas comme la *jota* espagnole ; il n'a que la valeur du *j* allemand, ou de ce qu'on appelait autrefois chez nous l'*i* consonne. L'*l* double qui, au commencement des mots, remplace presque toujours l'*l* simple du latin, a le son mouillé du *gl* italien ; le *ch* n'a pas d'autre valeur que celle de notre propre *c* dur (1). »

Jacques Dubois, le grammairien du seizième siècle que nous avons déjà nommé, nous a laissé aussi ses remarques sur les consonnes et les changements qu'elles subissent en passant du latin au français. Il en a cité de nombreux exemples ; ceux qui vont suivre lui sont empruntés (traduits par M. Livet) :

« Le B a sa place entre le P et le PH ou F, comme le G entre le C et le CH, comme le D entre le T et le TH ; les lettres de chaque ordre sont toutes entre elles dans le rapport le plus étroit.

1. B. — P. — PH, F. — Ces consonnes se changent, savoir :

1° B en U (V consonne) : *faba*, feu-e (fève) ; *faber*, feu-rè, (fèvre, ouvrier) (2) ;

2° B en U (voyelle) : *debitus*, deu ;

(1) Dict. de linguistique, v. *Espagnole*.

(2) Le flamand du moyen-âge se servait aussi du B au lieu du V :

En zwaerlike te hebbene borste.
VAN MAERLANT. *Ioods oorl*, f° 154.

Borste est ici pour *vorste*.
F tient quelquefois la place de *ch*, *after* pour *achter*.

3° P en U (V consonne) : *cupa*, cuu-e (cuve); *cupella*, cuu-el ou cuu-iel (cuvier) ; *ripa*, riu-è (rive);

4° B en P : *turba*, troupè; *lambere*, laper. — Réciproquement : *duplus*, doublè ;

5° B en F : *sibilare*, siffler ;

6° B en C : *cubare*, coucer (coucher), i-oucer (jucher), couu-er, trois mots avec trois sens différents ;

7° B en G : *ruber*, roug-è; *rabies*, rag-è, *jubilare*, i-ouĝler (jongler).

2. C. — G. — CH. — Ces consonnes se changent, savoir :

1° C en G : *acer*, aigrè; *judex*, i-ugè ; *locare*, log-er. — Réciproquement, G se change en C : *mungere*, moucer (moucher); *tangere*, toucer (toucher);

2° C en QU : *nasci*, nasquir, naistrè; *vesci*, vesquit (vécut). — Réciproquement, QU en C : *coquina*, cuicine; *quinque*, cinc, et non cinq, parce que Q ne va pas sans U;

3° C en Ĉ : *caballus*, ĉeval; *vacca*, vaĉe (cheval, vache);

4° CH en G, QU, C : *concha*, coquè, coquillè; *schola*, escolè; *canthus*, g-antè (jante d'une roue);

5° C en T : *pascere*, paistrè (paître); *benedicere*, benitrè, pour benicrè (bénir). — Réciproquement, *justitia*, justicè ; *platea*, placè (1).

3. D. — T. — TH. — Ces consonnes se changent,

1° D en T : *plaudere*, ploter. — Réciproquement, T en D : *tunc*, donc; *fatuus*, fadè ; *panata*, panadè (2);

(1) En flamand, le C a pris quelquefois la place de R. Dans van Maerlant, *Verkeerde Martijn*, vs. 5, on lit *cume* au lieu de *rume*.

(2) En flamand, le D se met parfois pour T et pour S. Ex. : *d' begin* pour *'t begin*; *d' graven* pour *'s graven*, Vie de sainte Catherine, par BORMANS, p. 2 et 371. Parfois D se glisse au milieu du mot : *mendze* pour *menze*.

2° D en C : *tædere*, blecer ; *pendere*, pencer ; *impedire*, empêcer : on donne quelquefois *impeccare* pour racine à ce mot, par une étymologie plus subtile que juste ; c'est comme si l'on disait : envelopper dans l'erreur ou le péché ;

3° D en G : *rodere*, rong-er ; *tardare*, targ-er ; quelques-uns disent *tarder*. — Réciproquement, *plangere*, plaindre ; *pingere*, *tingere*, *cingere*, peindrè, tindrè, cindrè ; *spargere*, espardre ;

4° D en L : *egidius*, gilè ;

5° D en M : *consuetudo*, coutumè ; *incus*, *incudis*, engumè et englumè (enclume) ;

6° D en N : *verecundia*, vergonnè ;

7° D en U- (V consonne) : *gladius*, glau-è, glaiu-è.

4 G. — Le G se change :

1° En C : voy. C ; — 2°. En D : voy. D ;

3° En U- (V consonne) : *girus*, vis, et de là *virer* (1).

5. H.

1° H s'ajoute, comme aspiration, au-devant des mots latins : *altus*, *ardeo*, *ulula*, pour former les mots : hault, hardi, hulotè ;

2° H se supprime dans *hordeum*, org-è (2).

6. L. — L'L se change :

1° En R : *lucinia*, rosciniol ou roscinol (rossignol) ; *epistola*, epistre, pour epistlè (3) ;

2° En T : *pallium*, *palliolum*, *palleto* : pour paillot.

(1) Dans le flamand du moyen-âge, *ghe* se change en *ze* : *deedge* pour *deedse*.

(2) Dans certains mots flamands du moyen-âge, H se supprimait aussi : *et* pour *het*, etc.

(3) En flamand, R devenait souvent L. On disait *Katlinen* pour *Katrinen* (Catherine).

7. M. — N. — Ces lettres se changent, savoir :

1° M en N : *mappa*, nappè ; *matta*, mattè. — Réciproquement : *coninitiare*, comencer ;

2° N en U. — (Voy. U) ;

3° Enfin, N se supprime dans : *concha*, coquè ; *conchula*, coquilè ; ce dernier mot désigne à la fois l'étui d'un limaçon et une coiffure de demoiselle ; — *insula*, isle.

8. P. — Le P se change :

1° En C : *spuma*, escumè ; *spumare*, escumer : de là le nom d'*escumeurs de mer*, donné aux pirates, et d'*escumeurs de latin*, aux pédants ; — *rupes*, roĉe ;

2° En U- (V consonne). — Voy. B...

3° En F : *caput*, ĉef (chef).

9. QU. — Le QU se change :

1° En G : *æqualis*, égal ;

2° En C. — Voy. C.

10. R. — S.

Le changement de R en S et de S en R était fréquent chez les Grecs et les Latins. Nos femmelettes de Paris, et, à leur exemple, quelques hommes, affectent de mettre des *r* pour des *s*, et des *s* pour des *r*. Ils diront par exemple : *Jesu-Masia*, *ma mesè*, *mon pesè*, *mon fresè*, et mille autres mots semblables, pour *Jesu-Maria*, *merè*, *perè*, *frerè*, etc.

1° R se change en S : κουρινος, cousin, cousinè, que nos Parisiens prononcent *courin*, *courine*, etc. (1) ;

2° R en L : *Christophorus*, Christoflè.

(1) En flamand, R permute aussi avec S. On dit indistinctement : *ik verloor*, *ik verloos*.

11. T. — Le T se change :

1° En C. — Voy. C ;
2° En L : *satur*, *saturare*, saul, sauler (soul, souler) ;
3° En G : *natare*, nag-er ;
4° En R : — Le T et le D se changent souvent en R devant une autre R : *Petrus*, Pierrè ; *quadrare*, carrer ; *vitrum*, voirrè (verre), d'où *verrines* et *verrières*, c'est-à-dire, fenestrè de verre.

12. X.

Comme l'X a la double valeur de CS et de GS, et que le C comme le G ont un grand rapport avec l'S, on trouve souvent l'*x* des Latins remplacé par deux SS en français : *exire*, issir (d'où issue). — Si après l'X vient une consonne, cet X se conserve ou se remplace par un S : *exprimere*, exprimer ; *exprobrare*, esprouu-er. »

Reste la question de l'influence des consonnes les unes sur les autres. En sanscrit, cette influence joue un très-grand rôle, dit M. Pictet, et elle est réglée par des lois euphoniques invariables (1). Mais que sont devenues ces lois dans les idiomes celtique et basque ? Y ont-elles jamais existé ? et la séparation de ces langues avec la souche commune ne se serait-elle point opérée à une époque antérieure à la formation de ces lois par le sanscrit ? C'est là une question d'un haut intérêt, pour l'histoire de la famille indo-européenne ; car, si elle peut être résolue pour les races celtique et basque, qui, très-probablement se sont séparées les premières du centre commun, elle le sera à plus forte raison pour les autres idiomes de la famille.

(1) *De l'affinité des langues celtiques avec le sanscrit.*

Les lois euphoniques qui régissent le jeu des consonnes en sanscrit, sont résumées par F. Baudry, de la manière suivante : « S'il y a deux consonnes à la fin d'un mot, on supprime la dernière. L'existence régulière de la consonne supprimée est attestée par sa réapparition dans les mots où elle n'est plus finale. Toutes les consonnes aspirées perdent leur aspiration à la fin des mots. La finale normale des mots terminés par une consonne est la faible sourde. Cette règle ne cède que devant le principe supérieur de l'attraction des consonnes semblables. Par conséquent, la finale est une faible sourde devant les pauses et quand le mot suivant commence par une sourde ou par une sifflante. Mais s'il commence par une consonne sonore, ou par une sémi-voyelle, ou par une voyelle, la finale se change alors en faible sonore ; s'il commence par une nasale, la finale reste sonore ou devient nasale *ad libitum*. Ex. : de *yudh*, combat, on fait *asti yut*, « est pugna », *yut karoti*, « pugna facit », *yud asti*, *yud bhavati*, « pugna est », *yud* ou *yun mahati*, « pugna magna (1). »

Dans quelles circonstances ces lois de l'euphonie ont-elles été appliquées à nos langues parlées en France? C'est ce qui sera démontré dans les pages qui vont suivre.

(1) *Résumé élémentaire de la théorie des formes grammaticales en sanscrit*, 1853.

DEUXIÈME PARTIE

SYSTÈME DE LA FORMATION DES MOTS

De la combinaison des voyelles et des consonnes se forment les mots; en d'autres termes, les sons engendrent les mots.

Tout porte à croire qu'à l'origine du langage, les premiers mots sortis de la bouche de l'homme étaient monosyllabiques. Pour les langues indo-européennes, le fait n'est plus douteux ; il est constaté par les grammairiens indous, il a été vérifié par la philologie moderne. Pour les langues sémitiques, la grammaire de Genesius renferme des preuves d'un semblable monosyllabisme. Les trilitères sémitiques, dit Goldsmith, proviennent d'une racine monosyllabique, formée de deux germes et d'un son auxiliaire qui s'y ajoute.

Des linguistes allemands distinguent en effet dans les mots : le germe, la racine et le radical ou thème.

Le *germe* est la consonne qui se fait entendre soit avant, soit après la voyelle ; c'est la partie essentielle du son, son élément principal, ce qui caractérise le mot et lui donne un sens qu'il ne perd plus.

La *racine* est le germe développé, suivi ou précédé

d'une consonne auxiliaire ; elle est la partie invariable ou presque invariable d'un mot primitif ; elle est toujours monosyllabique. Elle résulte, suivant Fabre d'Olivet, de la réunion de deux signes ou lettres. Un seul signe ne saurait constituer une racine, parce que l'idée fondamentale qu'il renferme n'étant pour ainsi dire qu'un germe, attend pour se développer l'influence d'un autre signe. « La racine se montre, dit M. Egger, simple et brève, quand elle ressemble à l'élément primitif dont on peut croire que le mot s'est formé. » Par exemple : pour le grec ραφεω, lat. *scribere*, flam. *schryven*, allem. *schreiben*, celto-breton *scriva*, romano-provençal *escrioure*, basque *escribatcea*, espagnol *escribir*, italien *scrivere*, français *écrire*, il est évident que la racine de tous ces mots est l'originel sanscrit *riph*, qui s'est plié au génie de chaque langue. Le germe dont procède cette racine est le son *r—ph* (*p* aspiré).

Le *radical* ou *thème* est la partie invariable de tout mot qui se décline et se conjugue : *aim*-e, *aim*-ons, *aim*-ez, *aim*-ent ; *ros*-a, *ros*-æ, *ros*-am, *ros*-is, *ros*-arum ; *man*, *man*-s, *man*-ne, *man*-nen, etc.

Suivant M. Ad. Regnier : « La *racine* est la partie du mot qui reste après la suppression de tout ce qui sert soit à la dérivation, soit à la flexion (c'est-à-dire, principalement, des suffixes et des désinences), et après qu'on a effacé toutes les altérations qu'une racine peut subir pour passer à l'état de mot...

« Le *radical* est la partie du mot qui reste après la suppression de tout ce qui sert à la flexion du mot, c'est-à-dire, des désinences de déclinaison ou de conjugaison, des augments, des redoublements (1). »

(1) *Traité de la formation des mots dans la langue grecque.*

Une autre différence entre la racine et le radical, c'est que la racine subit des modifications que le radical ne connaît pas, et qui résultent de la transposition, de l'adjonction ou du retranchement de certaines lettres, modifications qui ont reçu en grammaire les noms d'Anastrophe, de Métathèse, d'Apharèse, d'Apocope, de Syncope, d'Epenthèse, de Prothèse, de Paragogue, etc.

L'*Anastrophe* est l'inversion de la racine entière; par exemple : γαλα, lat. *lac*, lait; allem. *topf*, franç. *pot*, flam. *pot;* φιλος (ami), allem. *lieb*, flam. *lief;* φυλλον (feuille), allem. *laub*, flam. *lof;* θυμος (courage), allem. *muth*, flam. *moed;* franç. *lime*, allem. *feil;* lat. *nos* (nous), flam. *ons*, allem. *uns*, etc.

La *Métathèse* est la transposition d'une partie de la racine. Par cette figure, une ou plusieurs lettres des mots dérivés sont placées dans un ordre différent de celui qu'elles avaient dans le primitif. Exemple : κρεος, lat. *caro*, franç. *chair;* allem. *schwefel*, lat. *sulfur*, franç. *souffre;* grec βοτρυς, allem. *traube*, franç. *grappe;* allem. *kober*, flam. *korf*, franç. *corbeille*, ital. *corba;* κρανεια, ital. *corniola*, franç. *cornouille*, allem. *kornelle;* lat. *corpus* (corps), ital. *corpo*, allem. *korper;* danois et suédois *króp*.

L'*Apharèse* est l'abandon ou le retranchement d'une lettre ou d'une syllabe au commencement d'un mot. Exemple : αποθηκη, lat. *apothica*, franç. *boutique;* ital. *bottega*, espagn. *botica;* allem. *bude;* flam. *botikel;* ψαλμος, lat. *psalmus;* flam. et allem. *salm.* (psaume); lat. *avunculus*, franç. *oncle;* franç. *emplâtre*, allem. *pflaster;* flam. *plaester;* franç. *histoire*, angl. *story*, etc.

L'*Apocope* retranche une lettre ou une syllabe à la fin des mots : *Dom* pour *Dominus* ou *Domnus;* lat. *cornu*, fr. *corne*, celto-bret. *korn;* lat. *pavo*, allem. *pfau*, flam. *paw*.

La *Syncope* supprime des lettres au milieu des mots. Exemple : lat. *benedicere*, fr. *bénir*, allem. *benedein;* lat. *maledicere,* fr. *maudire;* flam. *wereld* (monde), angl. *world;* lat. *ridere*, fr. *rire;* lat. *insula*, flam. *ysel;* ital. *isola*, fr. *isle*, *île;* lat. *obedicere*, fr. *obéir;* lat. *vita*, fr. *vie;* lat. *mensa* (table), espagn. *mesa;* allem. *widder* (temps), flam. *weer;* lat. *trifolium*, fr. *trèfle;* lat. *ovum*, fr. *œuf;* lat. *oculus*, fr. *œil*, flam. *oog;* lat. *tabula*, fr. *table*, flam. *tafel.*

L'*Epenthèse* fait entrer une ou plusieurs lettres au milieu du mot dérivé. Exemple : lat. *duo* (deux), lat. *duplus;* celto-breton *daou,* flam. *dobbel*, fr. *double;* allem. *doppel;* ital. *doppio;* lat. *papa* (pape), allem. *pfaff;* lat. *porta* (porte), allem. *pforte,* flam. *poorte;* angl. *plow* (charrue), flam. *ploeg*, allem. *pflüg;* lat. *pluma*, allem. *pflaum;* lat. *pundus* (poids), flam. *pond,* allem. *pfund.*

La *Prothèse* ajoute une ou plusieurs lettres au commencement d'un mot dérivé sans modifier le sens du mot primitif. Exemple : *ranula*, fr. *grenouille* ; allem. et flam. *winden* (tordre), espag. *guindar* ; allem. *warten*, fr. *garder,* ital. *guardare* ; lat. *studium,* vieux fr. *estude* (étude); sanscrit *mal, mlâî*, (étendre, fondre), gr. *μελλω*, fl. *smelten*, allem. *schmelzen* ; lat. *sponsus,* espoux (époux).

La *Paragogue* ajoute une ou plusieurs lettres à la fin d'un mot, qui reçoit de cette adjonction une forme dialectique, ou celle caractéristique d'une langue congénère. Exemple : *coucher* dans le dialecte picard *coukier* ; celt.-bret. *kî*, fr. *chien* ; fl. *hund*, allem. *hund* ; lat. *cor*, fr. *cœur,* fl. *hert,* allem. *herz,* etc.

Nous ne nous arrêterons pas davantage à la nomenclature de formes lexicographiques ; ce serait rappeler des distinctions grammaticales poussées jusqu'à la subtilité. Ce que la scolastique du moyen-âge considérait comme important dans son enseignement, serait aujourd'hui un embarras dans la pratique.

La *racine* est l'expression d'une idée principale. Si autour de cette idée viennent se grouper des idées accessoires, le mot-racine se modifie ; il exprime par les modifications qu'il subit ces idées accessoires, et devient le *radical* d'un mot nouveau. L'idée principale reste adhérente au radical, l'idée accessoire est rendue par la forme nouvelle de ce mot. Exemple : *presser, pression, impression, impressionner* ; *presser* est la racine de *pression* et d'*impression*, et *impression* est le radical d'*impressionner*.

En sanscrit, tout mot procède d'une racine monosyllabique qui n'existe qu'à l'état abstrait et dont le sens est verbal ; en d'autres termes, le *verbe* est le générateur des mots sanscrits. L'école brahmanique les a décomposés, et le nombre des racines qu'elle a recueillies s'élève à environ deux mille.

C'est de ces monosyllabes que descendent les langues indo-européennes. Sans doute, on ne les y trouve pas dans leur état organique ; ils sont usés, vieillis, déformés. Aussi, pour connaître l'histoire de nos langues, il importe de rechercher la forme primordiale, originelle, des mots dont elles se composent, de rétablir ces mots dans leur pureté et dans leur intégralité primitive. Et pour atteindre ce but, il faut aller du connu à l'inconnu, dresser le tableau généalogique de chaque mot et remonter degré à degré jusqu'à une racine commune, ou au moins jusqu'au point où les documents historiques commencent à faire défaut. De savants philologues ont tenté ce travail : Grimm, Goldsmith et Bopp en Allemagne, Wilson en Angleterre, Chavé en Belgique, Eichoff, Pictet, de Lattre, Jehan et Benloew en France, ont démontré que les langues de l'Europe sont filles du sanscrit, l'idiome sacré qui se parlait sur les bords du Gange, quinze siècles avant l'ère chrétienne.

Avec ces auteurs, on assiste, pour ainsi dire, à la naissance des mots qui constituent notre langage. On suit les phases de leur développement, on les voit se former :

1° Par dérivation,

2° Par composition,

3° Par agglutination.

DÉRIVATION

La *dérivation* a pour objet soit de changer, soit de modifier seulement la signification d'un mot racine.

Le premier mode s'accomplit au moyen de certaines syllabes générales auxquelles s'attache une idée de négation, de séparation, d'opposition, d'amoindrissement, etc., syllabes qui se placent indistinctement *devant* le thème du mot quel qu'il soit, et que l'on nomme *préfixes*, à cause de la place qu'elles occupent dans la partie du discours; par exemple : *heureux*, MAL*heureux; geluk* ON*geluk*, *etc.* Dans ce cas, l'idée principale est représentée par le radical *heureux*, *geluk*, *etc.*, et l'idée accessoire par *mal*, *on*, *etc.*

Le second mode s'accomplit par un changement de flexion et de rôle dans le discours, et demande pour chaque mot modifié une désinence ou terminaison particulière adaptée à ses inflexions et à ses autres propriétés. Les désinences ou terminaisons dont il s'agit se nomment *suffixes*, parce qu'elles ont leur place *après* le thème; elles servent à faire distinguer le substantif du verbe, l'adjectif du substantif; et dans le substantif ou l'adjectif : le genre, le nombre et le cas; dans le verbe : la personne, le temps, le mode et la voix. Exemple : de la racine sanscrite *ad* (manger), sont dérivés : le grec εδ-ειν (manger), ἐδ-ωδη (aliment), εδ-οδιμος (mangeable); le lat. *ed*-ERE (manger), *ed*-AX (mangeur), *ed*-ULIS (mangeable); le gothique *it*-A; l'angl. *eat;* le flam. *eet*-EN; l'allem. *ess*-EN, *atz*-EN (manger), *ess*-ER (mangeur), *ess*-BAR, (mangeable); le lithuanien *ed*-MI ; le gallique *it*-HAM ; le cymrique *es*-U ; le celto-breton (k) *ast*-ISA et (*bo*) *et*-A ; le basque *az* (nourrir), *az*-LE (nourricier), *az*-LAI (nourrisson) ; *az*-COR, (nourrissant), *az*-CURRI (nourriture), (*y*) *at*-EA (manger), (*che*) *at*-CEA (mâcher) ; le provençal (*m*) *ast*-EGAR, (*m*) *a*-CHAR, (*m*) *asc*-AR et (*m*) *ast*-ICAR ; l'ital. (*m*) *ast*-ICARE ; le franç. (*m*) *â*-CHOIRES, (*m*) *ast*-ICATION, etc.

De la même racine sanscrite *ad* dérivent le lat. (*p*) *as*-COR, (*p*) *ast*-US, (*p*) *ast*-OR, (*p*) *ast*-URA ; le fl. (*m*) *est*, (*m*) *ist*-EN (engrais), (*m*) *ist*-HOOP (fumier) ; l'ancien allem. (*m*) *est*-I ; l'allem. moderne (*m*) *ast* ; le celto bret. (*bo*) *ed*, (*p*) *as*-KADUR ; le basque (*b*) *az*-CATCEA, *arz*-AINA ; l'it. et le fr. (*p*) *ast*-ORALE, etc.

PRÉFIXES.

Le sanscrit possède les préfixes suivants, que nous retrouvons dans les langues de la France, savoir :

1° ATI et ADHI. Quoique nous réunissions ici ces deux préfixes, le premier diffère cependant du second, en ce qu'il marque l'excès, la prééminence, la situation au delà d'un terme, le passage d'un endroit dans un autre, d'une époque à une autre, d'une situation à une autre, la transformation, la mutation, tandis qu'*adhi* indique la supériorité d'un objet relativement à un autre, une action faite sur quelque chose, au-dessus, par-dessus, en haut, et représente la priorité d'ordre relativement aux personnes, aux choses et au temps, etc. Nous avons réuni ces deux préfixes qui ont presque le même sens, parce qu'il est souvent difficile, impossible même, de les distinguer dans les langues européennes. Leur racine sanscrite est AT, qui signifie *se mouvoir en haut*, *en avant*.

Les préfixes *ati* (sur, devant) ou *adhi* (vers) sont conservés dans le flamand ADv*ys* (avis), du vieux latin *advisare* (voir au delà, au-dessus); dans le basque AD*arratcea* (raser, démolir de fond en comble); dans le celto-irland. ADH-*bhadh* (habitation); dans l'allemand AT*testiren* (attester, témoigner sur); dans le provençal AD*ret*, AD*rech* (adroit, habile au delà); dans l'espagnol AT*revido* (hardi); dans l'italien AD*dósso* (sur le dos); dans le français AD*dition* (action de donner en sus).

2° ANU, après, sur. Il ajoute à la signification du mot une idée de postériorité. Ce préfixe paraît s'être conservé dans le grec *ανα*; mais il est perdu dans les langues usitées en France, à l'exception toutefois des mots dérivés du grec, comme AN*abaptisme* (doctrine qui consiste à faire baptiser après un premier baptême), AN*adème* (ornement derrière la tête), etc. Peut-être le préfixe *anu* se retrouve-t-il dans le flamand AN*twoord*, dans l'allem. AN*twort* (réponse, parole après); dans le basque AN*aya* (le frère), pour AN*aita* (après le père)? Mais il existe dans le celto-breton AN*avut*, AN*avezen*, AN*aout* (connaître, savoir après).

3° ANTAR. Ce préfixe marque l'occupation totale ou partielle d'un espace compris entre deux limites ou d'une période comprise entre deux époques; en outre la séparation, le partage, la scission, la distinction, etc. Il est entré dans le flamand ONDER*scheiden* (discerner); dans l'allemand UNTER*brechen* (interrompre); dans le basque INTER-*ditcea* (interdire); INTR*essa* (intérêt); dans le provençal INTER*regno* (interrègne); dans l'espagnol INTER*poner* (entreposer); dans l'italien INTR*ecciare* (entrelacer). Le celto-breton ni les autres langues celtiques ne possèdent pas le préfixe *antar*.

4° AVA (loin) et APA (de). Ces préfixes ajoutent l'idée

accessoire d'éloignement à l'idée principale du mot simple auquel ils sont joints. Ils se trouvent dans le flamand AF*gaen* (descendre) AF*haecken* (décrocher); dans l'allemand AB*wenden* (détourner), AB*spannen* (détendre); dans le celt.-irl. ABH*labhar* (muet), AV*lavar* en gallois; dans le basque AB*iatea* (s'éloigner, partir), AP*alcea* (abaisser, venir de haut); dans le provençal AB*rougear* (abroger); dans l'espagnol AB*ortar* (avorter); dans l'italien AS*solvere* (absoudre).

5° API (auprès). Ce préfixe indique une action faite sur quelque chose, au-dessus, par-dessus, en haut; on le trouve dans le flam. OP*gieten* (verser dessus), OP*hangen* (suspendre); dans l'allem. OBEN (au-dessus) et ses composés; dans l'italien OB*latore* (enchérisseur). Les langues celto-bretonne, basque, provençale, espagnole et française ne le possèdent plus avec ce sens.

6° A (vers), ABHI (autour) et UPA (auprès, dessous). Ces préfixes marquent le mouvement, la direction, la tendance vers un terme, le rapprochement, la proximité, l'augmentation, etc. Ils se trouvent dans le flam. AEN*treden* (marcher vers); dans l'allem. AU*fhangen* (apprendre); dans le celt.-bret. AD*har* (adorer), AD*haradh* (adoration); dans le basque AT*zartasuna* (attention); dans le provençal A*portar* (apporter); dans l'espagnol A*firmar* (affirmer); dans l'italien AP*piacere* (délecter); dans le français AG*gression*, A*cheminer*.

7° UT (en haut, dehors), quelquefois UD. Ce préfixe exprime une situation plus avancée, un plus haut degré ou un très-haut degré dans l'action exprimée par le simple. Il est devenu préposition séparable dans nos langues, quoiqu'il joue aussi le rôle de préfixe dans quelques-unes. Il est entré dans la formation du mot français OU*tre*, de l'italien OL*tre*, de l'allemand UB*er*, du flamand OV*er*, du breton *a*-UZ, *a-ziou*C'H, du provençal *outra*, et signifie dans ces langues « au delà, au-dessus. »

8° NI (dans) et NIR (en bas). Ces préfixes d'une signification assez vague indiquent souvent la privation; ils se traduisent en latin par *in* privatif et se trouvent dans l'allemand N*ie*, dans le flam. N*ooit* (jamais); dans le flam. et l'allem. N*iemand* (personne); dans le celto-breton N*ikun* (aucun); dans le basque N*abarmena* (incivil), NE*hor* (personne); dans l'espagnol N*inguno* (nul); dans l'italien N*iuno* (aucun); dans le français N*éant*, N*eutre*. Par métathèse, *ni* peut devenir le privatif *in* qu'on retrouve dans l'allemand UN*endbar* (interminable), dans le flam. ON*geluk* (malheur) et dans tous les mots néo-latins commençant par le privatif *in*. Peut-être le préfixe sanscrit *ni* se retrouve-t-il aussi dans le préfixe flamand *mis*, qui marque un défaut : MIS*daed*, crime; MIS*brucken*, abuser; et dans le français MÉ*suser?*

9° PARA (à travers, au delà). Ce préfixe marque l'idée de faire une chose de nouveau, la réitération, la réciprocité; de plus, l'augmentation d'énergie et d'efforts, le retour à un état primitif. Il se retrouve sous une forme corrompue dans le flamand VER*koopen* (vendre); dans l'allem. VER*folgen* (poursuivre); dans le celto-irl. FREA*gair* (répondre), FAR*mad* (envie, jalousie); dans le français FRÉ*quenter* (hanter de nouveau, souvent); dans l'italien FRE*quentare;* dans l'espagnol FRE*cuentar ;* dans le provençal FRE*quentar ;* mais il paraît avoir conservé sa forme primitive dans le basque PAR*atcea* (exposer, s'exposer).

10° PARI (auprès, autour). Ce préfixe indique l'action d'environner, d'entourer, ou l'état de ce qui est environné ou est entouré. Il se retrouve dans le flam. VR*eeten* (manger à l'entour, goulument, engloutir, dévorer); dans l'allemand FR*essen* (dévorer); dans le celto-irl. FRA*cara* (serviteur, domestique, celui qui entoure de soins), FRA*car* (service) ; dans le basque PAR*eta* (ce qui entoure, mur, paroi) ; dans le provençal PAR*fumar ;* dans l'espag. PER*fúmar* ; dans l'italien PRO*fumare* (parfumer) ; dans le français PAR*achever* (achever tout autour).

11° PRA (devant, avant). Ce préfixe exprime la priorité, l'antériorité. Il se retrouve dans le flamand VOOR*gaen* (aller devant) ; dans l'allemand VOR*stehen* (être, se tenir devant); dans le celto-irland. FOR*baid* (préposé, supérieur) : dans le basque PRÉ*dicalquia* (chaire) ; dans le provençal PRE*levar* (prélever) ; dans l'espagn. PRE*parado* (préparé) ; dans l'italien PRE*ludio* (prélude) ; dans le français PRÉ*nom*.

12° VI (sans, loin). Ce préfixe indique la privation, la dispersion, l'éloignement. Il se retrouve dans le flam. WE*duwe*, dans l'allem. WI*ttve*, dans le celt.-irl. FE*adhb* (ces trois mots signifient « veuve ; » du sanscrit VI*d'ava*, littéralement *sans mari*) ; dans le basque BE*reztea* (discerner, séparer, démêler) ; dans le provençal *veousa* (veuve) ; dans l'espagn., VI*udez* (viduité) ; dans l'italien VE*dovità* (viduité) ; dans le français VI*de*, VI*der*. Peut-être le sanscrit *vi* se retrouve-t-il dans le préfixe flamand *wan*, qui exprime souvent la négation complète : WAN*hoop*, *désespoir* ; WAN*orde*, désordre ?

13° SAM (avec, ensemble). Ce préfixe représente une idée d'ensemble, d'abnégation, d'assemblage, de collection. Il est conservé d'une manière intacte dans l'allemand SAM*meln* (recueillir, rassembler, amasser), SAM*mler* (quêteur) ; dans le flam. *t'*ZAMEN*gaen* (aller ensemble), *t'*ZAMEN*komen* (se réunir) ; dans le celto-irl. SAM*hluigh* (comparer) et SAIM*hnigh* (accoupler) ; dans le provençal et le français SEM*blable*, dans l'espag. SEM*ejante* et l'ital. SIM*ile*, qui ont la même signification que le français ; quant au basque, il ne possède pas ce préfixe. Le SAM sanscrit est devenu σύν en grec, et c'est sous cette forme qu'il se trouve dans les mots français et néo-latins dérivés du grec. Mais comment SAM a-t-il pu devenir CUM en latin, *com*, *con* ou *co* en français ? C'est une question que je me contente de poser et dont je laisse la solution aux savants.

14° SU est l'opposé du sanscrit *dur*, et implique le sens de *bien*, de *facile*, de *bon*. Le préfixe SU se retrouve dans le flam. ZUI*verheit* (chasteté) ; dans le celt.-irlandais so*bhraid* et SU*bhraid* (tempérance) ; dans le basque so*beratcea* (épargner) ; dans le provençal so*brament* ; dans l'espag. et l'ital. so*brio* (sobre) ; dans le français so*briété*. Nous n'avons pas vu ce préfixe si bien conservé en allemand.

15° DUR ou DUS, implique le sens de *mal*. Ce préfixe, dans la composition des mots, leur fait exprimer l'idée contraire à celle du mot simple ou primitif. On le retrouve dans le flam. et l'allem. DUS*ter* sombre, (*ster* en flam. signifie étoile, lumière) ; dans le celt.-breton DU*der* (noirceur, atrocité) ; dans le basque DEUS (néant), DEU*sere* (rien); dans le provençal DU*retat* ; dans l'espag. DU*reza* ; dans l'ital. DU*rezza*; franç. DU*reté*.

16° Enfin, l'A privatif du sanscrit se retrouve dans le flam. A*fzien* (détourner les yeux), dans l'allemand A*bscheu* (horreur, le contraire de peur) ; dans le basque A*gorra* (stérile, privé de fumier) ; dans le celt.-irland. EA*gradha* (ennemi, sans amour). L'*a* privatif a persisté dans tous les mots dérivés du latin ou du grec, qui ont cette initiale dans l'une ou l'autre de ces langues.

Nous venons de citer les préfixes sanscrits qui donnent lieu à des rapprochements avec les langues de la France. Un seul a été omis, c'est PRATI, contre, *versus*, *contrà*. Nous n'avons pu le découvrir dans nos idiomes avec sa signification de résistance et d'opposition. Le celto-irlandais le possède dans FRITH*bhualad*, répercussion, FRITH*shearc*, amour mutuel ; peut-être le flamand le possède-t-il aussi dans PRAE*ten* (discuter, résister par la parole) ?

Mais nos langues ont d'autres préfixes qui leur donnent une grande puissance pour former des mots, et dont le sanscrit a probablement fourni le germe. Comme lui, elles ont aussi la faculté de former avec les préfixes des composés de plusieurs éléments, comme *insurmontable, indéfini* (in + sur + montable, in + dé + fini), etc.

SUFFIXES.

Nous avons dit que les suffixes sont des syllabes qui s'ajoutent à la fin des mots simples. Ces syllabes n'ont pas de sens par elles-mêmes, et cependant elles modifient celui du mot primitif en lui faisant exprimer une idée accessoire à l'idée principale.

Le sanscrit connaît trois sortes de suffixes ; ce sont 1°. les *kridanta* qui sont les éléments primitifs du système de dérivation ; ils forment véritablement des dérivés et s'ajoutent immédiatement aux racines ; 2°. les *unâdi*, qui ne sont au fond, suivant M. Pictet, que des *kridanta* d'un caractère plus hypothétique, et doivent remonter à une époque de formation plus ancienne encore ; 3°. les *tadd'ita*, qui forment des dérivés de dérivés, et qui étant déjà le résultat d'un travail postérieur, offrent par cela même moins de points de comparaison dans les langues indo-européennes en général.

Il n'est pas toujours facile de saisir les suffixes sanscrits dans les suffixes des mots, appartenant aux langues auxquelles ce livre est consacré. C'est que ces mots ne dérivent pas immédiatement du sanscrit, et ont subi l'action de mille accidents divers; ils ne nous sont parvenus que retrecis, étriqués, mutilés, après avoir passé par le grec, le latin et le gothique. Nous avons même des suffixes que le sanscrit ne nous montre pas. Qu'on n'attende donc pas de nous un parallèle de mots à suffixes sanscrits et de mots à suffixes français, allemands, etc. Nous nous contenterons de reproduire ici la liste des suffixes sanscrits seuls, en regard desquels M. Pictet a placé ceux qui leur correspondent en celtique. M. de Chevallet nous fournira celle des suffixes latins et français, qui sont communs au provençal, à l'espagnol et à l'italien, comme langues néo-latines. Ensuite nous donnerons celle des suffixes flamands et allemands, que nous ferons suivre de ceux de l'idiome basque.

SUFFIXES SANSCRITS.	SUFFIXES CELTIQUES.
A, nominatif singulier féminin (α ou η, *a*).....	*a*, *e*, *a*.
Aka, *âka*, *Ika*, *uka*, } désinences de noms d'agents et d'adj..	*ach*, *awg*.
At'u, désinence de substantifs abstraits........	*adh*, *cadh*, *aeth*.
Ka, désinence d'adjectifs..................	*g*, *k*.
Ala, désinence de substantifs...............	*all*, *el*.
Ana, *an*, dés. de noms d'ag., d'app. et de subs. abs.	*an*, *ain*, *n*.
Anta, désin. d'appellat., adj. et partic. prés. act..	*anta*, *ant*.
As, désin. ordin. du nomin. sing. masc. (ος, us).	*as*, *ais*, *eas*.
Aru, désinence d'adjectifs..................	*ara*, *ar*, *awr*.
Alu, désinence d'adjectifs..................	*ail*, *awl*.
'Ila, désinence de substantifs................	*ail*, *al*, *ille*, *il*.
In, désinence de noms d'agents et d'adjectifs...	*in*.
Ira, désinence de substantifs................	*ir*, *ear*.
Is, *is'a*, désin. de subs. et adject. des trois genres.	*is*, *eis*.
Ula, désinence d'adjectifs..................	*awl*.

Suffixes sanscrits.	Suffixes celtiques.
Ura, désinence d'adjectifs et appellatifs.......	*ara, aire, ar, oir, awr.*
Ti, désinence de substantifs abstraits.........	*te, t.*
Tr, désinence de noms d'agents masculins......	*toir, tra.*
Tra, subs. indiquant un instrum. et désin. d'adj..	*tra, dra, der.*
Na, subst. abst., adject. et participes passés passifs.	*ne, n, ni.*
Nag', désinence d'adjectifs................	*nach.*
Ni, désinence de substantifs...............	*n.*
Nu, désinence d'adjectifs..................	*na?*
Mâ, noms d'action masculins...............	*ma, me.*
Man, substantifs et adjectifs................	*mhuin, mhain, mh.*
Mara, *Vara*, désinences d'adjectifs..............	*mhar, mhor, vawr.*
Tu, désinence de substantifs................	*t, th, dh.*
Ra, substantifs et adjectifs.................	*ra, re, radh.*
Van, participes passés actifs, noms d'agents et adj.	*mh* (1).

SUFFIXES LATINS.	SUFFIXES FRANÇAIS.
Abilis........................	able.
Acus.........................	aque.
Ago.........................	age.
Alis.........................	al, el.
Andus, endus (2)...............	and, end, ande, ende.
Antia, entia..................	ance, ence.
Anus........................	an, ain, en.
Arius, arium, aris..............	aire, ier, er.
Aster........................	âtre.

(1) On peut voir dans le livre de M. Pictet sur *l'Affinité des langues celtiques avec le sanskrit*, des mots à suffixes celtiques correspondant à des mots à suffixes sanscrits.

(2) Le suffixe latin *andus*, *endus*, répond au suffixe sanscrit *dhya* et au grec τεος. Sansc. ʙᴀ*dhya*, qui doit être tourmenté, qui doit être puni; de *ba*, tourmenter; τιμωρητεος, de τιμωρέω; ᴄʀᴜᴄɪ*andus*, de *cruciare*. — De Chevallet.

Suffixes latins.	Suffixes français.
Aticus, aticum	age.
Atus (et atus diminutif)	at, et, é (ette dim.).
Ata	ade.
Ax	ace.
Ber, bris	bre.
Bilis	bile, ble.
Bundus	bond.
Cida	cide.
Cio, io; *génitif,* cionis, onis (diminutif)	chon, che, on.
Cidium	cide.
Culus, cula, culum (diminutif)	cule, cle.
Cundus	cond.
Dicus	dique.
Ellus, ella, ellum (diminutif) (1)	el, elle, eau.
Ensis	ois, ais.
Estris	estre, être.
Etum	et, ée, aye, aie, oie.
Eus	é.
Facere, ficare, fieri	fier.
Fer	fere.
Ficus, ficium	fique, fice.
Fragum, fragium	frage.
Fugus	fuge.
TUDESQUE. Hald	aud.
TUDESQUE. Hart	ard.
Ibilis	ible, ble.
Icus	ique.
Idus	ide, de, d.

(1) Le suffixe latin *lus* a pour correspondant en sanscrit *las* et en grec λος, en allemand *lein, el.* Ex. sanscrit *vatsa*LAS, petit veau; μικκυΛΟΣ, fort petit, etc. — DE CHEVALLET.

Suffixes latins.	Suffixes français.
Ilis	ile, il.
Illare	iller.
Illus, illa, illum (diminutif)	ille.
Inus (et *inus* diminutif)	in, ine.
Itia, ities	itie, ice, esse.
Itudo, udo, *génit.* udinis	itude, ude, tume, ume
Lentus, lens	lent.
Men, mentum	ment.
Olus, ola (diminutif)	ole, ol, eul, euil.
Or	eur, our.
Osus	ose, eux, u.
Sio, *génit.* sionis	sion, son.
Sivus	sif.
Sor	seur.
Sorius	soire.
Sorium	soire, soir.
Sura	sure.
Stus, estus	ste, este, éte.
Tare	ter.
Tas (1), itas, etas	té, ité, été.
Tio, *génit.* tionis (2)	tion.
Tivus (3)	tif, if.

(1) Le suffixe *tas* a pour correspondant en sanscrit le suffixe *ta*, et en grec le suffixe της. Sanscrit : DAIWA*ta*, divinité; grec : ΘΕΙΌτης, ητος; latin : DIVINI*tas*.

(2) Le suffixe latin *tio*, *sio* a pour correspondant en sanscrit le suffixe *tis*, et en grec le suffixe σις, Sanscrit : WYAPAR*tis*, action d'acquérir, acquisition; SPARS*tis*, action de comprimer, compression; SPHA*tis*, action d'étendre, extension. Ces mêmes idées sont rendues en grec par ὮΝΗσις, ΚΑΤΑΠΙΕσις, ἘΚΤΑσις, et en latin par ACQUISI*tio*, COMPRES*sio*, EXTEN*sio*.

(3) Le suffixe *tivus* a pour correspondant en sanscrit *tavyas*, et en grec τικος. Sanscrit : PRA*tavyas*, complétif; ΠΛΗΡΩτικος. La forme du suffixe latin est *tivus*, *sivus*, et non pas *ivus*, comme le supposent la plupart des lexicographes.

Suffixes latins.	Suffixes français.
Tor (1)	teur, eur, tre.
Torius	toire.
Torium	toire, oire, oir.
Tura	ture
Ura	ure.
Utus, uta (diminutif)	ot, otte (2).

En rapprochant quelques-uns des suffixes latins de ceux du sanscrit, on ne sera pas sans remarquer les rapports qui existent entre eux et par conséquent entre le provençal, l'espagnol, l'italien et le français.

Le flamand et l'allemand présenteront semblable analogie.

SUFFIXES ANGLO-SAXONS.

Mais entre ces deux dernières langues et le sanscrit, il y a, comme pour le français, un intermédiaire qui a avec l'idiome indien des rapports plus intimes; il est aussi ancien que le gothique et que l'ancien haut-allemand; c'est l'anglo-saxon.

Nous plaçons donc en regard des suffixes anglo-saxons, les suffixes flamands et allemands.

(1) Le suffixe *tor* a pour correspondant en sanscrit *tar*, et en grec τωρ, τηρ. Sanscrit : DA-*tar*, donneur; grec : ΔΩτωρ ou ΔΩτηρ, latin : DA*tor*; le grec : ΣΧΙΣτωρ ou ΣΧΙΣτηρ, lat. DIVI*sor* dérive du sanscrit BAIT*tar*. — DE CHEVALLET.

(2) Pour savoir quelles sont les idées exprimées par chacun des suffixes latins et français, on peut consulter le beau livre de M. de Chevallet : *Origine et formation de la langue française*, tom. II, p. 318 et suiv., p. 384 et suiv.

SUBSTANTIFS.

	ANGLO-SAXON.	FLAMAND.	ALLEMAND.
1.	a	*supprimé*, er, te	*supprimé, ou bien* er.
2.	u, o	*supprimés*	*supprimés.*
3.	ere	er	er.
4.	end	and, ander	and.
5.	e	e	e.
6.	el, ol, els, l	el, l	el, l.
7.	ing, ung	ing	ung.
8.	ling	ling, ke, ge (gue), tje	ling, lein, chen.
9.	waru	naer	ner.
10.	estre	ester	inn.
11.	en	in	e.
12.	hàd, ot	heid	heit, keit.
13.	scype, scipe	schap	schaft.
14.	dóm	dom	thum.
15.	d, t, dh, th	d	d, t.
16.	nes, nys, nis	nisse	niss.
17.	ern	er	er.

ADJECTIFS.

	ANGLO-SAXON.	FLAMAND.	ALLEMAND.
1.	e	*supprimé*	*supprimé.*
2.	ig	ig	ig.
3.	lic	lyk	lich.
4.	sum	sam	sam.
5.	isc	ig, isch	isch.
6.	en	en	en, ern.
7.	bœre	bar	bar.

	Anglo-saxon.	Flamand.	Allemand.
8.	ed, d......	ed, d..........	et, t.
9.	iht........	ig............	icht.
10.	weard.....	woordig........	wärtig.
11.	tig........	tig............	zig.
12.	ode, (odbe).	ende..........	ehnte.
13.	feald......	mal...........	fall ou mal.

Suivant de loin M. de Chevallet, qui a savamment démontré à quelles idées correspond chacun des suffixes latins et français, nous essaierons de dire aussi quelles sont les idées exprimées par les suffixes flamands et allemands.

Substantifs.

1 et 2. A, U, O. — Les suffixes anglo-saxons en *a*, *u*, *o*, servent à exprimer l'idée d'une personne qui commet une action, ou de l'action elle-même, ou d'une qualité. Ces terminaisons sont supprimées en flamand et en allemand, ou bien elles sont remplacées par un son sourd. Exemple : angl.-sax. *yrfenum*A ; flam. *erfgenaem ;* allem. *erbe*. Angl.-sax. *manslag*A, meurtrier ; flam. *manslag*ER : allem. *manschläg*ER (littéralement frappeur d'hommes). Angl.-sax. *geman*A, flam. *gemeen*TE, allem. *gemein*DE (association). Angl.-sax. *hætu*, chaleur, flam. *hitt*E, allem. *hitz*E ; angl.-sax. *mænigeo* ou *mænig*U, la plupart ; flam. *menig*, allem. *manch*ER.

3. ERE désigne le genre masculin. Exemple : Angl.-sax. *sædere*, semeur, en flam. et en allem. l'*e* final est supprimé, fl. *say*ER ; angl.-sax. *writ*ERE, flam. *schriv*ER ; allem. *schreib*ER. Ce suffixe correspond au suffixe *or* latin et au suffixe *eur* français.

4. END. C'est le participe actif en *ende* de l'anglo-saxon,

qui a formé des substantifs par la suppression de l'*e* final. Ce dérivé est très-rare en flamand et en allemand. Exemple : angl.-sax. *hiél*END, sauveur, flam. *heil*AND, allem. *heil*AND, du verbe *heelen* et *heilen* (guérir). Ce suffixe correspond au suffixe *ans* et *ens* latin, et à celui en *ant* et *ent* français ; en flamand il forme *vyand*, ennemi.

5. E sert à changer des adjectifs en substantifs abstraits du genre féminin et marque une propriété. Exemples : angl.-sax. *cyl*E, froid, de l'adj. *cold*; flam. *koelt*E, de l'adj. *koel*, allem. *kühl*E, de l'adj. *kühl*.

6. EL, OL, ELS, L indiquent ordinairement le genre masculin ; ils se changent en *el* ou *l* en flamand et en allemand. Exemple : angl.-saxon *gyrd*EL ou *gyrd*OL, une ceinture, flam. *gorg*EL, allem. *gürt*EL ; angl.-sax. *sticc*ELS, pointe, flam. *steek*EL, allem. *stach*EL. Le suffixe EL s'emploie quelquefois dans l'Allemagne méridionale pour marquer les diminutifs. Il dérive du sanscrit *las*, et attache l'idée de *petit* au mot auquel il est appliqué, comme le latin *ellus* et le français *el* dans *scalp*EL, petit instrument tranchant. Le suffixe *el* placé en flamand après un substantif désigne aussi quelquefois un diminutif : *weg*EL, petit chemin, de *weg*, chemin ; — après un verbe, il signifie un instrument : *sleut*EL, clef, de *sluyten*, fermer ; *beit*EL, ciseau, de *byten*, mordre.

7. ING, UNG. Ces terminaisons restent *ing* en flamand et *ung* en allemand. Elles se joignent 1° aux substantifs et indiquent la multiplication de l'objet désigné par le radical ; 2° aux verbes, et désignent l'action, l'état exprimé par le verbe ; 3° aux adjectifs, et indiquent une chose, un état de l'espèce exprimée par l'adjectif. Ce suffixe correspond au suffixe latin *inus* et au français *an, ain, in, gien*. Exemple : angl.-sax. *woden*ING, descendant ou adorateur de Woden ;

flam. *woden*ING, allem. *woden*UNG; angl.-sax. *onbryr*ING, trouble; flam. *verwarr*ING, allem. *verwirr*UNG, ang.-sax. *gesumn*UNG, assemblée; flam. *zamel*ING, allem. *samml*UNG.

8. LING sert en anglo-saxon à former des diminutifs et quelquefois semble impliquer mépris. Ce suffixe reste en flamand et en allemand *ling*, ou bien il devient en flamand *ken*, *ke*, *ge* (prononcez *gue*), *jen*, *tje* et *lyn*, et en allemand *lein*, *chen*, mais avec cette différence que les diminutifs terminés en *chen* appartiennent au style familier, tandis que ceux en *lein* sont employés dans un style plus relevé. Exemple : *lyt*LING, petit enfant, allem. *kind*LEIN, *kinde*CHEN; flam. *kinde*KEN, *kinneg*HE, *kind*JE, *kinde*LYN; angl.-sax. *cnæp*LING, petit garçon; flam. *knap*LING. Les suffixes *ling* et *lein* dérivent du suffixe sanscrit *las*, en grec λος, en latin *lus*. Sanscrit : *vatsa*LAS, petit veau, de *vatsas* (veau), en latin *vitu*LUS.

9. WARU indique en anglo-saxon les habitants d'une contrée ou d'une ville. Ce suffixe correspond aux suffixes latins *anus* et *ensis* et aux français *an*, *ain*, *en*, *ois* et *ais*. Il devient *er* en flamand et en allemand. Exemple : angl.-sax. *burh*WARU, bourgeois, habitant du bourg; flam. *borg*ER, allem. *bürg*ER.

10. ESTRE. Ce suffixe est en anglo-saxon la terminaison d'un nom féminin actif et correspond au suffixe latin *osus* et au français *ose*, *eux*, *euse*. Ce suffixe se change en flamand en *ster* et en *inn* dans l'allemand. Exemple : angl.-sax. *sangestre*, une chanteuse, *sang*STER, allem. *sanger*INN.

11. EN forme en anglo-saxon tantôt des substantifs masculins, tantôt des neutres; pour les féminins, ce suffixe correspond au suffixe allemand *inn*; pour les neutres, à l'allemand *e*. L'anglo-saxon *westen*, désert, devient *woestij*N en flam. et *wüst*E en allemand.

12. HAD désigne en anglo-saxon une qualité bonne ou mauvaise. Ce suffixe correspond à la désinence latine *tas*, en français *té*, et se change en *heid* en flamand, en *heit* et *keit* en allemand. Exemple : angl.-sax. *cild*HAD, enfance, flam. *kinds*HEID, allem. *kind*HEIT. — Il se joint aux adjectifs pour en former des substantifs qui marquent la qualité.

13. SCYPE et SCIPE signifient la chose ou l'état que produit ce qui est annoncé par le mot radical. Ce suffixe correspond au suffixe flamand *schap* et à l'allemand *schaft*. Exemple : angl.-sax. *freond*SCIPE, amitié, flam. *vriend*SCHAP, allem. *freund*SCHAFT.

14. DOM marque l'ensemble de tous les rapports qui se rattachent au mot que cette terminaison accompagne, et correspond au flamand *dom* et à l'allemand *thum*. Exemple : angl.-sax. *cristen*DÓM, christianisme, flam. *crhristen*DOM, allem. *christen*THUM; angl.-sax. *cynning*DOM, royauté, flam. *koning*DOM, allem. *könig*THUM.

15. D, T, DH, TH. Les mots anglo-saxons terminés par ces suffixes sont pour la plupart féminins. Exemple : angl.-sax. *dugu*DH, vertu, flam. *deug*D, allem. *tugen*D. Ces suffixes marquent une propriété.

16. NES, NYS, NIS marquent l'état ou l'action. Les mots terminés par ces suffixes sont féminins. Ces terminaisons sont *nisse* en flamand et *niss* en allemand. Exemple : angl.-sax. *gelic*NES, similitude, flam. *gelyke*NISSE, allem. *gleich*NISS.

17. ERN forme en anglo-saxon des noms neutres indiquant une localité. Ce suffixe reste tantôt le même en flamand et en allemand, tantôt perd la finale *n*. Exemple : angl.-sax. *hedd*ERN, cave, flam. *keld*ER, allem. *kell*ER.

Adjectifs.

1. E est une terminaison qui, en anglo-saxon, semble propre aux adjectifs. Ce suffixe est supprimé en flamand et en allemand. Exemple : angl.-sax. *gemæn*E, commun, flam. *gemeen*, allem. *gemein*.

2. IG indique la possession. Ce suffixe reste le même en flam. et en allem. Exemple : angl.-sax. *scyld*IG, coupable, flam. et allem. *schuld*IG ; *wel*IG, flam. *weld*IG.

3. LIC marque conformité, ressemblance. Ce suffixe devient *lyk* en flamand et *lich* en allemand. Exemple : angl.-sax. *gast*LIC, spirituel, flam. *geeste*LYK, allem. *geist*LICH ; angl.-sax. *wer*LIC, mâle, mondain, flam. *wereld*LYK, allem. *welt*LICH.

4. SUM indique la disposition, l'inclination, devient *sam* en flamand et en allemand. Exemple : angl.-sax. *gehyr*SUM, obéissant, flam. *gehoor*SAM, allem. *gehor*SAM, angl.-sax. *lang*SUM, lent, flam. et allem. *lang*SAM.

5. ISC exprime l'idée de rapport, d'appartenance, de conformité, de dépendance, disposition à..... Ce suffixe devient *sch* en flamand et *isch* en allemand. Exemple : angl.-sax. *engl*ISC, flam. *engel*SCH, allem. *engl*ISCH; anglo-saxon *cild*ISC, enfantin, flam. *kind*SCH, allem. *kind*ISCH.

6. EN indique la matière dont une chose est faite. Ce suffixe se conserve en flamand et en allemand ; cependant il se change quelquefois en *ern* dans cette dernière langue. Exemple : angl. sax. *sylfr*EN, d'argent, flam. *zilver*EN, allem. *silb*ERN.

7. BOERE marque la propriété, la capacité, la production, tantôt dans un sens actif, tantôt dans un sens passif. Ce suffixe se change en *bar* en flamand et en allemand.

Exemple : angl.-sax. *wæstm*BOERE, fertile, flam. *vrucht*BAR, allem. *frucht*BAR. Il correspond au suffixe latin *fer, ferus*.

8. ED, D. Ces terminaisons indiquent que la personne ou la chose est pourvue de l'objet exprimé par la racine du mot; elles restent les mêmes en flamand, mais en allemand le *d* se change en *t*. Exemple : angl.-sax. *gesceó*D, chaussé, flam. *geschoe*ID, allem. *beschuh*T; angl.-sax. *gehyrn*ED, cornu, fl. *gehoorn*D, allem. *gehörn*T.

9. IHT correspond au suffixe *osus* des Latins et au suffixe *eux* des Français; il exprime l'idée de quelque chose qui contient, qui ressemble. Ce suffixe *iht* devient *ig* en flamand et *igt* ou *icht* en allemand. Exemple : angl.-sax *stæn*IHT, pierreux, flam. *steen*IG, allem. *stein*IGT, c'est-à-dire, qui contient de la pierre, qui ressemble à de la pierre.

10. WEARD exprime la situation ou la direction; ce suffixe est *woordig* en flamand et *wärtig* en allemand. Exemple : angl.-sax. *and*WEARD, flam. *tegen*WOORDIG, allem. *gegen*WARTIG.

11. TIG forme les dizaines dans la numération, ne varie pas en flamand et devient *zig* en allemand. Exemple : angl.-sax. *fif*TIG, cinquante; flamand, *vijf*TIG; allemand *funf*ZIG.

12. ODHE forme les nombres ordinaux et se change en *ende* en flamand et *ehnte* en allemand. Exemple : angl.-sax. *teo*DHE, fl. *tie*NDE, allem. *ze*HNTE.

13. FEALD forme des multiplicatifs de nombres. Le correspondant de ce suffixe est en flamand *keer* ou *mal*, en allemand *fall* ou *mal*. Exemple : angl.-sax. *seofon*FEALD, sept fois, flam. *seven*MAL, allem. *sieben*MAL.

SUFFIXES BASQUES.

« La langue que parlent les Basques, étrange pour nous, dit M. Boudard dans son beau livre sur la *Numismatique ibérienne*, est aussi étrange que le peuple lui-même ; elle n'a aucun rapport, aucune analogie avec celle des peuples qui l'entourent. » Cette proposition nous paraît trop exclusive. Nous croyons au contraire que la langue basque a obéi aux mêmes règles de formation que les langues qui l'entourent, mais qu'elle s'est arrêtée dans son développement. M. Boudard confirme lui-même notre opinion, lorsqu'il dit : « Tout radical (basque) a un sens, forme un mot, et se retrouve toujours dans les dérivés. » C'est ce que nous avons dit en parlant de la différence qui existe entre la *racine* et le *radical*. Le basque a donc des *dérivés* comme les autres langues de la France et de l'Europe ; peut-être pas autant que le français, parce qu'il sait mieux que lui former des mots *composés* et qu'il en possède un plus grand nombre. C'est là une des raisons de la physionomie spéciale que le basque conserve au milieu de nos langues, et ce qui explique pourquoi nous n'admettons pas au nombre des *suffixes* bien des désinences ou terminaisons de mots basques. La plupart de ces désinences ou de ces terminaisons sont en effet de vrais mots, ajoutés au mot principal pour modifier l'idée primitive qu'il exprime. Or, ces mots ajoutés ont un sens par eux-mêmes, tandis que les suffixes proprement dits n'en ont pas ; ils ne forment donc pas des *dérivés*, mais des *composés*. Exemple : *sinhestea*, foi, croyance ; *sinhets*BERA, crédule, *sinhets*GORRA, incrédule. *Sinhetsbera* est un *dérivé* de *sinhestea*, parce que le radical *sinhestea* est modifié par le suffixe *bera* qui n'a pas une signification propre. Mais *sinhets*GORRA n'est pas un *dérivé*; c'est un *composé*, parce que la désinence *gorra* est un mot ayant un sens propre. *Sinhets*GORRA (incrédule), signifie littéralement « sourd à la foi; » de *gorra*, sourd, et *sinhestea*, foi. On verra plus loin le système de la *composition* des mots. Ce qui nous occupe en ce moment, ce sont les *dérivés* par adjonction des suffixes, réduits maintenant à n'avoir plus qu'une existence purement relative, après avoir été probablement à l'origine des mots significatifs ; d'où il résulterait, selon M. Pictet, que la dérivation est née de la composition.

Voici les principaux suffixes basques :

1. ARIA. — *Tratu*LARIA, marchand, de *tratua*, commerce ; *trufa*, raillerie, *truf*ARIA, railleur.
2. AUNA. — *Escol*AUNA, écolier, d'*escola*.
3. BERA. — *Sinhets*BERA, crédule, de *sinhestea*, croire.
4. BIDEA. — *Tratu*BIDEA, marchandise, de *tratua*, commerce.
5. CAI. — *Az*CAI, nourrisson, d'*az*, nourrir.
6. COR. — *Az*COR, nourrissant, d'*az*.
7. CUNDEA. — *Bero*CUNDEA, échauffement, de *berotcea*, échauffer.
8. CUNZA. — *Hauta*CUNZA, élection.
9. CURRI. — *Az*CURRI, nourriture, d'*az* nourrir.
10. DURA. — *Zabal*DURA, élargissement, de *zabalcea*, élargir; *alcha*DURA, élévation, d'*alchatcea*, élever; *barna*DURA, enfoncement, de *barnatcea*, enfoncer.
11. GARRIA. — *Admira*GARRIA, admirable, *adora*GARRIA, adorable, *agrada*GARRIA, agréable.
12. LE. — *Az*LE, nourricier, d'*az*, nourrir.

13. LEA. — *Escribatzai*LEA, écrivain, d'*escribatcea*, écrire.

14. LUA. — *Ederzai*LUA, embellissement, d'*edercea*, embellir.

15. MENDUA. — *Guti*MENDUA, diminution, de *guti*, peu ; *errebela*MENDUA, empêchement, d'*errebelatcea*, empêcher.

16. ONIA. — *Escribo*NIA, écritoire.

17. QUERIA. — *Thein*QUERIA, saleté, de *theina*, sale.

18. SIA. — *Ikhus*SIA, vue, d'*ikhus*, voir ; *trebe*SIA, adversité.

19. TADE. — *Ikhus*TADE, considération.

20. TASUNA. — *Guti*TASUNA, amoindrissement, de *guti*, peu ; *bardin*TASUNA, égalité, de *bardina*, égal ; *haur*TASUNA, enfance, de *haurra*, enfant ; *sinhetsbera*TASUNA, crédulité, de *sinhestea*, foi ; *gaste*TASUNA, jeunesse, de *gastea*, jeune.

21. TEA. — *Ikhus*TEA, vision, d'*ikhus*, voir.

22. TETARA. — *Ikhus*TETARA, en vue, d'*ikhus*.

23. TSUA. — *Thema*TSUA, sectaire, de *thema*, secte ; *hosto*TSUA, feuillu, d'*hostoa*, feuille.

24. TUA. — *Teila*TUA, toit, de *teila*, tuile.

25. TURA. — *Han*TURA, enflure, d'*hancea*, enfler.

Si l'on rapproche les suffixes basques de ceux de la langue latine, on sera frappé de l'analogie qui existe entre quelques-uns d'entre eux, comme *tade* et le lat. *tas ; tura* et le lat. *tura ; aria* et le lat. *arius*, *aris ; cor* et le lat. *or ; auna* et le lat. *anus*, etc. Mais les suffixes basques *le* et *bera* se rapportent peut-être davantage à la souche tudesque, *el* et *bar*, que nous retrouvons encore dans l'allemand moderne. Cette hypothèse n'a rien de hasardé, car la langue basque possède des mots qui ne sont pas étrangers à celle de la vieille Germanie. Exemple : Basq. *gaztea*, jeune, goth. *gast(s)*, garçon généreux, sanscrit *ghas*. — Basq. *gathea*, chaîne, ancien allem. *ketin*, suédois *kedja*, gallique *chaden*. — Basq. *aldia*, fois, tour; angl.-sax. *feald*. — Basq. *asta*, timon, flam. *as*, angl. *asse*; sansc. *aksas*, de la racine *aks* ou *ach*, allonger, étendre. — Basq. *berriz*, derechef, de nouveau, correspond au préfixe flam. et allem. *ver* et *er*, qui exprime l'idée de répétition, le *re* du français. — Basq. *cilarra*, argent, flam. *zelver*, allem. *silber*. — Basq. *elkar*, l'un l'autre, flam. *elkaer*, *elkander*. — Basq. *haria*, fil, flam. *garen*. — Basq. *hatsa*, haleine, flam. *adem*, *aessem*. — Basq. *haztea*, nourrir, flam. *aezen*. — Basq. *hotza*, froid, flam. *kout*. — Basq. *hutsa*, vide, flam. *uit*. Quant aux rapports qui existent entre le basque et le celto-breton, entre le basque et le romano-provençal, on peut consulter le *Tableau historique et littéraire de la langue parlée dans le midi de la France*, par M. Mary Lafont; on y verra une série de mots identiques dans ces trois langues, et l'on aura une fois de plus la preuve de la communauté d'origine du basque avec les autres langues de la France.

COMPOSITION

La *composition* consiste à former un mot de deux ou plusieurs mots, ayant chacun une signification propre. En formant un mot composé, on a pour but de fondre deux ou plusieurs idées simples en une idée complexe.

« En général, dit M. Regnier, dans les mots composés, le dernier terme a seul une désinence ; ceux qui le précèdent sont des thèmes ou radicaux non infléchis.

» Ces thèmes ou radicaux se joignent au mot qui les suit, tantôt immédiatement, tantôt au moyen d'une voyelle, ou d'une consonne, ou d'une syllabe de liaison (1). »

Dans le sanscrit, les composants sont dépouillés de toute espèce de flexion ; ils sont réunis sous leur forme primitive, et ce n'est qu'à la fin du composé que se trouve la flexion commune. Le flamand et l'allemand, le latin et les langues qui en proviennent, emploient tantôt des voyelles, tantôt des consonnes de composition pour lier entr'eux les éléments des composés. Les langues celtiques permutent les consonnes initiales fortes des seconds composants avec les consonnes aspirées ou douces qui leur correspondent, tandis que dans la simple juxtaposition cette permutation n'a pas lieu. Quant au basque, tantôt il dépouille, comme le sanscrit, le premier, le deuxième, etc., composant de ses inflexions, et y en ajoute un autre pour former le composé ; tantôt il unit l'un et l'autre par une syllabe de liaison. Il

(1) *Traité de la formation des mots grecs*, p. 444.

forme en outre des mots dérivés de composés, mots que les Grecs nommaient *composés obliques*.

La *composition* se distingue de la *juxtaposition*, en ce que dans ce dernier procédé les deux mots gardent, en s'unissant, la forme et la valeur qu'ils avaient avant leur union.

Voici les diverses classes de composés que présentent ces langues :

§ I. Substantif avec substantif.

Flam. *huisvrauw*, mère de famille, épouse (littéralement : dame de la maison), de *huis*, maison, et *vrauw*, femme, dame ; *handschoen*, gant, de *hand*, main, et *schoen*, chaussure. — Allem. *hausvater*, père de famille, de *haus*, maison, et *vater*, père ; *baumol*, huile d'olive, de *baum*, arbre, et d'*ol*, huile. — Celto-bret. *bég-douar*, promontoire (littéralement : pointe de terre) ; *karrhent*, chemin de voiture ; *hentreûz*, chemin de traverse. — Basque *suhalama*, incendie (littéralement : feu en flamme) ; *suberria*, feu de joie, feu d'artifice (littéralement feu de fête) ; *picohondoa*, figuier (littéralement : source ou fond de figues).

A la différence du latin, dont elles dérivent, les langues provençale, espagnole, italienne et française possèdent très-peu de mots composés de deux substantifs ; elles empruntent bien au latin ainsi qu'à la langue grecque beaucoup de composés tout faits, mais elles n'en forment guère avec leurs propres éléments ; et encore leurs composés de deux noms ou d'un verbe et d'un nom sont-ils plutôt le résultat d'une simple juxtaposition.

§ II. Substantif avec adjectif.

Flam. *nieuwjaer*, le nouvel an, de *nieuw*, nouveau, et *jaer*, an. — Allem. *eigenliebe*, amour-propre, de *eigen*, propre, et *liebe*, amour. — Celt.-irl. *coslom*, déchaussé (littéralement : pied nu); *coslúath*, agile (pied rapide); *archvain*, élancé (corps menu). — Celt.-bret. *droug-ioul*, concupiscence (mauvais désir); *eil-vuez*, régénération. — Basque : *sinhetsgorra*, incrédule (sourd à la foi), de *sinhestea*, croyance, et *gorra*, sourd; *bihotzgorra*, impitoyable, cruel (sourd à l'affection au cœur), de *bihotza*, cœur, et *gorra*, sourd; *guizona*, l'homme, de *guiza*, forme, et *ona*, belle (belle forme, c'est-à-dire la créature par excellence).

Le provençal, l'espagnol, l'italien et le français ne fournissent pas davantage des mots composés à cette classe qu'à la précédente.

§ III. Substantif avec verbe.

Flam. *brandolie*, huile à brûler, de *branden*, brûler, et *olie*, huile; *drinkgeld*, le pour-boire, de *drinken*, boire, et *geld*, argent. — Allem. *brennol*, huile à brûler, de *brennen*, brûler, et *ol*, huile; *trinklied*, chanson à boire, de *trinken*, boire, et *lied*, chanson. — Celto-bret. *tro-héol*, tournesol (littéralement : tournée au soleil), de *trei*, tourner, et *héol*, soleil. — Celto-gallois *ceis-glod*, amoureux de la gloire (littéral. cherche-renom). — Basque *kharremaitea*, s'embraser (littéral. donner de l'ardeur, faire du zèle), de *kharra*, zèle, ardeur, et *emaitea*, donner. — Provençal *tournasol*; ital. *tornasole*; espag. *girasol*; français *tournesol* (de tourner, au soleil). Le provençal, l'italien et l'espagnol ont la même origine, à l'exception de *girasol*, qui dérive de *girar*, tourner, et *sol*, soleil.

§ IV. Verbe ou substantif avec préposition ou adverbe.

Flam. *voorreede*, préface (littéral. avant le discours, de *voor*, avant, et *reede*, discours); *anzien*, considérer, *omzien*, *achteromzien*, regarder derrière soi; *opzien*, regarder en haut; *aengang*, première démarche, *ingang*, entrée, *uitgang*, sortie; *doorgang*, passage, marche à travers. — Allem. *vortheil*, avantage, (littéral. part avant, de *vor*, devant, et *theil*, part); *hinterlist*, supercherie, de *inter*, derrière, et *list*, ruse. — Celt.-bret. *dizougen*, transférer (littéral. porter au delà, de *diz*, au delà, et *dougen*, porter); *dizougadur*, translation, transmigration; *Réwerza*, surfaire; *les-hanô*, surnom, *les-heuvel*, surnommer.

Pour ce qui est du basque, on a dit qu'il ne connaît ni adverbes ni prépositions, et qu'il n'a que quelques conjonctions. Nous croyons que c'est une erreur; mais il y a cette différence entre les adverbes et les prépositions basques et ceux des autres langues de la France, c'est que dans l'idiome basque ces parties du discours ne sont pas séparées et distinctes comme elles le sont dans ces langues, mais inhérentes au contraire et ne formant qu'un seul tout avec les mots qu'elles modifient. Exemples : *campoan*, au dehors, en d'autres termes, *campo-a-an*, dans le dehors; *egiaski*, avec vérité, véritablement, de *egia*, vérité, et *ki* ou *kin*, avec; *baratugabe*, sans cesse, de *gabe*, sans, et *baratcea*, s'arrêter; *beharrarequin*, au besoin, de *beharra*, besoin, et *quin* avec, avec besoin; *berrizsalcea*, revendre, de *berriz*, de nouveau, et *salcea*, vendre ; *bidegabea*, injustice, de *bidea*, droiture, et *gabe*, sans, sans justice ; *berotugabe*, sans s'échauffer, de *berotcea*, se chauffer, et *gabe*, sans, etc.

Le français et les idiomes néo-latins, le provençal, l'italien et l'espagnol forment beaucoup de composés avec des noms précédés d'une préposition ou d'une particule invariable, comme : *sur-nom*, *sur-taxe*, d'où *surnommer*, *surtaxer*, etc. Il suffit de consulter à cet égard les dictionnaires de ces différentes langues.

Quant aux composés d'un ordre supérieur, c'est-à-dire ceux de trois, quatre, cinq éléments, etc., le français, le provençal, l'italien et l'espagnol ont perdu la puissance qu'a le sanscrit, de rendre d'une manière concise et en un seul mot quatre et cinq idées différentes. Généralement, dans nos idiomes néo-latins, les mots composés n'ont pas plus de deux termes composants. Si quelque écrivain en avait créé qui en eût davantage, comme le poète latin qui a inventé le mot *suovetaurilia*, « sacrifice d'un porc, d'une brebis et d'un taureau, » ce serait une exception justifiée plutôt par un style comique que par le génie de la langue. Au contraire, le flamand, l'allemand, le basque, le celte et ses dérivés, forment avec une très-grande facilité des composés de plusieurs éléments, c'est-à-dire, d'un ordre supérieur, et offrent ainsi un témoignage de plus de leur communauté d'origine avec le sanscrit.

Cette langue crée des mots comme celui-ci : *nîca-kêça-çmaçrunakha*, « qui a les cheveux, la barbe et les ongles courts » ; de *kêça*, « cheveux », *çmaçru*, « barbe », *nakha*, « ongle », *nîca*, « court ». L'allemand dit : *feldbaukunst*, composé de *feld*, champ, *bau*, culture, et *kunst*, art, (l'art de la culture des champs, agriculture) ; *goldberg-*

werk, composé de *gold*, or, *berg*, montagne, et *werk*, ouvrage, (ouvrage que l'on fait dans les montagnes qui contiennent de l'or; exploitation des mines d'or). Le flamand : *tarwenmeelbloem*, composé de *tarwen*, froment, *meel*, farine, et *bloem*, fleur (la fleur de farine de froment). Un auteur, voulant faire voir jusqu'où peut aller la combinaison flamande, a fabriqué le substantif suivant, composé de huit mots et contenant 41 lettres : *handhaefschersmessenmakersleergezeljongen*, de *handhaef*, manche, *scher*, raser, *messen*, couteaux, *makers*, fabricant, *leer*, apprendre, *gezel*, compagnon, *jongen*, jeune. (Jeune compagnon qui apprend chez un fabricant de manches de couteaux à raser, c'est-à-dire, jeune apprenti d'un fabricant de manches de rasoirs.)

Un poëte irlandais a dit dans son langage celtique : *oigh-fear-gruaigh-fhin-shiod-fhain-dhual-scaineogach*, « un jeune homme ayant de beaux cheveux de soie retombant épars en anneaux contournés.

Le basque possède un système de désinences qui deviennent adhérentes au mot et en modifient la signification, par des nuances aussi délicates que variées. Ex. : *handi*, grand ; *handicari*, aimant les grands; *handiskia*, grand de peu de mérite. — *Guizona*, la belle forme, l'homme; *guizonarena*, celui de l'homme, *guizonarenac*, ceux de l'homme. Ces formations sont du deuxième degré. Harriet dit qu'il y a des noms basques de 3e, 4e, 5e et 6e degré, et il cite pour exemple :

« *Aitarenarenarenganicacoarenarenarenarequin*,
avec celui de celui de celui de celui de celui du père. »

« La langue des Cantabres, écrit Lécluse dans son *Manuel de la langue basque*, a conservé jusqu'à nos jours d'illustres vestiges de son antique splendeur. *Iguzquia*, le soleil, signifie celui qui procure le jour ou qui fait voir les objets; *ilharguia*, la lune, celle qui brille dans les ténèbres; *Yaincoa*, Dieu, celui d'en haut, le Très-Haut...... *Aberea*, troupeau, a formé les mots *aberatsua*, riche, *aberastasuna*, richesse, comme chez les Latins *pecunia* et *pecuniosus* se tirent de *pecus;* et du mot *ardia*, brebis, dérive *ardita*, un liard, la plus petite pièce de monnaie. » Enfin, le même auteur produit une liste de soixante désinences qui ajoutent au mot basque, auquel elles se lient, une idée nouvelle, accessoire à l'idée principale qu'il exprime.

AGGLUTINATION

Outre la *composition*, le basque possède encore une autre manière de former les mots, l'*agglutination*.

L'agglutination est un procédé ou un phénomène de l'esprit par lequel plusieurs idées corrélatives se manifestent en un seul mot. Ce qui ne veut pas dire que ce mot a la propriété d'exprimer toutes ces idées à la fois ; au contraire, chaque idée y est représentée par un mot qui lui est propre, mais tellement contracté, tellement syncopé qu'il est difficile de saisir le lien et le rapport de chacun de ces mots imbriqués dans le mot qui les résume tous, et où ils sont, pour ainsi dire, à l'état d'atomes. Même pour le bien comprendre, ce mot unique, il importe qu'il soit accompagné du geste et aidé d'une voix accentuée.

En d'autres termes, l'*agglutination* combine une série de mots primitifs, mais sans les fondre en un tout véritablement organique ; c'est un caractère de haute antiquité d'une langue. Il est à présumer que ce procédé correspond et appartient à la période, qui a succédé à celle du monosyllabisme, c'est-à-dire, à l'enfance de la langue. N'est-ce pas, en effet, le procédé de l'enfant qui s'énonce d'abord par monosyllabes isolés, ensuite par monosyllabes réunis ? L'enfant ne dit-il pas *ma*, avant de dire *maman* pour désigner sa mère ? Et lorsqu'il lui demande à boire, n'avez-vous jamais remarqué qu'il disait : *maboi, mabu*, et qu'il accompagnait sa parole d'un geste par lequel il montrait le vase qui contient sa boisson ? Cette expression voulait dire : *maman, donnez-moi à boire*. Pour la mère, le geste, le regard, la voix de l'enfant rendent inutile la construction grammaticale de la phrase; un seul mot exprimant toutes ces idées suffit.

Il ne faut cependant pas conclure de la haute antiquité des langues agglutinantes, que celles à flexions sont moins anciennes. Les unes et les autres peuvent avoir le même âge; seulement celles-ci, les langues à flexions, ont marché, se sont développées, ont atteint la virilité, tandis que les autres, restées stationnaires, ne sont pas sorties de l'adolescence.

Reléguée dans des montagnes, la langue basque n'a pas dépassé cette période de la vie. Aussi, le grammairien Astarloa, ayant perdu cette circonstance de vue, avait-il pensé que cet idiome avait 206 manières différentes de conjuguer le verbe. Mais si, comme Darrigol, on tient compte de son caractère d'agglutination, on n'admettra que deux verbes : *niz*, je suis, et *dut*, j'ai. En effet, analysons les verbes *Ethortcen niz*, je viens, et *Ematen dut*, je donne.

Suivant le savant Darrigol, *Ethortcen* est le syncopé d'*Ethortcean*, ou un infinitif au cas positif de la déclinaison. *Ethortcen niz* signifie donc littéralement : « je suis dans le venir, » ou je viens, et *Ematen dut*, « j'ai dans le donner, » ou je donne.

On a dit que le basque a une structure analogue à celle des langues d'Amérique. Si cela était, ce ne serait que par le côté agglutinant ; car dans sa lettre à M. Xavier Raymond, écrite en 1836, M. Chaho a prouvé que la langue basque a avec le sanscrit des analogies de vocalisation ; MM. Pierquin de Gembloux (1) et Mary Lafont (2), ont parlé des rapports qui existent entr'elle et le latin, le grec, le celtique et le provençal. Nous pouvons ajouter que, pour la conjugaison basque comme pour celle du sanscrit, on retrouve dans les personnes du singulier et du pluriel l'empreinte irrécusable de leur origine pronominale, même d'une façon plus apparente dans la première que dans la seconde.

(1) *Histoire littéraire des patois*, p. 50.

(2) *Tableau historique et littéraire de la langue parlée dans le midi de la France*, passim.

TROISIÈME PARTIE

FORMES GRAMMATICALES

Jusqu'ici nous n'avons considéré les mots que sous leur forme positive, abstraction faite des rapports qu'ils ont entr'eux dans le discours, et sans nous arrêter à leurs flexions diverses. Nous avons vu que les procédés du sanscrit, dans la formation des mots, ont été suivis par le flamand, l'allemand, le celto-breton, le basque, le romano-provençal, l'espagnol, l'italien et le français. Il nous reste à démontrer que la même analogie existe entre les formes grammaticales de l'idiome indien et celles des idiomes de la France.

On entend par *formes grammaticales* les différentes flexions que subit le mot pour marquer les idées accessoires de genre, de nombre, de cas, de voix, de mode, de temps et de personne. Toutes les langues ne possèdent pas cette faculté, mais celles qui l'ont sont supérieures à celles qui en sont privées. « On pourrait appeler les premières, dit le savant Schlegel, les langues organiques, parce qu'elles renferment un principe vivant de développement et d'accroissement, et qu'elles ont seules, si je puis m'exprimer ainsi, une végétation abondante et féconde. Le merveilleux artifice de ces langues est de former une immense variété de mots, et de marquer la liaison des idées que ces mots désignent, moyennant un assez petit nombre de syllabes qui, considérées séparément n'ont point de signification, mais qui détermine avec précision le sens du mot auquel elles sont jointes. En modifiant les lettres radicales, et en ajoutant aux racines des syllabes dérivatives, on forme des mots dérivés de diverses espèces, et des dérivés de dérivés. On compose des mots de plusieurs racines pour exprimer les idées complexes. Ensuite on décline les substantifs, les adjectifs et les pronoms, par genres, par nombres et par cas; on conjugue les verbes par voix, par modes, par temps, par nombres et par personnes, en employant de même des désinences et quelquefois des augments qui, séparément, ne signifient rien. Cette méthode procure l'avantage d'énoncer en un seul mot l'idée principale, souvent déjà très-modifiée et très-complexe, avec tout son cortége d'idées accessoires et de relations variables (1). »

Le sanscrit a cette puissance au plus haut degré. Nous l'avons déjà signalée dans son système de composition et de dérivation des mots ; nous la verrons maintenant dans son système de déclinaison et de conjugaison.

§ I. DÉCLINAISON.

Le sanscrit reconnaît :

1° Trois genres : le masculin, le féminin et le neutre.

2° Trois nombres : le singulier, le duel et le pluriel.

3° Huit cas : le nominatif ou sujet, l'accusatif ou régime, l'instrumental ou causatif, le datif ou attributif,

(1) *Observations sur la langue et la littérature provençales.*

l'ablatif ou privatif, le génitif ou positif, le locatif ou situatif, le vocatif ou appel.

a.) — Comme le sanscrit, le flamand et l'allemand ont les trois genres; mais le celto-breton, le provençal, l'italien, l'espagnol et le français n'en ont plus que deux : le masculin et le féminin. La langue basque n'en connaît aucun.

La raison de cette différence se trouve dans le classement assez arbitraire des noms en genres masculin, féminin et neutre. En effet, tel nom varie de genre d'une langue à une autre; le mot *cœur*, par exemple, est masculin en français, féminin en grec, neutre en latin. Et cette variation a lieu, non-seulement de langue à langue, mais encore à divers âges d'une même langue, comme *navire* qui était féminin au XVIe siècle, et qui est aujourd'hui masculin.

Il n'est donc pas étonnant que des idiomes aient rejeté un des trois genres, et que d'autres n'en aient adopté aucun; « de sorte, dit M. Egger, qu'on peut considérer les terminaisons de genre comme presque toujours détournées de leur distinction primitive, et réduites à ne plus produire qu'une sorte de variété favorable à l'élégance et à l'harmonie du langage. »

Il est donc difficile de reconnaître dans les noms substantifs des langues de la France, les suffixes caractéristiques du genre des noms sanscrits, puisque nous ne possédons pas les thèmes nus de nos mots, comme le sanscrit possède ceux des siens (1).

(1) Die Indischen Grammatiker fassen das declinirbare Wort in seiner grundform, d. h. in seinem von jeder Casus-Endung entblössten Zustande auf, und diese nackte Wortgestalt wird auch im Worterbuche gegeben... Bopp, *Vergleich Grammatik*, p. 133.

b.) — Pour exprimer la différence des nombres, les langues de la France ont aussi, comme le sanscrit, des terminaisons différentes ; mais elles ont perdu le duel et n'ont plus par conséquent que le singulier et le pluriel.

c.) — Les cas ou terminaisons ajoutant à l'idée principale du mot certaines idées secondaires, et exprimant certains rapports des mots entre eux, sont une propriété que le flamand, l'allemand et le basque partagent encore avec le sanscrit, mais dans des proportions très-inégales. Quant aux langues celtiques et néo-latines, leurs formes de déclinaison ont été fort tronquées ou altérées ; on peut dire même que, de nos jours, elles ont entièrement disparu dans le celto-breton, le provençal, l'espagnol, l'italien et le français.

Formation des cas. — Origine de l'article.

En nous rendant compte de la formation des cas dans les langues qui les ont conservés, nous découvrirons la cause de leur disparition dans celles qui ne les ont plus et de leur remplacement par ce qu'on appelle l'*article*.

Pour atteindre ce but, il importe que nous disions d'abord quelques mots de la partie du discours, nommée en grammaire le *pronom*.

Le pronom, d'après la définition grammaticale la plus usitée, est un mot qui tient la place du nom. « Mais dans une acception plus élevée et plus vraie, le pronom, dit M. Eichoff, est le mot principal du discours, celui qui, s'appliquant à tous les êtres d'une manière absolue et générale, porte en lui le type de chaque flexion caractéristique développée dans les autres. En effet, les distinctions de personnes, de genres, de nombres et de cas, marquées dans les verbes et les noms par des terminaisons accessoires, sont inhérentes au corps même du pronom et inséparables de son essence (1). »

Cette loi, découverte par Bopp, préside encore à la formation des cas dans les langues de France qui ont conservé les flexions casuelles ; pour les autres, elle a fait naître l'*article*, qui a son type dans un pronom démonstratif, et qui est en définitive le pronom détaché du nom.

C'est encore une des analogies de nos langues avec le sanscrit, mais à des degrés différents.

La déclinaison sanscrite, avons-nous dit, a huit cas que l'on forme en ajoutant au thème nu du mot certaines désinences, savoir :

SINGULIER.

Pour le nominatif : tantôt *as* ou *s* correspondant au grec ος, ης, ας, et au latin *us*, *is* ; tantôt *n* ou *m* correspondant au grec ον et au latin *um*.

Pour l'accusatif : *am* ou *m* correspondant au grec ον, ην, αν, et au latin *um*, *am*, *em*, *im*.

Pour l'instrumental : *â* ou *ina* correspondant probablement au latin *o*, *â*.

Pour le datif : *é*, *âi* ou *aya* correspondant au grec ῳ, ῃ, ᾳ, ει, ι, et au latin *æ*, *i*.

Pour l'ablatif : *ât* correspondant à l'ancien latin *od*, *ad*, *ed*, *id*.

Pour le génitif : tantôt *sya* correspondant au latin *i*, *æ* ; tantôt *as*, *âs*, *s*, correspondant au grec ας, ης, ος, et au latin *is*.

(1) *Hist. de la langue et de la littérat. des Slaves*, p. 151.

Pour le locatif : *âm*, *âu*, *i* correspondant au latin *i* de *domi*, *humi* et au grec ι de οικοι.

PLURIEL.

Pour le nominatif : tantôt *âs* correspondant au grec ες et au latin *es;* tantôt *i* correspondant au grec οι, αι, et au latin *i*, *æ*.

Pour l'accusatif : *âs* ou *s*, *i* pour le neutre, correspondant au grec ους, ας; au latin *os*, *as*.

Pour l'instrumental : tantôt *âis* correspondant au grec οις, αις, σι; au latin *is*; tantôt *bhis* correspondant au latin *bus*.

Pour le datif et l'ablatif : *bhyas* correspondant au latin *bus*.

Pour le génitif : *âm* correspondant au grec ων, et au latin *um*.

Pour le locatif : *su*, *shu*.

Toutes ces désinences ne sont rien autre chose que le pronom démonstratif sanscrit *sâs*, *sâ*, *tat*, décliné moins le radical *s* ou *t*.

C'est par le même procédé que les langues basque, flamande et allemande forment leur déclinaison.

Don Astarloa, faisant remarquer les rapports exprimés par les cas dans l'idiome basque, les divise en relations primaires et relations secondaires, auxquelles il assigne les caractéristiques suivantes :

1°. C ou K pour le nominatif ou l'agent,

2° I pour le datif ou le récipient,

3° EN pour le génitif ou le possesseur,

4° Point de signe distinct pour l'accusatif ou le patient, ou plutôt signe identique à celui du nominatif.

Quant aux relations secondaires, ce sont autant de formes adverbiales, indiquant par des suffixes l'instrument, le lieu, le moyen, la cause efficiente, la fin, le but, etc. MM. Chaho et Darrigol, confondant les deux classes de relations d'Astarloa, ont cru voir dans celle des rapports secondaires autant de cas que de formes adverbiales; l'un a donc reconnu à la déclinaison basque dix-neuf terminaisons, et l'autre quinze qu'il a réduites aux dix suivantes :

SINGULIER.

Nominatif,	*mendia* ou *mendiac*, la montagne.
Actif,	*mendia* ou *mendiac*, la montagne.
Médiatif,	*mendiaz*, de la, par la montagne.
Positif,	*mendian*, dans la montagne.
Datif,	*mendiari*, à la montagne.
Génitif,	*mendiaren*, de la montagne.
Unitif,	*mendiarekin*, avec la montagne.
Destinatif,	*mendico*, pour la montagne.
Ablatif,	*menditic*, de la montagne.
Approximatif,	*mendirat*, vers la montagne.

PLURIEL.

Nominatif,	*mendiac* ou *mendiec*, les montagnes.
Actif,	*Id.* *Id.* *Id.*
Médiatif,	*mendiez*, des, par les montagnes.
Positif,	*mendietan*, dans les montagnes.
Datif,	*mendiei*, aux montagnes.
Génitif,	*mendien*, des montagnes.
Unitif,	*mendiekin*, avec les montagnes.
Destinatif,	*mendietaco*, pour les montagnes.
Ablatif,	*mendietaric*, des montagnes.
Approximatif,	*mendietarat*, vers les montagnes.

De toutes ces désinences, celles en *a* ou *ac*, en *aren* et *ari* pour le singulier; celles en *ac* ou *ec*, en *ei* et *en* pour le pluriel, sont les seules qui forment réellement des cas. Toutes les autres ne sont que des prépositions ajoutées aux noms qu'elles modifient.

Les suffixes *a* et *ac* expriment tous les deux le nominatif, avec cette différence que *a* caractérise le sujet des verbes qui marquent l'état, la manière d'être, et que *ac* se place après le sujet singulier des verbes d'action ainsi qu'après leur complément pluriel.

Dans les noms de choses et de lieux, le suffixe *aren* est remplacé par le suffixe *eko*, qui a une grande affinité avec le pronom démonstratif russe et polonais *cto* et *co*, lequel dérive du pronom sanscrit *kas*, *kâ*, *kin*.

Astarloa avait donc fait une analyse exacte des cas basques, en n'en admettant que quatre : le nominatif et l'accusatif en *c*, le datif en *i* et le génitif en *en*. Ces terminaisons proviennent, comme en sanscrit, du pronom basque de la troisième personne *harc*; *haren*, *hari*, équivalant au nominatif, au génitif et au datif du pronom sanscrit *sas*, *sâ*, *tat;* du grec *ος*, *η*, *το*; du latin *is*, *ea*, *id*, ou *ille*, *illa*, *illud*.

De plus, les cas basques en *a* ou *ac*, *ren* et *ri* correspondent parfaitement aux cas sanscrits en *a* ou *as*, *sya* et *é* (*â* + *i*). La gutturale *c* ou *k* du basque *ac* ou *ak* a remplacé la sifflante *s* du nominatif sanscrit; la dipthongue sanscrite *â* + *i* ou *é* est devenue par syncope *i* bref dans le basque qui a changé en *r* la dentale sifflante du pronom *sê* ou *tê;* d'où *ri* en basque. — Quant à la désinence *sya*, on verra plus loin comment elle a pu devenir *ren* dans le langage du pays basque.

Dans le flamand et l'allemand, les cas ont la même oririgine. Ces langues en ont encore conservé quatre comme celle dont nous venons de parler, savoir : le nominatif, le génitif, le datif et l'accusatif. Exemple :

SINGULIER.

	Flamand.	Allemand.
Nom.	*de vogel*	*der vogel*, l'oiseau.
Genit.	*des vogels*	*des vogels*, de l'oiseau.
Dat.	*den vogel*E	*dem vogel*, à l'oiseau.
Acc.	*den vogel*	*dem vogel*, l'oiseau.

Il y a ceci de particulier dans ces deux idiomes germaniques, c'est que leur déclinaison n'a pas perdu les formes anciennes des langues qui les ont précédés, en même temps qu'elle a pris les formes des langues modernes. Ainsi, les cas du flamand et de l'allemand sont désignés par un pronom démonstratif comme dans le sanscrit et le gothique, mais avec la différence que cette partie du discours se place ici devant le nom au lieu de s'y ajouter, et que la désinence du pronom se répercute pour ainsi dire à la fin du thème nominal.

Les monosyllabes *de*, *der*, *des*, *den*, *dem*, *die* qui remplissent maintenant le rôle d'articles sont des contractions du pronom démonstratif flamand *deze*, allemand *dieser*, ou bien sont eux-mêmes les pronoms démonstratifs *die* en flamand, *der* en allemand, pronoms que des grammairiens modernes nomment adjectifs démonstratifs. Mais nous croyons qu'il vaut mieux leur maintenir leur ancienne dénomination de *pronoms*, à cause de leur origine sanscrite.

Cette origine devient évidente par la comparaison de ces monosyllabes avec le pronom démonstratif du gothique, de l'anglo-saxon, de l'ancien allemand et du sanscrit :

SINGULIER.

	Nom.	Gén.	Dat.	Acc.
Flam.	*de*	*des*	*den*	*den*
Allem.	*der*	*des*	*dem*	*dem*
Anc. allem.	*the*	*thes*	*themu*	*thena*
Anglo-sax.	*se*	*thœs*	*tham*	*thone* ou *thœne*
Goth.	*sa*	*this*	*thamma*	*thana*
Sanscrit.	*sa* ou *sas*	*tasya*	*tê*	*tam*

PLURIEL.

Flam.	*de*	*der*	*den*	*de*
Allem.	*die*	*der*	*den*	*die*
Anc. allem.	*thia*	*thero*	*them*	*thia*
Angl.-sax.	*tha*	*tharâ*	*tham*	*th á*
Goth.	*thai*	*thize*	*thaim*	*than*
Sansc.	*tê*	*tê-sam*	*tabhyas*	*tas.*

Bopp explique très-longuement dans sa *Grammaire comparée* les causes des transformations que le pronom sanscrit a éprouvées dans ses flexions, en passant par les différentes langues qui l'ont adopté. Il les voit d'abord dans les lois qui président à la permutation des voyelles et des consonnes, dans l'assourdissement des voyelles sonores, dans l'adoucissement des consonnes fortes, et dans cette loi de la nature qui fait que tout ce qui a vie dépérit en vivant, et que les mots se contractent et se replient comme sur eux-mêmes en vieillissant.

Ensuite il démontre que le nominatif sanscrit *sas* se retrouve dans l'allemand *der*, parce que la dentale *s* peut se changer en *d*, consonne du même ordre; que *a* en passant dans le gothique devient *i*, ce qui fait *i-s*, et que le gothique *i-s* est égal à *i-r*, qui devient *e-r* dans l'ancien allemand et l'allemand moderne. C'est ainsi que l'allemand *blind-er*, aveugle, dérive du gothique *blind-is*, ou *blind-as*, que l'allemand *ohr*, oreille, dérive du gothique *auso*, et que le gothique *thàze* devient *thara* en anglo-saxon, et *thero* en vieil allemand. C'est ainsi que les génitifs latins en *rum* ont pour auteur le génitif pluriel du pronom sanscrit *tê-sâm*, par suite du changement de l's en *r*; car logiquement, il aurait fallu *sum* pour le latin par contraction de *sâ+um*, comme *genus* aurait dû donner au génitif *genesis* au lieu de *gene-ris*.

Par la même raison, la finale *ya* de *tasya* s'étant perdue en passant dans le gothique, et *tas* y étant resté seul, l'*a* de *tas* s'est changé en *i*, et le *t* s'est aspiré pour remplacer le son *ya* disparu; ce qui a donné *this* pour le génitif singulier du gothique.

Le datif gothique *thamma* s'est formé du sanscrit *tâ+i* ou *tê* et de la particule sanscrite *sma*, qui, réunis dans la composition, ont produit *tha-mma* au singulier et *thai-m* au pluriel, par suite de la permutation de la sifflante *s* en *h* aspirée (*hma*), permutation très-régulière en prakrit et en pali, ou de la permutation de *h* en *m* très-régulière dans le zend.

Le datif pluriel sanscrit *tabhyas* n'a pas été le générateur des datifs pluriels dans les langues germaniques ; il ne l'a été que pour ceux du latin où toutes les déclinaisons avaient primitivement leur datif et ablatif pluriel en *bus* ou en *bis*, par suite de la permutation de la voyelle finale sanscrite *a* en *u* ou en *i* dans le latin. Pour les autres déclinaisons latines, les terminaisons casuelles du datif et de l'ablatif pluriels sont devenues simplement *is*, par suite de l'expulsion du *b* conformément à un usage déjà admis dans le dialecte des Védas, où l'on trouve *vrkâis pour vrkâ-*

b'is. C'est ainsi que le latin a *lupis* au lieu de *lŭpobus*.

Avant de quitter les déclinaisons germaniques, nous devons dire que l'illustre Grimm les divise toutes en deux grandes classes : les déclinaisons fortes et les déclinaisons faibles.

Les premières sont simples et plus anciennes, les secondes sont relativement modernes et se distinguent par l'intercalation d'une *n* entre la racine et les désinences casuelles du thème. Grimm a remarqué aussi cette particularité dans les anciennes langues qui sortent, comme les nôtres, de la souche indo-européenne. Dans le latin on a, par exemple : *homo*, génit. *homi-n-is*, dat. *homi-n-i*, etc.; *sermo*, génitif *sermo-n-is*, datif *sermo-n-i*, et tous les noms où *n* se présente dans les cas. Pour faire bien comprendre cette distinction, nous donnerons ici un exemple emprunté à l'idiome gothique du IVe siècle.

	Déclinaison forte.		Déclinaison faible.	
		SINGULIER.		
Nom.	*fisks*	le poisson.	*hana*	le coq.
Gén.	*fiskis*		*hani-ns*	
Dat.	*fiska*		*hani-n*	
Acc.	*fisk*		*hana-n*	
		PLURIEL.		
Nom.	*fiskos*		*hana-ns*	
Gén.	*fiske*		*hana-ne*	
Dat.	*fiskam*		*hanam*	
Acc.	*fiskans*		*hana-ns*	

Plus tard, au VIIe et au VIIIe siècles, les désinences casuelles disparurent et l'*n* intercalée resta. Dans le frison et le nordique, l'*n* ne paraissait presque plus au VIIIe siècle.

En flamand, elle existe à peine dans certains génitifs et seulement dans des mots composés, *hanengekraie*, chant du coq; *zounenondergang*, coucher du soleil. La syllabe *en* dans le pluriel est en partie la désinence casuelle de la déclinaison faible, en partie le signe de l'adjonction de l'*n* à tous les cas du pluriel des noms de la déclinaison forte, qui avaient au moyen-âge le nominatif, le génitif et l'accusatif pluriels en *e*.

Grimm, considérant que les adjectifs ont la forme faible lorsqu'ils sont accompagnés de l'article, comme dans *des goede-n vaders*, et que beaucoup de substantifs prennent les deux formes, la forte et la faible, Grimm a pensé que l'*n* ne s'y trouve pas par accident, mais qu'elle y joue au contraire un rôle important.

Après s'être livré à un travail de comparaison avec les autres langues indo-européennes, où l'*n* figure aussi dans la déclinaison, sans être une partie intégrante du thème, par exemple : sansc. *karman*, génit. *karmanas;* latin *carmen*, *carminis*, poëme, vers, de la racine *ker* (faire), parce que le poète est un ouvrier qui crée ou créateur; — sansc. *nâman*, *nâmanas;* lat. *nomen*, *nominis;* ancien allem. *namo*, gén. *namen;* flamand du moyen-âge *name*, génit. *namen*, aujourd'hui *naem;* le savant allemand a conclu de cette comparaison que l'*n* était dans ces mots un vestige du pronom *gene*, *gene*, *gint*, celui-là, celle-là, ce, cette (en allemand *jener*, *jene*, *jenes;* goth. *jains*, lithuanien *ans*, slavon *on*, irlandais *an*, etc.), qui était resté attaché au nom pour mieux le déterminer, et préparer ainsi le rôle que l'article devait seul remplir plus tard. Cette hypothèse est très-acceptable, surtout quand on songe que dans les anciennes langues du Nord, comme dans le suédois et le danois de nos jours, l'article défini est inhérent aux noms, comme dans *fader*EN, le père, *hus*ET, la maison (car *fader* et *huus* expriment seulement l'idée non définie de *père* et *maison*), et que le suédois se sert encore de cette forme avec l'article *den*. Exemple : *den redlige mann*EN, l'homme raisonnable. Dans cette citation, le mot *homme* est deux fois déterminé par l'article *den* et la désinence *en*, comme autrefois dans les langues germaniques et néo-latines du moyen-âge.

Ces désinences casuelles font aujourd'hui complétement défaut au celto-breton, au provençal, à l'espagnol, à l'italien et au français, ou plutôt elles sont déplacées.

Le pronom *ar* ou *ann*, mot indéclinable, de tout genre et de tout nombre, sert aussi au celto-breton à indiquer et déterminer les noms; il les précède dans le discours et devient article invariable : *ann avel*, le vent, *ann avélou*, les vents ; — *ar mâb*, le fils, *ar mipien*, les fils.

Nos langues néo-latines ont formé leur article du pronom latin : *ille*, *illa*, *illud*, qui, après bien des transformations, est devenu :

En provençal : *lo* ou *lou*, *la*, *lous*, *las* ;
En espagnol : *el*, *lo*, *la*, *los*, *las* ;
En italien : *il*, *lo*, *la*, *le*, *i*, *gli* ;
En français : *le*, *la*, *les*.

Voilà donc la souche d'où est sorti « ce petit mot qui se place devant les noms et en fait connaître le genre, le nombre et le cas, » comme ont dit et répété tant de grammairiens. Mais cette définition de l'article est défectueuse, car les rapports représentés par les cas sont marqués, dans les idiomes néo-latins et celtiques, par les prépositions, et le nombre et le genre y sont indiqués par des terminaisons particulières ou ne le sont pas du tout. « Ce petit mot » devrait donc être classé parmi les adjectifs démonstratifs, ce qui serait plus conforme à son origine de pronom démonstratif.

En effet, tant que les langues sont à l'état synthétique, elles n'ont pas besoin d'article ; ce n'est qu'en devenant plus ou moins analytiques « qu'elles adoptent, par cela même, dit M. de Chevallet, des habitudes de précision et d'exactitude qui portent l'esprit à recourir à tous les moyens d'analyse capables de traduire la pensée de la manière la plus conforme à ces mêmes habitudes. Elles en viennent à répugner à toute expression vague, indécise, indéterminée. L'article apparaît alors dans ces langues ; le rôle qu'il y joue est de marquer que le substantif auquel il se rapporte est pris dans une étendue de signification déterminée (1). »

D'ailleurs, comme le fait très-bien observer M. Fallot, « dans ces temps peu lettrés, où la langue se formait en

(1) La langue mère de laquelle proviennent tous les idiomes de la famille indo-européenne ne devait pas avoir d'article ; car on n'en trouve point dans le sanscrit, le plus ancien et le plus synthétique de ces idiomes. Le zend, le latin et le slave n'en ont pas davantage. Les dialectes grecs, les idiomes germaniques et deux des idiomes néo-celtiques possèdent l'article ; mais il est aisé de se convaincre que, dans ces divers idiomes, l'existence de ce mot ne remonte pas aux temps reculés où ils ne formaient tous qu'une seule et même langue. C'est postérieurement, et à une époque quelconque de leur histoire, que l'article a pris naissance. En effet, dans chacune des branches que forment les différents idiomes de la même famille, l'article dérive directement d'un mot appartenant en propre au vocabulaire particulier aux idiomes de cette même branche. C'est au vocabulaire germanique qu'il faut recourir pour remonter au primitif de l'article allemand, du hollandais, du danois, du suédois, etc. C'est le vocabulaire celtique qui seul peut nous fournir le primitif de l'article gallois ou breton. En outre, il est à remarquer que ce mot paraît peu fréquemment dans les plus anciens monuments appartenant à chacun de ces systèmes de langues.

En grec, ὁ, ἡ, τό n'est guère employé que comme adjectif démonstratif dans les poëmes d'Homère et dans ceux d'Hésiode. Quant aux idiomes germaniques, le premier de leurs monuments, la Bible d'Ulphilas, ne nous présente qu'assez rarement des exemples de l'article, et les anciens poëtes anglo-saxons ne s'en servent presque pas. *Note* de M. DE CHEVALLET. — *Origine et formation de la langue française*, III, 88.

tâtonnant, et allait se fixant peu à peu par une suite d'essais consécutifs, il était naturel que l'emploi convenable et régulier de l'article ne fût pas d'abord déterminé avec précision, et nous devons retrouver dans cela, comme dans tout le reste, des traces de variations et de tâtonnements.

« Nous voyons en effet que, pendant le XIIIe siècle, l'emploi respectif des articles et des pronoms démonstratifs était mal déterminé; on se servait souvent de l'article, dans des cas où nous avons décidé depuis que le pronom doit seul se mettre. Ainsi, l'on disait : « Por la terre *la* (qui est celle du) rei, et la (celle de) monsire Ewrard garder. » (*Act. Rym.* I, 339).

« On sait, d'ailleurs, que cet ancien usage de l'article est analogue à celui qu'il a conservé dans l'espagnol et dans l'italien.

« Nous voyons encore qu'il n'était point rare qu'on employât l'article devant les pronoms démonstratifs, et qu'on dît : *les ceux*, *les celles*, au lieu de dire simplement *ceux* et *celles*. Cela s'est conservé dans quelques locutions provinciales encore usitées. L'on trouve : « A tous *les ceaus* (ceux) à qi ces lettres vendront. » (*Act. Rym.* I, 481) (1).

Suivant Max. Schmitdt (*De pronomine græc. et latin.* p. 38), le pronom grec *ουτος* ne serait rien autre chose que le produit du redoublement de l'article avec la voyelle *υ* qui s'est glissée entre deux.

Maintenant que nous connaissons la théorie des cas, voyons-en l'application dans les déclinaisons des noms.

(1) *Recherches sur les formes grammaticales de la langue française*, p. 62 et 65.

SUBSTANTIFS.

Les grammairiens indiens ont commencé par en diviser les déclinaisons en deux classes : la première comprenant tous les thèmes terminés par une voyelle, et la seconde, tous ceux terminés par une consonne. Ensuite ils ont fait cinq subdivisions des thèmes de la 1re classe, suivant qu'ils finissaient : 1° en *a* ou en *â ;* 2° en *i* ou en *u*, 3° en *î* ou en *û ;* 4° en *rî ;* 5° en *é*, *ô* ou *âu ;* et deux subdivisions des thèmes de la 2e classe, suivant qu'ils avaient ou n'avaient pas de suffixes.

Mais les causes qui font que les langues se modifient ont singulièrement tronqué les formes de la déclinaison primitive dans les idiomes de la France.

Ainsi, le basque n'a de flexions proprement dites que pour le nominatif, le génitif et le datif des deux nombres, puisque les autres cas s'indiquent par des prépositions ou des adverbes. Le flamand et l'allémand reçoivent seulement une flexion au génitif et au datif du singulier, et une au nominatif, au génitif, au datif et à l'accusatif du pluriel ; et encore ces flexions sont-elles accompagnées de l'article.

Quant au celto-breton, au provençal, à l'espagnol, à l'italien et au français, ces idiomes, ainsi que nous l'avons déjà dit, n'ont gardé aucune trace des flexions de la déclinaison primitive, et se bornent à distinguer par des suffixes, le pluriel du singulier et tous les cas par des moyens secondaires, tels que l'article et la préposition.

Cependant, un point de contact semblerait avoir existé autrefois entre les déclinaisons des langues de la France et celles du sanscrit ; c'est leur classification en noms terminés par une voyelle et en noms terminés par une consonne. Cette distinction a été observée jusqu'au XIVe siècle dans les langues néo-latines et germaniques ; elle l'est encore dans quelques branches du celtique. Mais le basque ne paraît guère avoir connu cette distinction, si ce n'est peut-être dans les thèmes terminés en *a*, qui ne prennent jamais le suffixe *a* du nominatif, et gardent toujours leur voyelle finale, lorsqu'elle est suivie d'un mot commençant par une voyelle. On dit, par exemple : *aita ona*, le bon père, *ama ona*, la bonne mère, et l'on ne dit pas, *guizona ona*, l'homme bon; *arnoa ona* le bon vin, parce que dans *guizon*A et *arno*A la voyelle *a* est un suffixe ajouté au thème pour exprimer le nominatif, et que dans les noms qui sont en concordance, on ne marque qu'une seule fois la terminaison casuelle. Au contraire, dans *aita* et dans *ama*, l'*a* final fait partie intégrale du thème.

Aujourd'hui, il serait difficile de suivre la classification des grammairiens indiens dans nos déclinaisons. La distance qui sépare nos langues modernes du sanscrit a nécessairement produit la confusion, non-seulement entre les voyelles *a*, *i*, *u*, mais encore entre voyelles et consonnes ; elle a effacé les nuances qui ont servi de base aux sept classes des déclinaisons sanscrites. Pour retrouver cette classification, il faudrait tracer l'historique de chaque nom des idiomes de la France, et ce serait alors un dictionnaire historique que nous écririons et non plus une grammaire comparée. Il faut donc renoncer à constater des distinctions qui n'existent plus, et nous borner à comparer d'une manière générale nos déclinaisons avec celles du sanscrit. Il est des noms, en effet, qui terminaient primitivement par une voyelle, et qui, l'ayant perdue, finissent aujourd'hui par une consonne, comme le flamand *hert* ou *hàrt*, cœur, au lieu du primitif *harta;* comme le celto-breton *forc'h*, fourche, au lieu de *forcha*, en sanscrit *pars'u*; comme les noms français et bretons terminés en *or* et *eur*, les noms flamands et allemands en *er* qui correspondent aux terminaisons sanscrites en *ri*.

Passons donc chacun des cas en revue, sans nous arrêter à la distinction des noms terminés par une voyelle ou par une consonne.

SINGULIER.

NOMINATIF. — En sanscrit, les thèmes masculins et féminins terminés par une voyelle prennent *s*; les thèmes neutres terminés en *a* prennent *m*; les autres restent nus, ainsi que le féminin en *â* et en *î*.

Dans la langue basque, qui n'admet pas de genre, les suffixes *s* et *m* du sanscrit se changent indistinctement en la gutturale *k* ou *c*. Exemple : sansc., *vrka-s*, le loup; basque, *oxoa-k*. Dans les langues celtiques, ils ont généralement disparu; le breton ne les connaît plus. Cependant un très-petit nombre de mots irlandais possèdent encore le suffixe *s*, mais en quelque sorte pétrifié et privé de signification. Les langues germaniques et néo-latines ont conservé le suffixe *s* : les premières, jusqu'au VIIe ou VIIIe siècle; les secondes, du moins le français, le provençal et l'espagnol, jusqu'au milieu du XIVe siècle. « Jusque-là, et depuis les temps primitifs de la langue, dit M. Fallot, l'emploi du *s* final pour marquer les flexions avait été ainsi réglé :

« Les substantifs prenaient un *s* final, lorsqu'ils étaient sujet ou nominatif de la phrase au singulier, et lorsqu'ils étaient régimes au pluriel.

« Ils s'écrivaient sans *s* final, c'est-à-dire en leur forme de thème pur, lorsqu'ils étaient sujet ou nominatif au pluriel, et régime au singulier.

« Ainsi, primitivement, ce n'était pas les nombres que le *s* final servait à distinguer en français : le singulier prenait ce *s* lorsqu'il était sujet, le pluriel lorsqu'il était régime.

« Cette règle fondamentale est caractéristique de la première époque de notre langue : oubliée presque dès le temps de son abolition, ou plutôt abolie parce qu'elle était tombée peu à peu dans l'oubli, elle a été retrouvée par M. Raynouard, et répétée depuis par tous ceux qui ont écrit sur nos anciens langages. Elle était commune à la langue romane et à la langue d'oil. Les preuves en sont tellement évidentes et abondantes en tous les textes, qu'il n'y a plus à s'arrêter à l'établir. Sa découverte nous a rendu l'intelligence, trop longtemps perdue, de la grammaire des idiomes romans du moyen-âge (1).

Dans le glossaire roman du XIIIe siècle, publié par M. de Reiffenberg, et dans le dictionnaire latin-français de Briton, qui mourut en 1353, tous les noms ont le suffixe *s* au nominatif singulier. Exemples : agellus, *petit cans;* alnus, *aunes;* allia, *aus;* allodium, *alues;* altercatio, *plais;* ametistus, *amëtistes;* amphiteatrum, *cercles de vin;* amplus, *larges;* annona, *blès;* antipirgium, *escrens;* antistes, *evesques;* appetibilis, *talentables;* architectus, *carpentiers;* ardea, *hairons;* aruspes, *devineres;* ascia, *doloirs;* auceps, *oiseleres*, etc.

Le *s* final de ces substantifs est, de la part de M. Fallot, l'objet d'une réflexion que nous ne pouvons laisser passer inaperçue. « Ce suffixe, dit le savant philologue, ne de-

(1) *Recherches*, p. 69.

vait jamais être muet, et primitivement il est à croire qu'il ne l'était jamais ; il s'agissait donc de faire accorder sa prononciation avec celle de la syllabe finale du thème auquel on l'appliquait, et d'éviter toute cacophonie ou même toute prononciation impraticable.

« On y avait réussi sans difficulté pour beaucoup de mots, ainsi :

« SING. : Suj. *uns angeles* (R. de M. p. 14), un ange ; *li aingles* (G. de V. 3040).

« Rég. *le aingle*, l'aingle (*ibid.* 3858, 3053). »

Les langues germaniques et néo-latines ont supprimé le suffixe *m* des noms neutres, par suite du son sourd de cette consonne. Le *m* final était assez faiblement prononcé en latin, surtout quand il était suivi d'une voyelle, à tel point que la consonne s'élidait devant elle. Il en était déjà ainsi au temps de Quintillien (1), et, du temps de Cassiodore (2); les copistes n'hésitaient pas à la supprimer en écrivant.

Quant aux terminaisons des thèmes sanscrits en *a*, *i*, *au*, *u*, qui ne prennent pas de suffixe au nominatif, ces voyelles se sont changées dans nos langues en *o* ou en *e* muet, ou bien elles ont été supprimées.

Les terminaisons du sanscrit en *ri* ou *ar* sont devenues en français les désinences *er*, *or*, *our*, *eur* et *re;* en breton *our*, *eur*, ou *er;* en allemand et en flamand *er;* en italien et en espagnol *or* et *re*.

Les exemples suivants seront le résumé des principes que nous venons d'exposer.

(1) *Instit. orat.*, lib. IX, cap. IV.
(2) *De instit. divinar. litter.*, cap. XV, édit. Garet, t. II, p. 547.

RÉCAPITULATION. — NOMINATIF SINGULIER.

	m.	n.	f.	m.	n.	m.	f.
Sanscrit :	vrka-s.	dâna-m..	gihvâ...	pati-s....	madù.	dâtri....	duhitri
Basque :	oxoa-k.	emaitza-k.	emaitza.	ostalera-k.	.....	....	....
Grec :	λυκο-ς.	δωρο-ν...	σωρα...	πόχι-ς....	μεθυ.	δοτηρ...	θυγατηρ
Latin :	lupu-s.	donu-m..	terra...	hosti-s....	pecu.	dator....	mater
Italien :	lupo...	dono.....	terra...	oste......	.....	....	madre
Espagnol :	lobo...	don......	tierra...	huespe-d..	.....	....	madre
Provençal :	loup...	don, doun.	terra...	hoste.....	.....	donatour.	maire
Français :	loup...	don......	terre...	hôte.....	bête..	donateur.	mère
Celto-breton :	gwilou.	rô.......	douar..	hostiz....	.....	....	....
Gothique :	vulf-s..	daur'....	giba...	gast's....	faihu.	....	dauhtar
Flamand :	wulf...	....	gave...	gast.....	vee..	....	dogter
Allemand :	wolf...	....	gabe...	gast.....	vieh..	....	tochter

ACCUSATIF. — En sanscrit, le suffixe caractéristique de ce cas est *m*. Le latin l'a conservé, tandis que le grec l'a changé en *ν* et que le gothique l'a rejeté ou perdu. Cette perte s'explique, ainsi que nous l'avons dit, par l'assourdissement de la nazale *m*, déjà si sourde par elle-même.

Ce suffixe, après avoir résisté pendant plusieurs siècles, a fini par disparaître aussi des idiomes dérivés du latin et notamment du français, qui savait distinguer dans les noms propres d'hommes du XIIIe et du XIVe siècles, le complétif du subjectif. On disait alors *Pierron*, *Paulon*, lorsque ces noms étaient régimes, et *Pierres*, *Pols*, lorsqu'ils étaient sujets. Il est superflu de faire remarquer que *Pierron* et *Paulon* sont la traduction française de l'accusatif latin *Petrum*, *Paulum*. Quant aux noms communs, on a vu plus haut qu'ils perdaient à l'accusatif singulier le *s*, caractéristique du nominatif singulier, comme dans *uns angiles* sujet, et *le aingle* régime.

La voyelle finale précédant le suffixe *m* du latin, ayant perdu ce point d'appui, s'assourdit en *o* ou en *e* muet, ou bien elle se détacha et disparut à son tour. C'est ainsi que nous lisons dans les premiers monuments de la langue française : *Christian* pour *Christianum*, *poblo* pour *populum*, et plus tard *chrétien*, *peuple*, *etc.*

Les terminaisons *am*, *em*, qui indiquent des accusatifs de la première et de la troisième déclinaison latine, ont perdu de bonne heure le suffixe *m*; puis la voyelle *a* dans *am*, perdant chaque jour de sa sonorité, s'est tranformée en *e* muet; de sorte que, par exemple, *causa*, *causam*, *terra*, *terram* donnèrent d'abord indistinctement au nominatif et à l'accusatif *cosa*, *terra*, ensuite *cose*, *cause*, *terre*. *Amorem*, *fratrem* ont fait, au IXe siècle, *amur* et *fadre*. Ce dernier mot, par une contraction plus énergique, est devenu *frère* dans nos temps modernes, et l'*u* de *amur* s'est assourdi en *ou*, ce qui fait qu'on écrit aujourd'hui *amour*.

Toutes les autres langues de la France, le basque, le celto-breton, le flamand, l'allemand, le provençal, l'espagnol et l'italien ne possèdent plus le suffixe *m* de l'accusatif. Il est vrai que le flamand et l'allemand semblent en avoir un autre à l'accusatif de certains noms; mais quand on remonte à leur origine, on voit qu'il n'en est rien. Ainsi, le nom flamand *hert*, cœur, fait à l'accusatif singulier *hert-e*. On pourrait croire que cet *e* final rappelle le suffixe caractéristique de l'accusatif, mais il ne rappelle en réalité que la voyelle désinentielle du thème gothique *hairt-o*. Exemple :

SINGULIER.

	Gothique.		Flamand.
Nom. :	*hairt-o*	cœur,	*hert*
Génit. :	*hairt-ins*		*hert-en*
Dat. :	*hairt-in*		*hert-e*
Acc. :	*hairt-o*		*hert-e*

12

Le nom allemand *zunge*, langue, fait à l'accusatif singulier *zunge-n*. Mais cette désinence *n* n'est pas une lettre caractéristique, elle n'est qu'accidentelle. L'euphonie l'a fait entrer dans le gothique *tugg-o* pour en former le génitif *tugg-ons*, et elle est restée inhérente à tous les cas du mot.

Exemple :

SINGULIER.

	Gothique.	Ancien allemand.	Allemand moderne.
Nom.	*tugg-o*, langue	*tung-a*	*zung-e*
Génit.	*tugg-ons*	*tung-unon*	*zung-en*
Dat.	*tugg-on*	*tung-unon*	*zung-en*
Acc.	*tugg-on*	*tung-una*	*zung-en*

Cette lettre *n* n'est donc ici que le signe caractéristique de cette déclinaison que Grimm a nommée faible.

RÉCAPITULATION. — ACCUSATIF SINGULIER.

	m.	n.	f.	m.	n.	m	f.
Sanscrit :	vrka-m.	dâna-m...	gihvâ-m.	pati-m...	madû.	dâtâr-am.	duhitar-am
Basque :	oxoa-k.	emaitza-k.	emaitza.	ostalera-k.	....	....	....
Grec :	λύκο-ν.	δῶρο-ν....	χώρα-ν..	πόσι-ν....	μεθυ..	δοτῆρ-α..	θυγατέρ-α
Latin :	lupu-m.	donu-m..	terra-m.	hoste-m..	pecu..	....	matr-em
Italien :	lupo...	dono.....	terra...	oste.....	.....	....	madre
Espagnol :	lobo...	don......	tierra...	huesped..	.....	....	madre
Provençal :	loup...	don, doun.	terra...	hoste....	.....	donatour.	maire
Français :	loup...	don......	terre...	hôte.....	bête..	donateur.	mère
Celto-breton :	gwilou.	rô.......	douar...	hostiz....	.....	....	....
Gothique :	vulf'...	daur'....	giba....	gast'.....	faihu.	....	dauhtar
Flamand :	wulf...	....	gave....	gast.....	vee...	....	dogter
Allemand :	wolf...	....	gabe...	gast.....	vieh..	....	tochter

Datif. — La caractéristique de ce cas est en sanscrit *ê* ou *a* + *i*, avec ou sans insertion de *y* ou *n* euphonique, et *aya* pour les thèmes terminés en *a*. Son correspondant est *e* dans le flamand et l'allemand, et *i* dans le basque. Exemple :

Sanscrit :	vrk-âya....	paty-ê
Gothique :	vulf-a.....	gast'-a
Flamand :	wulf-e.....	gast-e
Allemand :	wolf-e.....	gast-e
Basque :	oxoa-ri.....	ostea-ri

Il est évident que la désinence *e*, dans le flamand et l'allemand, n'est que le résultat de l'assourdissement du suffixe *a* dans le gothique *vulf-a*. Il est vrai que Bopp a dit que cet *a* n'est pas un suffixe, et que le datif des noms gothiques terminés en *a* est semblable au thème nu du mot. Mais cette opinion de l'illustre philologue me semble contradictoire avec celle qu'il a émise sur le nominatif du même nom. En effet, il disait alors que les noms gothiques terminés en *a* et en *i* rejettent ces voyelles devant *s*, la caractéristique du nominatif ; pourquoi ne pas admettre de même que la voyelle *a* du thème est aussi élidée au datif du gothique *vulf-a*, comme la voyelle *i* l'est dans celui de *gast'-a*, et que la voyelle *a* de la désinence de ces mots est en définitive la caractérisque du datif ?

Le *i* final dans la terminaison basque *ri* provient de la contraction de la diphthongue sanscrite *a* + *i* ou *é*, et la consonne *r* du pronom démonstratif *hari*, dont la dernière syllabe forme le datif singulier dans la langue basque et correspond au datif du même pronom en sanscrit, *sê* ou *tê*. En effet, ainsi que nous l'avons déjà fait remarquer d'après Bopp, *s* ou *t* se transforme souvent en *r*. « Der dritte zischlaut ist das gewöhnliche *s* aller sprachen, welches aber am ende der wörter im sanskrit eine sehr unsichere stellung hat, und nach bestimmten gesetzen der veränderungen in *ṡ*, *ṡ̊*, *r* : *h' visarga* und *u* unterworfen ist ; und nur *t* und *t'* unveränd bleibt. » (Bopp, *Vergleich. Grammat.* *p*. 21).

Dans le celto-breton, le provençal, l'espagnol, l'italien et le français, le datif est semblable au nominatif et se distingue seulement par son accompagnement d'une préposition et de l'article.

Génitif. — Les terminaisons du génitif sanscrit sont *s* et *sya*. Des noms flamands et allemands ont conservé la désinence *s* dans leur génitif, comme le gothique l'avait eue. Exemple :

Sanscrit :	vrka-sya........	patê-s.
Gothique :	vulfi-s..........	gasti-s.
Flamand :	wulf-s..........	gast-s.
Allemand :	wolf-s.........	gaste-s.

Cette désinence *s* dans le génitif de nos langues germaniques est ce qui est resté de la désinence *sya* du sanscrit, dont la diphthongue s'est détachée et perdue. La voyelle *i* est entrée dans *vulfis*, comme remplaçant la finale *a* du thème *vulfa*, parce que, d'après l'observation de Bopp, la voyelle *a* dans les mots polysyllabiques permute avec *i* devant *s*.

Le sanscrit *sya* est devenu *ren* dans la langue basque. Nous avons déjà dit comment cette transformation a pu avoir lieu. Il y a maint exemple qui prouve que les désinences *zé* et *zô* se changeaient dans les anciennes langues germaniques en *rô*. Il y en a un même très-concluant; le génitif du pronom démonstratif sanscrit est *tasya*, l'ancien allemand en a fait *thes* pour le génitif singulier de son pronom démonstratif masculin, et *thera* pour le féminin. C'est donc par une permutation semblable que la désinence sanscrite *sya* est devenue la désinence *ren* du génitif basque.

Quant aux autres langues de la France, la flexion du génitif leur manque complétement. Lorsqu'elles ont à exprimer ce cas, elles ont recours, comme pour le datif, à l'article et à une préposition indiquée par les grammaires spéciales à ces langues.

PLURIEL.

NOMINATIF. — En sanscrit, les thèmes masculins et féminins prennent *âs* au nominatif pluriel, et les neutres *i* avec *n* euphonique.

La plupart des noms flamands ont conservé le *s* comme caractéristique du nominatif pluriel, tandis que des noms allemands l'ont perdu, ou bien l'ont changé en *r*, ou bien encore n'ont conservé qu'un *e* muet, rappelant la voyelle désinentielle *a* du sanscrit. Mais il y a des noms flamands et allemands qui ont *n* pour terminaison du nominatif pluriel. Je ne puis expliquer cette anomalie que par cette considération, que certaines déclinaisons fortes du flamand et de l'allemand ont dégénéré, aux VIIIe et IXe siècles, en déclinaisons faibles. On sait déjà que les noms germaniques de la déclinaison faible prennent *n* à tous leurs cas, le nominatif du singulier excepté. C'est ainsi que le gothique *han-a* fait, au nominatif du pluriel, *han-ans* au lieu de *han-ôs;* et que le flamand *haen* et l'allemand *hahn* deviennent, au nominatif du pluriel, *haen-en* et *hahn-en* par suite du rejet du *s* primordial sanscrit et gothique, et de l'assourdissement de la voyelle finale *a* en *e* muet.

Par une permutation de voyelle, semblable à celle qu'on appelle en allemand *umlaut*, le nominatif du pluriel des noms basques se forme du nominatif du singulier en changeant la voyelle désinentielle *a* en *e* ouvert, qui correspond à l'*ae* ou *ä* allemand, ou bien à l'*ê* ($a + i$) du sanscrit. Or, *ê* est la désinence du nominatif pluriel du pronom masculin démonstratif *tê* de la langue sanscrite.

Dans le zend, comme en prakrit et en pali, la désinence *as* se change souvent en *ô* ou $o + u$. Ainsi, le sanscrit *mâs*, lune (en flamand *maen*) devient *maô* en zend. C'est sans doute par la même raison que la caractéristique du pluriel en celto-breton est ordinairement la diphthongue *ou* ou bien *iou*. Je dis *ordinairement*, parce que le celto-breton forme encore des pluriels en *ed*, en *ien* et en *iz*, qui rappellent davantage leur origine sanscrite.

Pour ce qui est de nos langues issues du latin, elles ont longtemps conservé les formes du nominatif pluriel latin, c'est-à-dire que les noms qui correspondaient aux noms latins de la première et de la deuxième déclinaison ne prenaient pas le *s* au nominatif pluriel. Le français lui-même a suivi cette règle jusqu'au Xe siècle. Mais pour les noms français correspondant à ceux de la troisième, de la quatrième et de la cinquième déclinaison latine, la lettre *s* a presque toujours été en usage au pluriel, et c'est l'influence, relativement moderne, des noms de cette catégorie, qui a fait que cette consonne est devenue, dans la langue française, la caractéristique du pluriel.

RÉCAPITULATION. — NOMINATIF PLURIEL.

Sanscrit :	vrk-âs....	dânâ-n-i..	g'ihvâs..	patay-as..	mad'û-n-i.	dâtâr-as..	duhitar-as
Basque :	oxo-en....	emaitz-en.	....	ostaler-en.	....	....	....
Grec :	λυκ-οι....	δῶρα......	χῶραι...	ποσι-ες....	μεθυ-α....	δοτηρ-ες.	θυγατέρ-ες
Zend :	....	dâta.....	hizvôo..	paity-ô...	madhv-a..	dâtâr-ô..	dughdhar-ô
Celto-breton :	gwilaou-ed.	rô-ou....	duar-iou.	hostis-iou.	....	....	....
Latin :	lup-i.....	dona.....	terræ...	host'-es...	pecu-a...	dator-es..	matr-es
Provençal :	loup-os...	don-s....	terre...	oste-s....	....	donatours.	mair-es
Espagnol :	lob-os....	don-os...	terr-e..	huesped-es.	....	....	madres

Italien :	lup-i.....	don-i....	terr-e...	osti......	....	....	madri
Français :	loup-s....	don-s....	terre-s..	hôte-s....	bête-s...	donateur-s.	mère-s
Gothique :	vulfô-s...	daura....	gibô-s..	gastéi-s...	....	....	....
Flamand :	wulfe-n...	....	gave-n..	gaste-n...	....	....	dogter-en
Allemand :	wolfe-n...	....	gabe-n..	gaste-n...	....	....	töcher

ACCUSATIF, DATIF et GÉNITIF. — En sanscrit, les thèmes masculins terminés par une voyelle brève l'allongent et y ajoutent *n*, et ceux du genre féminin terminés par une voyelle prennent *s*, ainsi que les thèmes masculins terminés par une voyelle longue. La caractéristique du datif pluriel est *bhyas*, et celle du génitif pluriel *âm* avec ou sans insertion de l'*n* euphonique.

Dans toutes les langues de la France, l'accusatif du pluriel des noms est semblable au nominatif pluriel ; nous renvoyons donc à ce que nous avons dit sur ce dernier cas.

Dans le flamand et l'allemand, les noms prennent un *n* au datif pluriel. Pour bien comprendre les rapports qui existent entre la terminaison sanscrite *bhyas* ou *b́yas* et la terminaison germanique *n*, il faut lire ce que Bopp dit dans sa *Grammaire comparée*, de la transformation de cette syllabe. *B́yas* en passant dans le lithuanien est devenu *ms* par contraction de *mus*, car la permutation de *b* en *m* ou de *m* en *b* est régulière, comme le prouve le sanscrit *brû*, parler, qui devient *mrû* en zend ; le sanscrit *muk'a* qui devient *bucca* en latin et *bouche* en français, etc. Le gothique a rejeté le *s* du lithuanien *ms* et n'a conservé que le *m* dans *vulfa-m*, datif pluriel de *vulfa*, et la nasale *m* s'est permutée en la nasale *n* dans les langues germaniques et modernes.

M. Baudry donne une autre explication dans son *Résumé élémentaire de la grammaire sanscrite*. Suivant lui, la terminaison *bhyas* dérive de la préposition *abhi* (*ad* en latin, *à*); si le même procédé a été suivi par les langues germaniques, leur terminaison *n* du datif serait provenue de la préposition *an*, *aen* (*à*, *vers*).

Lorsque le thème sanscrit est terminé en *a*, il change cette voyelle en *ê* (ou *a* + *i*) devant la terminaison *bhyas* du datif pluriel. Dans la langue basque, comme tout nom qui se décline se termine en *a*, cette terminaison se change au datif pluriel en *ei* et ne prend point d'autre suffixe.

La caractéristique *âm* du génitif pluriel du sanscrit se retrouve dans les langues germaniques et basque sous la forme de *en*, excepté seulement dans quelques noms allemands qui ont perdu cette terminaison, et dans d'autres qui n'en ont conservé que l'*e* muet.

Quant au celto-breton, au provençal, à l'espagnol, à l'italien et au français, leurs noms ne subissent aucun changement au datif ni au génitif du pluriel.

Ce cas n'y est désigné que par l'article précédé d'une préposition.

ADJECTIFS.

En sanscrit, la plupart des adjectifs sont formés de thèmes en *a* et changent au féminin cette voyelle en *â* ou en *î*. Ils se déclinent d'après les mêmes principes que les substantifs.

Dans toutes les langues de la France, les adjectifs suivent aussi le même système de déclinaison que les substantifs et distinguent le féminin du masculin par la voyelle *a* pour le provençal, l'espagnol, l'italien et le basque, ou par *e* pour le français, le flamand et l'allemand. Le celto-breton seul fait exception à cette règle générale. Les adjectifs de cet idiome ne varient pas leur terminaison, ni par rapport au genre, ni par rapport au nombre. Mais il y a des circonstances où les lettres initiales se permutent pour désigner le pluriel, comme *eur vamm vâd*, une bonne mère, qui fait au pluriel *mammou mâd*, de bonnes mères.

Nous devons faire remarquer aussi que les adjectifs flamands et allemands possèdent, comme les substantifs des langues germaniques, une double déclinaison, mais avec cette différence que chaque adjectif peut être décliné de l'une ou de l'autre manière ; c'est-à-dire que la déclinaison de chaque adjectif est forte ou faible, suivant que cette partie du disours est indéterminée ou déterminée. Dans le premier cas, l'adjectif est seulement ajouté au substantif et se décline comme l'article ; dans le deuxième cas, il est précédé de l'article et suit la déclinaison faible.

Voici, comme exemple applicable au flamand et à l'allemand, un adjectif du VIIIe et du IXe siècle, décliné suivant la déclinaison forte ou faible.

Déclinaison forte.

SINGULIER.

	Masculin.	Féminin.	Neutre.
Nom.	*guod (friund)* le bon ami	*guod (saca)* la bonne chose	*guod (brôd)* le bon pain
Génit.	*guodes, is*	*guodaro, ero*	*guodes, es*
Dat.	*guodumu, emu*	*guodaru, eru*	*guodumu, emu*
Acc.	*guodan, ana*	*guoda*	*guod*

PLURIEL.

Nom.	*guoda*	*guoda*	*guodu, guod*
Génit.	*guodaro, ero*	*guodaro, ero*	*guodaro, ero*
Dat.	*guodum, on*	*guodum, on*	*guodum, on*
Acc.	*guoda*	*guoda*	*guodu, guod*

Déclinaison faible.

SINGULIER.

	Masculin.	Féminin.	Neutre.
Nom.	*the guodo (friund)* le bon ami	*thiu guoda (saca)* la bonne chose	*that guoda, e, (bród)* le bon pain
Gén.	*thes guoden*	*thera guodun*	*thes guoden*
Dat.	*themu guoden*	*theru guodun*	*themu guoden*
Acc.	*thena guodon*	*thia guodun*	*that guoda*

PLURIEL.

Nom.	*thia guodun, on*	*thia guodun, on*	*thiu guodun, on*
Gén.	*thero guodono*	*thero guodono*	*thero guodono*
Dat.	*them guodum, on*	*them guodum, on*	*them guodum, on*
Acc.	*thia guodun, on*	*thia guodun, on*	*thiu guodun, on*

DEGRÉS DE COMPARAISON.

En sanscrit, le suffixe caractéristique du comparatif est *tara*, et celui du superlatif *tama*. Cependant un petit nombre d'adjectifs ont *yas* au comparatif et *ista* au superlatif.

Bopp a recherché le sens de ses suffixes *tara* et *tama;* il a cru trouver celui du premier dans le thème verbal du sanscrit *tri*, aller au delà, et celui du second dans le thème verbal du sanscrit *tan*, étendre, étendue, l'extension la plus grande.

Ces formes qui indiquent en sanscrit les différents degrés de comparaison, se retrouvent d'une manière plus ou moins défectueuse, plus ou moins tronquée, dans nos langues de France.

Le suffixe *tara* est devenu *er* en flamand et en allemand; *io, or, ore* et *eur* dans quelques-uns de nos comparatifs néolatins; le suffixe *iyas* du sanscrit, par la permutation de la sifflante *s* en la gutturale *ch*, est devenu *ach* en irlandais et *och* en breton, *ago* en basque. Nos langues néo-latines ont généralement perdu, à de légères exceptions près, le suffixe du comparatif sanscrit, et pour former le leur, elles ont dû avoir recours aux adverbes *plus*, *più*, *mas*, *mai*.

Le suffixe sanscrit *tama* se retrouve dans le suffixe du superlatif basque *en*, dans les terminaisons en *timo*, *ximo*, *simo* et *ssimo* des superlatifs de nos langues néo-latines. Il ne s'exprime plus que par la terminaison *a* dans le celto-breton. C'est le suffixe sanscrit *ista* qu'ont adopté nos langues germaniques, où il reparaît sous la forme apocopée de *ste*, pour former leur superlatif.

Si le français a des superlatifs en *ssime*, c'est seulement pour des adjectifs qu'il a pris tout faits au latin, comme *révérendissime*, *illustrissime*, *etc.* Sa manière ordinaire de former le plus haut degré de comparaison consiste à faire pré-précéder le positif de l'une des particules *très*, *le plus*, *fort*, etc. — Exemples :

	POSITIF.	COMPARATIF.
Sanscrit :	*danin*, riche,	*dani-tara*, plus riche.
Flamand :	*groot*, grand,	*groot-er*, plus grand.
Allemand :	*reich*, riche,	*reich-er*, plus riche.
Sanscrit :	*bahu*, nombreux,	*bû-yas*, plus nombreux.
Basque :	*churi*, blanc,	*churi-ago*, plus blanc.
Breton :	*brâo*, agréable,	*bra-v-oc'h*, plus agréable.
Provençal :	*beou*, beau,	*mai* ou *pus beou*, plus beau.
Espagnol :	*dulce*, doux,	*mas dulce*, plus doux.
Italien :	*ricco*, riche,	*pui ricco*,
Français :	joli,	plus joli.
Id.	bonne,	meilleu-re.
Id.	mauvais,	pi-re.
Id.	petit,	moind-re.

Ces trois derniers comparatifs, qui sont des exceptions dans la langue française, sont aussi consacrés par l'usage dans les autres langues néo-latines.

	POSITIF.	SUPERLATIF.
Sanscrit :	*bahu*, nombreux,	*bûy-ista*, très-nombreux.
Flamand :	*groot*, grand,	*groot-ste*, très-grand.
Allemand :	*reich*, riche,	*reich-ste*, très-riche.
Sanscrit :	*danin*, riche,	*dani-tama*, très-riche.
Basque :	*churi*, blanc,	*churi-en*, très-blanc.
Breton :	*brão*, agréable,	*vrav-a*, très-agréable.
Provençal :	*beou*, beau,	*tres-beou*, très-beau.
Espagnol :	*dulce*, doux,	*dulci-simo*, très-doux.
Italien :	*dotto*, savant,	*dotti-ssimo*, très-savant.
Id.	*celebre*, célèbre,	par except. : *celeb-errimo*, très-célèbre.
Français :	joli,	très-joli.

Par quelles transitions, les suffixes du comparatif et du superlatif sanscrits sont-ils parvenus aux formes sous lesquelles ils figurent dans nos langues modernes? La réponse à cette question doit être cherchée dans les contractions et les permutations de lettres que les mots subissent dans le cours des siècles.

Le suffixe sanscrit *tara* a encore donné naissance à des prépositions latines, telles que celles-ci *in-ter*, *præ-ter*, *prop-ter*, *sub-ter*, et à des adverbes flamands et allemands, comme : fl. *on-der*, all. *un-ter*, entre, parmi; flam. *ag-ter*, all. *ach-ter*, derrière; flam. *we-der*, all. *wi-der*, de nouveau; fl. *ne-der*, all. *nie-der*, en bas; fl. et all. *son-der*, principalement, etc.

NOMS DE NOMBRE

—

NOMBRES CARDINAUX.

« Les noms de nombre ont beaucoup d'importance pour la filiation des langues, dit M. A. Pictet. Ils font partie des formes les plus anciennes de tout idiome, parce qu'ils sont indispensables. Je ne crois pas que, sauf quelques exceptions rares et qui s'expliquent historiquement, deux peuples de même souche aient des nombres radicalement différents, et la concordance de cette espèce de noms dans toutes les branches de la famille indo-européenne est un des faits les plus saillants de leur comparaison. »

La justesse de ces observations ressortira, pour les langues que nous étudions, du tableau comparé des dix premiers nombres cardinaux :

	Sanscrit.	Basque.	Breton.	Flamand.	Allem.	Prov.	Esp.	Italien.	Franç.
1.	*êka*	*bat*	*ünan*	*een*	*ein*	*un*	*uno*	*uno*	un
2.	*dvi*	*bi*	*dau*	*twee*	*zwey*	*dous*	*dos*	*due*	deux
3.	*tri*	*hirur*	*tri*	*dry*	*drey*	*tres*	*tres*	*tre*	trois
4.	*c'atur*	*laur*	*pevar*	*vier*	*vier*	*quatre*	*cuatro*	*quattro*	quatre
5.	*panc'an*	*bortz*	*pemp*	*vyf*	*fünf*	*cinq*	*cinco*	*cinque*	cinq
6.	*s'as'*	*sei*	*chwech*	*zes*	*sechs*	*siei*	*seis*	*sei*	six
7.	*saptan*	*zazpi*	*seiz*	*seven*	*sieben*	*sept*	*siete*	*sette*	sept
8.	*as'tan*	*zorci*	*eiz*	*acht*	*acht*	*huech*	*ocho*	*otto*	huit
9.	*navan*	*bederetci*	*naô*	*ne*	*neun*	*noou*	*nueve*	*nove*	neuf
10.	*das'an*	*hamar*	*dék*	*tien*	*zehen*	*dez*	*diez*	*dieci*	dix

Les langues indo-européennes sont loin d'exprimer l'*unité* d'une manière uniforme. Les unes ont adopté le nombre *un* dans le sens d'antériorité ; les autres l'ont assimilé à la particule privative *an*, comme pour marquer que l'unité est une abstraction complète de tout nombre.

Le sanscrit *éka*, dont le comparatif est resté dans le grec εκατερος, prend, suivant Bopp, son origine dans l'union du pronom démonstratif *ê* et dans le pronom interrogatif *ka*. C'est aussi à un pronom ou à un adjectif indicatif qui lui sert de suffixe, que le basque a emprunté le terme *bat* par lequel il exprime l'unité. Point de doute que cette expression basque ne dérive du sanscrit *ka*, par suite du changement si facile de la gutturale *k* en la labiale *p* ou *b*, changement très-commun en grec, où l'on dit indistinctement et suivant les dialectes : κοτε et ποτε, κως et πως, κοτερον et ποτερον, κοσος et ποσος, κοιος et ποιος. C'est par une permutation semblable, mais dans un sens opposé, que le nombre latin *quinque*, cinq en français, est resté le même mot que le grec éolique πεμπε, que le gallique *pump*, que le breton *pemp*, que le gothique *fimf*.

Or, entre les labiales *p* et *b*, il n'y a que cette différence, c'est que la première est forte et la seconde faible.

Mais le sanscrit *éka* reparaît en entier dans le basque *hameica*, onze, littéralement : dix et un, de *hamar*, dix et *eica*, un.

Il est évident que le celto-breton *unan*, le flamand *een*, l'allemand *ein*, l'espagnol et l'italien *uno*, le provençal et le français *un* ne dérivent pas du sanscrit *éka*, et qu'ils se rattachent au latin *unus*, au gothique *ains*, au grec εν, etc. Bopp rapporte avec beaucoup de vraisemblance cette manière d'exprimer l'unité, au pronom démonstratif sanscrit *êna*, peu usité, qui ne se trouve que dans quelques cas de *idam* et fait *êna-m* à l'accusatif.

Les nombres sanscrits *dvi* et *tri* sont restés dans les nombres *deux* et *trois* de toutes nos langues, même dans *bi* et *hiru* du basque. En effet, le basque, comme le zend et le latin, a formé son nombre *deux* en rejetant le *d* du sanscrit, et en fortifiant, par suite de ce rejet, la labiale *v* qui devient *b*. C'est ainsi que le zend a formé *bipaitistana*, à deux siéges, et le latin *biceps*, à deux têtes; *bidens*, à deux dents; *bipes*, à deux pieds; *bicolor*, à deux couleurs; *bis*, deux fois, etc. C'est par une semblable opération, c'est-à-dire en rejetant la dentale *t* du sanscrit et en aspirant la roulante *r*, que le basque exprime le nombre trois, *hiru*. C'est le même système qu'ont suivi le hongrois *hârom* et le zend *thri* qui a conservé le *t* initial.

Le nombre quatre s'est formé dans nos langues du sanscrit *c'atvar*, thème fort, ou de *c'atur*, thème faible; cela est certain pour nos idiomes néo-latins qui ont formé directement leur nombre *quatre* du latin *quatuor*.

Pour le flamand et l'allemand, la gutturale sanscrite *c'* s'est permutée avec la labiale *f* ou *v*, et a fait le gothique *fidvôr* par l'assourdissement de l'*a* en *i*, au datif *fidvôri-m*; d'où l'ancien nordique *fiöri-r*, qui a donné naissance au flamand et à l'allemand *vier*.

Le celto-breton *pevar* est né aussi du sanscrit *c'atvar*, par la même permutation de la gutturale *c'* en la labiale *p* et par le rejet de la dentale *t*.

Il faut se rappeler que le sanscrit possède quatre semi-voyelles *y*, *r*, *l*, *v* qui s'échangent fréquemment entr'elles. Aussi, dit Bopp, trouve-t-on souvent dans les langues indo-européennes *l* pour *v*: « *Auch findet man in den verwandten Europ-sprachen mehrmals* L *für* V. (VERGL. GRAM-

MAT, p. 19). » En appliquant cette règle à l'expression basque *laur*, quatre, et remplaçant *l* par *v*, on aura *vaur* qui correspondra parfaitement au gothique *fidvôr*, à l'ancien nordique *fior*, à l'anglo-saxon *feover*, à l'anglais *four*, au suédois *fyra*, au bas-saxon *veer*.

Le nombre cinq dérive dans toutes nos langues du sanscrit *panc'an*, dont la racine est *paç* (lier, tenir), parce que primitivement on comptait sur les doigts, et que, par le cinquième doigt, on désignait la main qui tient les objets et représente en même temps la *liaison* ou l'*ensemble* des cinq doigts. Le poète Ovide témoigne que les doigts ont dû servir de base à la numération :

Sed quia tot digiti, per quos numerare solemus;
Hic numerus magno tunc in honore fuit.

Chez les Grecs de l'Eolie πεμπεζειν, compter par cinq, signifie d'une manière absolue *compter*. Les chiffres romains I, II, III semblent figurer les doigts ; le chiffre V est l'image de la main faisant éventail. Le chiffre IV, ce sont les cinq doigts ou la main moins un doigt. Le chiffre VI, ce sont les cinq doigts ou la main plus un doigt ; le chiffre X figure les deux mains réunies. Des peuplades d'Amérique ont conservé cette manière de compter. Les Guaraniens expriment *cinq* par *papetei*, mot qui signifie *une main* (de *po*, main, et de *petei*, une), et Benary fait remarquer le rapport intime qui existe entre le nombre sanscrit *panc'an*, cinq, et le nom sanscrit *pâni*, main. (BERLIN. JAHRB. 1833, II, p. 49).

Pour les langues néo-latines, c'est par le changement de la labiale initiale *p* du sanscrit *panc'an* en la gutturale *q* ou *c*, et, pour les langues germaniques et celtiques, par le maintien de la labiale sanscrite et le changement de la gutturale sanscrite *c'* en *f* ou en *p*, que se sont formés l'espagnol *cinco*, l'italien *cinque*, le français et le provençal *cinq*, l'allemand *fünf*, le flamand *vyf*, le celto-breton *pemp*. La racine sanscrite *paç* se retrouve dans le polonais *piec*, devenu *piat* dans le russe, *pet* dans le bohémien, *bost* ou *bortz* (1) dans le basque, *ot* dans le hongrois, *vit* et *wit* chez les Lapons, *wiisi* chez les Finnois.

Les cinq nombres suivants : six, sept, huit, neuf et dix correspondent dans les langues de la France aux nombres sanscrits *s'as'*, *saptan*, *as'tan*, *navan*, *das'an*. Il suffit, pour s'en convaincre, de jeter un coup d'œil sur le tableau qui précède ces observations. Cependant, pour bien comprendre la dérivation du sanscrit *s'as* dans le celto-breton *chuech*, et celle des nombres sanscrits *as'tan*, *navan*, *das'-an* dans les nombres basques *zortzi*, *bederatzi*, *hamaz*, quelques explications sont nécessaires.

Les deux sifflantes *s'* du sanscrit *s'as* se sont changées en deux gutturales *ch* dans le celto-breton *chuech*; cette permutation est très-régulière et ordinaire dans les langues indo-européennes, comme Bopp l'enseigne dans sa *Grammaire comparée*, p. 20, n° 21, et p. 446, n° 318.

Le *s'* aspiré du sanscrit est prononcé par les Anglais comme *sh*, et par les Allemands comme *sch*; cette consonne devient *κ* en grec, *c* en latin, *h* en gothique. Exemple : sansc. *das'-an*, grec δέκα, lat. *decem*, goth. *taihun*. De même, dans le basque *hamar*, dix, l'aspirée *h* rappelle la sifflante sanscrite *s'* ou *sh*, et la désinence *r* la terminaison sanscrite *n*, qui d'ailleurs peut être indifféremment maintenue ou supprimée, car elle n'ajoute rien à la valeur du mot.

(1) Je crois que le basque *bortz* signifie le poing, synonyme de main; au figuré la force.

Dans la formation des noms neutres, les langues slaves les terminent indistinctement par *n*, *s* ou *t*. Le basque a donc pu placer un *r* à la fin du nombre *hamar*, puisque le *r* permute souvent avec la sifflante *s*. La présence de *m* dans *hamar* paraît, il est vrai, très-irrégulière, mais Bopp fait observer que toutes les langues slaves prennent un *m* devant la terminaison *en*. « *Alle haben sie ein* M *vor den ausgang* EN, » p. 350, n° 264. VERGL. GRAMMAT. Il est possible que le basque suive cet usage. Si au contraire *ar* dans *hamar* est une syllabe insignifiante ajoutée au thème *ham*, nous ferons remarquer que ce thème a une très-grande analogie avec l'ancien allemand *zehan* et l'allemand moderne *zehn* dix.

Le nombre basque *zortzi*, huit, est une forme corrompue du sanscrit *as'tan*, resté plus apparent dans le nombre basque *beder-atzi*, neuf. Ce nombre *bederatzi* est composé de *bedere*, comparatif de *bat* (un en basque), et signifie *plus un*, et du nombre *atzi (zortzi)* huit. *Bedere* est formé de *bat*, un, et de *ere* qui est le type du comparatif (*tara* en sanscrit, τερος en grec, *er* en flamand et en allemand). La dentale *t* du thème *bat* s'est adoucie en *d*, et la voyelle *a* s'est changée en *e*, conformément à la règle de concordance entre les voyelles. Ainsi expliqué, *bederatzi* veut dire « huit plus un. »

Les nombres supérieurs à dix se forment, dans nos langues comme dans le sanscrit, en combinant les nombres inférieurs à dix avec ce dernier nombre jusqu'à vingt exclusivement.

A partir de vingt, on ajoute de nouveau les nombres au-dessous de dix à un terme qui exprime la dizaine : *s'ati*, *s'at* ou *ti* en sanscrit ; *ginti* ou *ginta* en latin ; *nta* en provençal ; *nti* en espagnol ; *nti* en italien ; *nte* en français ;

zig en allemand ; *tig* en flamand ; *hogoi* en basque. Ce nom basque est sans doute le résultat d'une violente contraction subie par un mot analogue à celui du gothique *twaintig*, de l'ancien allemand *thuotoc* ou *zueinzug*, du suédois *tjugu*, du danois *tiuge, etc.*

Bopp considère les expressions sanscrites *s'ati*, *s'at*, *s'ata*, *ti*, comme des contractions des noms de nombres *das'ati*, *das'at*, *das'ata*, dérivés de *das'an*, dix, auquel s'est joint le suffixe *ti*, *ta* ou *t*.

Je dois encore faire remarquer, avant de quitter ce paragraphe, que le nombre breton *triuech*, 18, signifie littéralement *trois-six* ou trois fois six, que les nombres flamands *elf* et *twalf*, et que les nombres allemands *eilf* ou *elf* et *zwölf* sont aussi régulièrement formés que les autres de la même série ; ils dérivent par syncope du gothique *ain-lif* et *tva-lif*. Le premier de ces termes signifie un sur dix, l'autre, deux sur dix ; car *lif* correspond au grec δεκα et au sanscrit *das'an* (dix). C'est le même procédé qu'a suivi le français *onze*, qui signifie *un sur dix*, et douze, *deux sur dix*, *etc*. En effet, si l'on écrivait *un-ze*, *deu-ze*, etc., on verrait que la désinence *zè* est la désinence du sanscrit *das'an* (dix), mutilée et assourdie, mutilée par le rejet de la nasale finale *n* et assourdie par la permutation de l'*a* en *e* muet.

NOMBRES ORDINAUX.

De même que les peuples indo-européens ont exprimé le nombre *un* de plusieurs manières, de même leur expression du premier des nombres ordinaux a été très-variée.

Le sanscrit a formé son premier nombre ordinal de la préposition *pra*, avant, et du suffixe du superlatif *t'ama*, lequel toutefois se réduit souvent à *ta*, *ama* ou *ma*.

Pour les nombres ordinaux suivants, il a ajouté ce même suffixe aux nombres cardinaux, à l'exception des nombres ordinaux *deuxième* et *troisième*, qui se forment en sanscrit par l'adjonction du suffixe *tiya* aux nombres cardinaux *deux* et *trois*. Le sanscrit *prat'ama*, premier, est resté dans le grec πρωτος, dans le latin *primus*, dans l'espagnol *primero*, dans l'italien *primario*, dans le provençal et le français *premier*.

Le basque a été plus explicite; il a exprimé le nombre « premier » par *lehenbicicoa*, ce qui signifie : « celui d'avant le deux. » Ce mot est formé de *lehen*, avant, de *bic*, deux, et du suffixe *ko*, dont on a fait un adjectif en ajoutant l'article *a*. Quant au reste de ses nombres ordinaux, ils se forment tous régulièrement par l'adjonction aux nombres cardinaux de la désinence *garrena*, ou plutôt *arrena*, particule qui équivaut à l'adverbe de temps *encore* ou à un superlatif. La syllabe *en* ou *ena* est d'ailleurs aussi caractéristique du superlatif basque et rappelle parfaitement son origine sanscrite, c'est-à-dire le suffixe sanscrit *t'ama*, qui se réduit souvent, comme nous venons de le dire en *ama*, devenu *ena* dans la langue basque.

Le celto-breton semble avoir formé son premier nombre ordinal *kénta* du pronom sanscrit *ên-a* et du suffixe *ta*, (du type *t'ama*). La gutturale *k* est là sans doute à cause de la prononciation gutturale du breton. Il exprime le second nombre ordinal par *eil*, qui signifie « autre » (latin *alius*, *alter*). « Maintenant, dit M. Pictet, si le sanscrit *anyas* et le latin *alius*, grec αλλος, etc., sont identiques, il en résulterait que le gallois *ail* (le breton *eil*) et le gallique *dara*, dériveraient tous deux du sanscrit *anyatara*, qui se serait divisé entre les deux formes. » Tous les autres nombres ordinaux du celto-breton se forment des nombres cardinaux, en ajoutant à ces derniers le suffixe *ved*, qui se rattache peut-être à l'affixe sanscrit *ad hi* « super. »

Lorsque nous avons traité des différents degrés de comparaison des adjectifs, nous avons vu que le sanscrit avait encore le suffixe *is't'a* pour former les superlatifs, et que c'était cette dernière désinence qu'avaient adoptée les langues germaniques pour indiquer le plus haut degré de comparaison. C'est aussi le même suffixe qui se retrouve dans les nombres ordinaux du flamand et de l'allemand, sous la forme tronquée de *ste*, *te* et *de*.

Ces deux langues ont, comme le sanscrit et le basque, fait dériver leur premier nombre ordinal de la préposition *ehe*, *eher*, avant, à laquelle elles ont ajouté le suffixe *ste*, et en ont fait *erste*, le premier, c'est-à-dire *le plus avant*.

Le tableau des nombres ordinaux de nos langues présentera le résumé des observations qui précèdent :

	Sanscrit.	Basque.	Breton.	Flamand.	Allem.	Latin.	Italien.	Espagnol.	Provençal.	Français.
1.	*prat'ama.*	*lehenbicicoa*	*kenta*	*eerste*	*erste*	*primus*	*primo*	*primero*	*premier*	premier
2.	*dvitîyâ*	*bigarrena*	*eil*	*tweede*	*zweyte*	*secundus.*	*secondo.*	*segundo.*	*segound*	second ou deuxième
3.	*trtîyâ*	*hirurgarrena*	*trived*	*derde*	*dritte*	*tertius*	*terzo*	*tercero*	*troisième*	troisième
4.	*caturt'â*	*laurgarrena*	*pevarved*	*vierde*	*vierte*	*quartus*	*quarto*	*cuarto*	*quatrième.*	quatrième
5.	*panc'amâ.*	*bortzgarrena*	*pemved*	*vyfde*	*fünfte*	*quintus*	*quinto*	*quinto*	*cinquieme.*	cinquième
6.	*s'as'i'â*	*seigarrena*	*c'houec'hved.*	*zesde*	*sechste*	*sextus*	*sesto*	*sexto*	*sizieme*	sixième
7.	*saptamâ*	*zaspigarrena*	*seizved*	*zevenste.*	*siebente.*	*septimus.*	*settimo.*	*séptimo.*	*septieme*	septième
8.	*as'tamâ*	*zorcigarrena*	*eizved*	*achtste*	*achte*	*octavus*	*ottavo*	*octavo*	*huechieme.*	huitième
9.	*navamâ*	*bederetcigarrena.*	*naved*	*negenste.*	*neunte*	*nonus*	*nono*	*nono*	*nouvieme*	neuvième
10.	*das'amâ*	*hamargarrena*	*dégved*	*tienste*	*zehente.*	*decimus*	*decimo.*	*décimo*	*dezieme*	dixième

DES PRONOMS

« Le langage, dit M. Egger, est un véritable drame où il y a des personnages (πρόσωπα, *personæ*, mot à mot, *masques de théâtre*, et, par extension, rôles); ces personnages ont des rôles différents, et ces rôles sont marqués ici par trois mots distincts. Le premier rôle est celui de la personne qui parle d'elle-même; le second, celui de la personne à qui l'on parle d'elle-même; le troisième, celui de la personne dont on parle (1)... Le pronom a naturellement trois formes, répondant aux trois personnes qu'il désigne. Mais ces trois formes n'ont pas toutes la même variété de déclinaison... Les deux premières personnes supposent, en général, la présence de deux interlocuteurs. Celui qui parle et celui à qui l'on parle, étant en présence l'un de l'autre, sont par là même des personnages bien déterminés; il n'est pas nécessaire de dire à quel genre appartient chacun d'eux, pour que l'interlocuteur s'en fasse une idée claire. Au contraire, la troisième personne est absente ou peut l'être; par conséquent, l'idée en est généralement moins claire pour l'auditeur. Plus cette idée sera déterminée par des circonstances particulières de lieu, de genre et de nombre, etc., plus le langage « fera son office, qui est de montrer les choses à l'esprit. » De là vient que la classe des pronoms de la troisième personne est plus nombreuse

(1) « Ainsi être la première, la seconde ou la troisième personne, c'est jouer le premier, le second ou le troisième rôle dans le discours. Voilà pourquoi, en ce sens, le mot *personne* se dit également des hommes et des choses, des êtres animés et des êtres inanimés. » (Burnouf, *grammaire grecque*, § 50, no 1.)

que les deux autres ; de là vient sans doute aussi qu'elle exprime les genres (1). »

Aussi, dans nos langues de France comme dans toutes celles de l'Europe, les pronoms de la première et de la deuxième personne sont-ils identiques, ainsi que le prouve le tableau suivant :

PRONOM DE LA PREMIÈRE PERSONNE

DU SINGULIER.

	Nominatif.	Génitif.	Datif.	Accusatif.
Sanscrit :	aham......	mama, mê.	mahyam, mê....	manm, mâ
Celto-breton :	mê, am, em.	....	....	ma, va, am, in
Basque :	ni........	....	niri...........	nic
Latin :	ego.......	mei......	mihi...........	me
Provençal :	eo........	....	mi.............	me
Espagnol :	yo........	mi (de)...	mi (à).........	me
Italien :	io........	me (di)...	mi, me (a)......	me, mi
Français :	je........	moi (de)..	mi (conservé dans le vieux langage et dans les patois).	moi
Gothique :	ik........	meina....	mis............	mik
Allemand :	ich.......	meiner...	mir............	mich
Flamand :	ik........	myns.....	my, me.........	my, me

PRONOM DE LA SECONDE PERSONNE

DU SINGULIER.

	Nominatif.	Génitif.	Datif.	Accusatif.
Sanscrit :	tvam......	tava, tvê, tê.	tubyam, thvê, tê..	tvâm, tvâ
Celto-breton :	tê........	....	....	ta, da
Basque :	hi, zu....	....	hiri, zuri........	hic, zuc
Latin :	tu........	tui.......	tibi...........	te
Provençal :	tu........	....	ti.............	ti
Espagnol :	tu........	ti (de)....	ti (à)..........	te
Italien :	tu........	te (de)....	te (à)..........	te, ti
Français :	tu........	....	ti (vieux langage)..	toi
Gothique :	thu.......	theina....	thus...........	thuk
Allemand :	du........	deiner....	dir............	dich
Flamand :	du........	dyns.....	dy, di.........	dy, di

(1) *Notions élémentaires de Grammaire comparée*, p. 60.

Il résulte de ce tableau que le pronom celto-breton a entièrement perdu sa faculté de déclinaison. On ne peut donc le comparer qu'aux formes radicales du pronom sanscrit.

La forme du pronom celto-breton de la première personne du singulier se lie aux cas obliques (*mâ*, *mê*, *mat*, *may*, etc.) du pronom sanscrit *aham*, je, moi. — « Ce nominatif, dit M. Pictet, paraît s'être conservé dans le gallois *ym*, et le breton *am*, *em*, qui remplacent *mi* et *mé*, pour certaines formes de construction. — Une autre variante de la même personne, *i* en gallois, *é* en breton, n'est que le même nominatif *ah-am*, privé de sa flexion, et réduit à sa moindre expression. »

Par l'assourdissement de la voyelle initiale *a* du sanscrit *ah-am* en *e* ou en *i*, et par le rejet du suffixe *am*, s'est formé le pronom de la première personne du singulier dans les langues néo-latines et germaniques, *eo*, *io*, *yo*, *ik*, *ich*. Au IXe siècle, on disait aussi en français *eo*, *io* pour *je*, comme dans les Serments de 842 : « *Si salvarai*-EO. . . . . . *Si* IO *returnar.* » — « Dans la suite, fait observer M. de Chevallet, *e* ou *i* furent remplacés par le son chuintant que nous représentons par *j* ou *g*, et *eo*, *io* devinrent *jo*, puis *je*, comme Iahcob devint Jacob, etc. Au XIIe et au XIIIe siècles, on trouve ce pronom écrit tantôt *je*, tantôt *ge.* »

Le pronom basque de la première personne du singulier, comme celui du celto-breton, s'est formé du cas oblique *mê* du sanscrit, par suite du même changement de la voyelle *ê* (*a* + *i*) en *i* et la permutation de la nasale *m* en *n*. Le sanscrit *mê* a formé également le français *moi*, l'italien *mi*, l'espagnol *me*, le flamand *my* et l'allemand *mihr*.

Le pronom sanscrit de la seconde personne du singulier *tvam* s'est conservé dans toutes nos langues en rejetant son suffixe *am*, excepté dans le celto-breton qui a pris son pronom de la seconde personne singulière dans les cas obliques du sanscrit *tava*, *tê*.

Le basque a la forme *hi*, dont il se sert pour tutoyer, tandis que *zu* est le *vous* singulier et respectueux du français. Ce pronom basque *hi* est sans doute une réminiscence du sanscrit *yu* qui se trouve dans le pluriel *yuyam*, vous. Le flamand dit aussi indifféremment *gy*, soit qu'il adresse la parole à plusieurs personnes, soit qu'il l'adresse à une seule.

Les langues de la France, pas plus que le sanscrit, ne forment d'une manière régulière le pluriel des pronoms de la première et de la seconde personne, c'est-à-dire que leur pluriel ne dérive pas du nominatif singulier des mêmes pronoms, parce que *moi* et *toi* sont la négation de la pluralité. Ce sont deux termes qui expriment ce qu'il y a de plus individuel, qui représentent les deux personnes isolément et abstraction faite de tout ce qui les entoure.

En sanscrit, le pronom de la première personne du pluriel « *vayam* » forme son nominatif du cas oblique *mê* du singulier, par un changement assez commun de *m* en *v* : (*vê-am*), *vayam*, d'où sont dérivés, par le rejet du suffixe *am*, le gothique *veis*, l'allemand *wir*, le flamand *wy* et le basque *gue* (on sait que le *g* et le *w* se permutent).

Le provençal et l'espagnol *nos*, le français *nous*, l'italien *noi* et le celto-breton *ni* se lient aux cas obliques *nas*, génitif et datif du sanscrit *vayam*.

On voit dans les Védas que la vieille langue de l'Inde a encore une autre manière d'exprimer le pronom de la première personne du pluriel, c'est *asmê*, du thème *asma*. La voyelle initiale *a* représente ici la première personne et le suffixe *sma* le pluriel. Ce suffixe en passant dans le gothique a subi un renversement de consonnes *ms* (*sm*); la nasale *n* a remplacé le *m* primitif, et la voyelle initiale *a*, en se trouvant devant la nasale *n*, s'est changée en *u*; de sorte que *asma* dans le gothique est devenu *unsa* ou *unsi*, en allemand *uns*, en flamand *ons*.

Le pronom sanscrit de la deuxième personne du pluriel (*yuyam*) s'est formé probablement d'un ancien thème *yuva* abandonné par l'usage, et il a donné naissance au gothique *yus*, à l'allemand *ihr*, au flamand *gy*, au celto-breton *chui* ou *c'houi* et *hô*, ainsi qu'au basque *zuec*.

Quant au provençal et à l'espagnol *vos*, au francais *vous* et à l'italien *voi*, ils prennent leur source dans les cas obliques *vas*, accusatif, génitif et datif de *yûyam*.

PRONOMS DE LA PREMIÈRE PERSONNE DU PLURIEL.

	Nominatif.	Génitif.	Datif.	Accusatif.
Sanscrit :	vayam......	as'mâkam, nas.	asmabhyâm.....	asmân, nas
Celto-breton :	ni.........	hor, hon, omp, imp.	....	hor, hon
Basque :	gu.........	....	guri...........	guc
Latin :	nos.........	nostrî........	nobis..........	nos
Provençal :	nautres......	....	....	....
Espagnol :	nosotros.....	....	....	....
Italien :	noi..	....	....	....
Gothique :	veis.........	unsara.......	unsis..........	unsis
Allemand :	wir.........	unser........	uns...........	uns
Flamand :	wy.........	onzer........	ons...........	ons

PRONOMS DE LA SECONDE PERSONNE DU PLURIEL.

	Nominatif.	Génitif.	Datif.	Accusatif.
Sanscrit :	yuyam, yusmê.	yus'makam, vas.	yus'mab'yam, vas.	yus'man, vas
Celto-breton :	c'houi....	hô, hoc'h, hô, ac'hanoch.	....	hô, hoc'h
Basque :	zuic........	....	zuei...........	zuec
Latin :	vos.........	vostrî........	vobis..........	vos
Provençal :	vous........	....	....	....
Espagnol :	vos, vosotros.	....	....	....
Italien :	voi.........	....	....	....
Gothique :	veis.........	izvara........	izvis..........	izvis
Allemand :	ihr.........	euer.........	euch..........	euch
Flamand :	gy.........	uwer.........	u.............	u

PRONOMS DE LA TROISIÈME PERSONNE.

Contrairement aux pronoms de la première et de la seconde personne, ceux de la troisième ont la faculté de désigner le genre. Comme le sanscrit, le flamand et l'allemand ont les trois genres : le masculin, le féminin et le neutre. Les idiomes néo-latins n'ont que les deux premiers ; le basque ne fait aucune distinction entr'eux.

Bopp, § 341 de sa *Grammaire comparée*, a de très-grandes raisons de croire que le pronom de la troisième personne, dans les langues indo-européennes, provient du pronom sanscrit *sva* qu'il suppose avoir été employé primitivement comme pronom de la troisième personne et qui ne l'est plus que comme pronom possessif. Cependant, il est resté dans deux des cas obliques du prâkrit sous la forme de *sê*, comme datif et génitif de tous genres. Le zend l'a conservé sous la forme de *hé* et de *hoi*, par permutation de la sifflante *s* en la gutturale *h* ; et il est probable que c'est le même pronom qui se trouve, sous une forme contractée, dans le sanscrit *sas*, *sâ*, *tat*, dont cette langue se sert habituellement pour désigner la troisième personne du singulier.

Le sanscrit a encore un autre pronom *ayam*, *iyam*, *idam*, qui correspond au latin *hic*, *hæc*, *hoc ;* — *is*, *ea*, *id ;* — *ille*, *illa*, *illud*.

C'est aux cas obliques du sanscrit *sva* et au pronom régulier *sas*, *sâ*, *tat*, que se rattachent le pronom flamand de la troisième personne *hy*, *zy*, *het* (par changement, comme dans le zend, du *s* en *h* pour le masculin et le neutre), l'italien *esso* et *essa*, ainsi que le pronom allemand *er*, *sie*, *es*, par rejet du *s* initial du sanscrit et le changement régulier du *s* final en *r* pour le masculin (1). Le pronom basque *harc*, *hura* a la même origine, comme le breton *hi*, *he*.

DÉCLINAISON

DU PRONOM DE LA TROISIÈME PERSONNE.

SINGULIER.

	Nominatif.	Génitif.	Datif.	Accusatif.
	m. f. n.	m. f. n.	m. f. n.	m. f. n.
Sanscrit :	sạs, sa, tat..	tasya, tasyâs, tasya.	tasmâi, tasyâi, tasmâi..	tam, tâm, tat
Basque :	hura........	haren...........	hari................	harc
Celto-breton :	hen̄, hî, he..	han̄, hen, her. ...	hé, anézhan̄; hê, hî...	anézhi
Gothique :	sa, sâ, thata.	this, thizôs, this. .	thamma, thizai, thamma.	thana, thô, thana
Allemand :	er, sie, es...	seiner, ihrer, seiner.	ihm, ihr, ihm........	ihn, sie, es
Flamand :	hy, zy, ze, het.	zyns, haers, zyns..	hem, haer, hem.	hem, haer, ze, het
Italien :	esso, ei, e, essa.	....	....	....

PLURIEL.

	Nominatif.	Génitif.	Datif.	Accusatif.
Sanscrit :	tê, tâs, tani..	têsam, tâsam, têsâm.	tèbyas, tâbyas, têbyas.	tân, tâs, tâni *ou* tâ
Basque :	hec.........	heyec...........	heyei...............	heyec
Celto-breton :	hî, hô.	hô, hî, anézhô....	....	....
Gothique :	thai, thôs, thô.	thizê, thizô, thizê.	thaim, thaim, thaim...	thans, thôs, tani *ou* tâ
Allemand :	sie.........	ihrer.	ihnen.	sie
Flamand :	zy, ze.......	hunner..........	hun................	ze, hen
Italien :	essi, esse....	....	....	....

Mais je fais remonter au pronom sanscrit *ayam*, *iyam*, *idam*, les pronoms néo-latins restés en France sous la forme d'*el* et d'*eou* pour le provençal, d'*el* et d'*ella* pour l'espagnol, d'*egli*, d'*ella* et de *la* pour l'italien, d'*il* et d'*elle* pour le français. Leur dérivation a eu lieu par le passage du sanscrit neutre *idam* au latin *ille*, lequel s'est formé

(1) Au XVIe siècle, la permutation du *s* en *r* et du *r* en *s* était encore très-commune; ainsi on disait : *mon courin*, *ma courine*, pour *mon cousin*, *ma cousine*, et on disait *mon pèse*, *ma mèse*, pour *mon père*, *ma mère*. Voyez les grammaires du XVIe siècle, DUBOIS, GARNIER, PILLOT, etc.

par la permutation de la dentale *d* en la double liquide *l*, permutation qui n'est pas rare et que nous avons déjà remarquée dans *δακρυ* devenu *lacryma* en latin, dans *goutte* provenant de *stilla*, et que Scaurus *(de Orthog.* p. 2252) a observée dans le latin *sella* (siége), dont la forme archaïque est *sedda*, de *sedere* (asseoir). Le latin *prelum* a fait *pressoir* en français. Toutefois, je rapporte la forme *ei* et *e* du même pronom italien au masculin sanscrit *ayam (e + am)* dont elle ne serait qu'une contraction.

DÉCLINAISON

DU PRONOM DE LA TROISIÈME PERSONNE

DANS LES IDIOMES NÉO-LATINS.

SINGULIER.

	Nominatif. m. f. n.	Génitif.	Datif.	Accusatif. m. f. n.
Latin :	ille, illa, illud..	illius..............	illi......	illum, illam, illud
Provençal :	el, eou, ela, ella.	....	....	....
Espagnol :	él, ella, ello...	....	....	....
Italien :	egli.........	di lui..............	gli, li...	lo, il
Français :	il, elle.......	de lui..............	à lui....	lui, le

PLURIEL.

Latin :	illi, illæ, illa..	illorum, illarum, illorum..	illis....	illos, illas, illa
Provençal :	ellos, ellas...	....	....	....
Espagnol :	ellos, ellas....	....	....	....
Italien :	eglino........	di loro..............	a loro...	loro, li, gli
Français :	ils, eux......	d'eux..............	à eux, leur...	les

Avant de quitter le chapitre des déclinaisons, faisons remarquer que le pronom allemand *er* de la troisième personne n'a point la lettre *h*, contrairement à son analogue flamand *hy*. Il paraît que ce pronom allemand a perdu cette lettre depuis le IXe siècle, car il le possédait encore en 742, comme on le voit dans la formule d'abjuration du concile de Leptines, formule où on lit *hiro*, et en 818 dans les Capitulaires de Louis-le-Germanique, *himo* et *hin* (1). Cette gutturale est restée aussi dans les langues du nord, le frison, l'anglo-saxon et le scandinave ou le nordique.

La voyelle radicale du pronom flamand de la troisième personne est *i* ou *y*, tandis que c'est un *e* dans l'allemand. Cette différence tient à ce que le flamand s'est moins éloigné du gothique et des branches du vieil allemand qui ont pour pronom de la troisième personne *is, si, ita, ir, siu, iz, etc.* Delcourt, dans son Traité de la déclinaison néerlandaise ancienne, du moyen-âge et moderne, croit avec Grimm que ce changement de l'*i* en *e* dans le pronom allemand s'est fait seulement depuis le XIe siècle, et que dans le flamand le génitif singulier *haer* du pronom féminin de la troisième personne dérive d'un ancien nominatif *her*, aujourd'hui inusité, sinon disparu, mais qui semble s'être réfugié dans les dialectes populaires du Brabant et de l'Allemagne septentrionale.

(1) Voir ces documents dans notre brochure sur l'*Analogie de la langue des Goths et des Franks avec le sanscrit.*

DU VERBE

FORMATION DES TEMPS.

CONJUGAISON.

Pour bien comprendre les rapports qui existent entre le verbe de nos langues de France et le verbe sanscrit, il faut signaler tout d'abord un fait important dans la conjugaison indienne ; c'est la division des temps en *généraux* et *spéciaux*.

Les temps généraux sont : le prétérit augmenté multiforme, le parfait, le futur premier, le précatif, le futur second et le conditionnel.

Les temps spéciaux : l'indicatif présent, le subjonctif, l'impératif et le prétérit augmenté uniforme.

Cette distinction résulte de ce que les temps généraux ou communs n'ont qu'un seul mode de conjugaison et qu'ils se forment d'une seule manière, c'est-à-dire, par l'adjonction immédiate des désinences à la racine ; tandis que les quatre temps spéciaux se forment par l'introduction des lettres épenthéliques entre la racine et les désinences ou suffixes personnels.

Ces lettres servent, en sanscrit, de base à la division des verbes en dix classes.

Ces classes se distinguent les unes des autres, quant aux temps spéciaux, par les caractères suivants :

1re *classe*. — Entre la racine et la désinence, on insère *a* ou *â* dans les premières personnes caractérisées par *m* ou *v*, « et la voyelle radicale reçoit la *guna* quand elle en est susceptible, dit M. Baudry dans son Résumé de la grammaire sanscrite. Exemple : *bôdhâmi*, « scio, » *bôdhati*, « scit, » de *budh*. Cette première classe contient plus de la moitié des verbes sanscrits.

2e. — « Les flexions sont ajoutées immédiatement à la racine : *hanti*, il tue, de *han*.

3e. — « Elle redouble la syllabe radicale. Exemple : *dadâmi*, δίδωμι, de *dâ*. donner, *dadhâmi*, τίθημι, de *dhâ*, poser (1). Cette classe contient une vingtaine de verbes, et elle correspond avec celle des verbes grecs en μι.

4e. — « Elle ajoute *ya* à la racine : *nacyati*, « périt, » de *naç; mriyaté*, « moritur, » de *mri*. La plus grande partie des verbes de cette classe ne se conjuguent qu'à la voix moyenne, et sont de véritables passifs.

5e. — « Elle ajoute à la racine *nu*, qui se transforme en *nô* devant les terminaisons légères. Exemple : *âpnômi*, j'obtiens; *âpnumas*, nous obtenons, de *âp*, obtenir.

6e. — « Elle ajoute *a* à la racine, comme la première classe; mais la voyelle radicale ne subit pas de *guna*. Exemple : *tudati*, « vexat, » de *tud*.

7e. — « Elle ajoute, avant la consonne finale de la racine, la nasale *n* ou, dans certains cas, la syllabe *na*. Exemple : *yunjanti*, « jungunt ; » *yunakti*, « jungit, » de *yui*.

(1) Voyez, sur l'analogie des racines *dâ*, donner, et *dhâ*, poser, la *Grammaire comparée* de M. Egger, chap. IV.

8e. — « Elle ajoute à la racine *u*, qui devient *ó* devant les terminaisons légères. Exemple : *tanômi*, *tanumas*, « extendo, extendimus, » de *tan*.

9e. — « Elle ajoute à la racine *nî*, qui devient *nâ* devant les terminaisons légères. Exemple : *krînâmi*, *krînîmas*, « vendo, vendimus, » de *krî*.

10e. — « Elle ajoute *aya* à la racine et lui impose la *guna*. Exemple : *chôrayâmi*, de *chur*, voler. Cette dernière classe retient *ay*, même dans les temps généraux. On peut la considérer comme appartenant aux verbes dérivés, d'autant plus que sa forme est exactement celle des causatifs. »

1°. — Verbes qui prennent en sanscrit la formative *a*.

Retrouverons-nous ces caractères si fugitifs dans les verbes des langues de la France? Oui, pour le celto-breton, les idiomes néo-latins et germaniques. Nous hésitons à répondre aussi affirmativement pour le basque, parce que, dans cette langue, le verbe n'a qu'une seule manière de se former, et que tout nom, pronom, substantif, adjectif, toute particule quelconque peut se convertir en verbe, en ajoutant au radical *tcea* ou *cea*, selon que le mot est terminé par une voyelle ou par une consonne. Or, beaucoup de noms basques ont leur désinence en *a;* il est donc difficile, du moins pour moi, de discerner si cette voyelle est le signe de l'article ou si elle est une simple lettre épenthétique.

« L'intercalation d'un *a*, dit M. Pictet, qui distingue en sanscrit les verbes de la première et de la sixième classe, lesquelles comprennent plus de la moitié du nombre total des racines, est devenue générale en irlandais. Quelquefois l'*a* s'affaiblit en *i*, et cet *i* prend un autre *a* par suite de la loi de concordance des voyelles... Dans le breton, le fait de l'insertion de l'*a* est également obscurci par un mode plus récent de formation. Toutefois, il faut y rapporter l'*i* de la seconde personne plurielle de l'indicatif et de l'impératif; par exemple : *kan-i-t*, vous chantez, en sanscrit *kan-at'-a*, de la racine *kan*, rendre un son. »

En latin, c'est la troisième conjugaison qui répond aux verbes sanscrits qui prennent la lettre épenthétique *a;* mais cette voyelle sanscrite s'affaiblit généralement en *i* en passant dans le latin : *Battu-i-s*, *battu-i-t*, *battu-i-mus*, *battu-i-tis*. Cet *i* du latin s'est maintenu dans quelques temps du verbe italien et espagnol, correspondant à la troisième conjugaison latine. Quelquefois il s'y est changé en *e :* italien, *vend-i*, tu vends; *vend-e*, il vend; — espagnol, *cre-e-s*, tu crois; *cre-e*, il croit; *cre-i*, je crus. Le français, ayant perdu la plupart des désinences pronominales du latin, a en même temps perdu la lettre épenthétique du sanscrit, excepté dans les verbes de la première conjugaison française où elle figure encore sous la forme de *e* muet, comme dans *j'aim-e*, *tu aim-e-s*, *il aim-e*. Mais le provençal paraît l'avoir conservée intacte dans quelques-uns de ses verbes. Ainsi, le latin *discern-i-s*, *dispon-i-s*, *distribu-i-s*, devient en provençal *discern-a-s*, *dispos-a-s*, *distribu-a-s*.

« En gothique, écrit M. Ad. Regnier d'après J. Grimm, nous rencontrons, à certaines personnes, l'*a* sanscrit pur; à d'autres, nous le voyons, comme en latin, s'affaiblir en *i*. Ainsi le verbe fort gothique *nim-an*, « prendre, » fait au présent de l'indicatif, au singulier, *nim-a*, *nim-i-s*, *nim-i-th;* au pluriel *nim-a-m*, *nim-i-th*, *nim-a-nd;* au duel, *nim-ó-s*, « nous prenons, » *nim-a-ts*, « vous prenez. »

« Il résulte de ce que nous venons de dire du latin et

du gothique, que le caractère de la première et de la sixième classe, cet *a* antique de la dérivation sanscrite a laissé des traces, jusqu'à nos jours, dans la conjugaison ; car les *e* mi-muets ou muets qui forment ou commencent la désinence, soit dans l'allemand d'aujourd'hui, soit dans notre propre langue, ne sont autre chose que les restes, de plus en plus effacés, de cette voyelle insérée entre la racine et la terminaison verbale : *ich nehm-e*, « je prends, » *wir nehm-e-n*, « nous prenons. »

C'est le même *e* muet, correspondant à l'*a* sanscrit, qui se trouve dans le flamand *ik nem-e*, « je prends, » *wy nem-e-n*, « nous prenons, » *zy nem-e-n*, « ils prennent. »

Nous avons vu plus haut que les verbes sanscrits de la première classe prenaient régulièrement le *guna*. Bopp le reconnaît dans une partie des verbes gothiques. *Verch. gramm.* § 27 et 109. L'allemand et le flamand reproduisent ou imitent aujourd'hui cette même modification par l'*ablaut*, mot allemand qui signifie littéralement « déviation du son ; » en d'autres termes, il y a un certain nombre de verbes allemands et flamands qui ne modifient pas seulement la qualité, mais encore la quantité du son.

2°. — Verbes qui prennent en sanscrit la formative *ya* (4e classe).

Le celto-breton a perdu cette formative. En latin, elle est représentée par les verbes de la troisième conjugaison en *io*, comme *accip-i-o*, *cup-i-o* ; en français, par les verbes en *ier* usités autrefois dans le vieux langage, comme *recet-i-er*, receler, *rehèt-i-er*, encourager :

Quant Alys ot son compaignon
Qui li porchace guérison

Et est seur de li aidier
Forment se prist à *rehaitier.*

Le roman d'Athis et de Protesillas.

dans le provençal *amnist-i-er, apprec-i-ar;* dans l'italien *recip-i-ente;* dans l'espagnol *attribu-y-es.* Mais c'est dans le gothique que la figurative *ya* s'est maintenue presque sans altération. Tous les verbes gothiques du premier type de la conjugaison faible, ou bien du sixième type de la conjugaison forte, suivant de Gabelentz et Lœbe (1), insèrent *ja* entre la racine et la désinence. Exemple : *skath-j-an,* nuire, *hlah-j-an*, rire. Mais ce *j* a disparu dans l'allemand et le flamand : *schad-en, lach-en,* par le fait du changement de l'*a* final en *e* muet.

5°. — Verbes qui insèrent une nasale dans leur racine (7e classe).

Comme dans la classe précédente, le verbe celto-breton a perdu cette formative. Cette nasale varie suivant les principes de l'euphonie et se règle sur la nature de la consonne qui la suit. Devant la dentale *d*, c'est la nasale-dentale *n* qui s'introduit : latin, *fu-n-do* (parfait, *fid-i, fis-sum*), *fi-n-go ;* français, *fe-n-dre, fei-n-dre ;* italien, *fe-n-do, fi-n-go* ; espagnol, *fi-n-gir.* Mais devant la nasale *n*, la nasale formative se change dans le provençal en gutturale *fe-g-ner,* « feindre, » et redevient nasale devant les gutturales *ch : fe-n-ch, fe-n-cha,* feint, feinte.

L'allemand et le flamand semblent avoir conservé des traces de ces procédés de formation de la septième classe. Exemple : flamand, *bri-n-gen*, « apporter ; » *de-n-ken,*

(1) § 123 et *Gramm. compar.* de Bopp, § 109 *a*) 2.

« réfléchir ; » allemand, *me-n-gen*, flamand, *me-n-gelen*, « mélanger. »

4°. — Verbes qui insèrent en sanscrit *u*, *nu* ou *nâ* entre le thème et la désinence.

Les verbes sanscrits qui insèrent *u* ou *nu* ne sont qu'au nombre d'une quarantaine ; il n'est donc pas étonnant que nous ne trouvions des traces de ces formatives dans nos langues modernes. Mais le celto-breton en a conservé de la formative *na*. Ainsi, de la racine sanscrite *kri*, acheter, qui fait à l'indicatif présent *kri-nâ-mi*, j'achète, est dérivé le celto-breton *pre-n-a*, acheter, par la permutation de *c* en *p*.

C'est de cette dernière classe de verbes que Bopp rapproche les verbes latins qui insèrent *ni* et *ne* devant *r*, comme : *cer-ne-re*, *ster-ne-re*, *cer-ni-mus*, *ster-ni-mus*. C'est donc dans cette même classe qu'il faut ranger les verbes *sper-ne-re*, *ster-ne-re* de l'italien ; *cer-ne-r* de l'espagnol ; *conster-na-r*, *discer-n-ar* du provençal ; *conster-n-er*, *discer-ne-r* du français.

On retrouve aussi dans quelques verbes germaniques la formative sanscrite *nâ* ; par exemple, le verbe sanscrit *rî*, mouvoir, a produit le gothique *rin-na-n*, d'où le flamand et l'allemand *ren-ne-n*, galopper.

5°. — Verbes qui insèrent en sanscrit *aya* devant la désinence (10e classe).

C'est sous la forme de *y*, *i* ou *j* que la syllabe sanscrite *aya* s'est conservée dans les verbes qui correspondent, dans les langues de la France, à ceux de la dixième classe du sanscrit.

Ainsi, le verbe sanscrit *b'âv-aya-mi*, je fais être, je vi-

vifie, a produit le celto-breton *biv-i-dik*, vivifiant. En latin, ce sont les verbes en *i-re* de la quatrième conjugaison, qui semblent avoir gardé le plus fidèlement ce type de conjugaison, et auxquels correspondent les verbes espagnols, italiens, provençaux et français qui ont leur infinitif en *i-r*.

Le gothique a formé la plupart des verbes de la conjugaison faible en intercalant *j* qui correspond à la figurative *aya* du sanscrit. Mais le *j* gothique a disparu dans le flamand et l'allemand. Exemple : les verbes gothiques *lag-ja-n*, coucher, *sok-ja-n*, chercher, sont devenus en flamand *leggen*, *zoeken*; en allemand *legen*, *suchen*.

SUFFIXES PERSONNELS.

Bopp a démontré d'une manière indubitable, dans sa *Grammaire comparée*, l'origine pronominale des terminaisons personnelles dans la conjugaison indo-européenne. Ainsi, en sanscrit, dit M. Baudry, pour les premières personnes du singulier et du pluriel, l'*m* vient évidemment de *mê*, thème des cas obliques du pronom de la première personne; le *v* caractéristique des premières personnes du duel vient de *avam*, « nos ambo. » — L'*s* de la deuxième personne du singulier n'a pas d'origine sanscrite apparente; mais elle fait penser au grec σν. Le *t* des troisièmes personnes vient de *ta*, thème du pronom *sas*, *sâ*, *tat*. Les finales plurielles en *an* sont pour *ant*, la dernière consonne se trouvant retranchée par euphonie, comme en grec.

C'est le même procédé qu'ont suivi les langues de la France.

En basque, on retrouve les pronoms dans les terminaisons de la première et de la seconde personne du pluriel de l'indicatif présent du verbe auxiliaire *dut* : *dugu*, nous avons ; *du-zue*, vous avez. — *Gu* et *zue* sont les pronoms basques de la première et de la seconde personne du pluriel. — Mais à l'imparfait de l'indicatif du même verbe, ils ne lui servent plus de terminaisons ; ils le précèdent au contraire, et c'est le verbe qui vient se joindre à eux, se confondre, faire corps avec eux.

Il en est de même pour le verbe auxiliaire *izaitea*, être. — Dans *naiz*, « je suis, » *haiz*, « tu es, » *gare*, « nous sommes, » *zarete*, « vous êtes, » les initiales *n*, *h*, *g*, *z* représentent les pronoms basques *ni*, *hi*, *gu*, *zuec*. La terminaison de la troisième personne du singulier et du pluriel de ce verbe *izaitea* n'a pas une origine pronominale basque, parce qu'il forme cette personne d'une manière très-irrégulière. Il semble avoir rejeté le radical *iz* qui correspond au radical sanscrit *as* (de *as-ti*, il est), et conservé seulement la désinence pronominale sanscrite *ti*, qui se serait changée dans le basque en *da* (il est) pour le singulier, et en *dire* (ils sont) pour le pluriel.

En celto-breton, l'*m* de la première personne du sanscrit a fait partout place à *nn*. Exemple, *kana-nn*, je chante ; *kane-nn*, je chantais; *kanfe-nn*, je chanterais, etc. Le *s* de la seconde personne du sanscrit s'est changé en *z*, non pas d'une manière directe, mais, ainsi que l'a démontré M. Pictet dans sa deuxième lettre à M. Schlegel, insérée dans le *Journal asiatique*, par la corruption du *t* que le gallois a substitué à *s* et qu'il a conservé intact. Le *z* breton paraît rappeler la forme moyen-âge de la seconde personne singulière. Dans les anciens poëmes gallois, on trouve écrit : *glywes*TI, tu as entendu (1).

Le breton a perdu le *t* de la troisième personne du sanscrit,

(1) *Archeolog. of Wales*, I, 172.

excepté à l'impératif : *kane-t*, qu'il chante, *gweze-t*, qu'il sache, etc. Mais il a conservé le *m* sanscrit pour caractériser la première personne du pluriel, à tous les temps du verbe ; seulement il y a ajouté un *p* : *kano-mp*, nous chantons, *kane-mp*, nous chantions ; *kanzo-mp*, nous chantâmes, etc.

Le suffixe sanscrit *ta* de la seconde personne du pluriel a été conservé dans plusieurs temps du verbe breton, mais privé de sa voyelle : *kani-t* vous chantez *kanzo-t*, vous chantâtes ; *kano-t*, vous chanterez, etc. Dans d'autres temps, il a été remplacé par le suffixe *ch*, qui n'est que le pronom breton *chwi*, vous ; *kane-ch* ou *kana-ch*, vous chantiez ; *kanfe-ch*, vous chanteriez.

La troisième personne du pluriel a pour terminaisons en celto-breton *ont*, *ent*, et *int*. Exemple : *kan-ent*, qu'ils chantent; *kan-ont*, ils chantent; *kan-int*, ils chanteront, etc. Ces terminaisons correspondent à celle de la troisième personne plurielle du sanscrit *anti*. « Mais ce qui est fort remarquable, dit M. Pictet, c'est que le sanscrit *anti* ne se rapporte, dans cette langue, à aucune forme pronominale, tandis que le gallois et le cornique (branches du celtique) possèdent encore un pronom *hwynt*, *hynz*, *hanz*, *ils*, dont la liaison avec le suffixe verbal n'est pas douteuse. » Ce rapprochement peut donner matière à bien des réflexions.

Comme c'est du latin que dévive la formation des personnes des verbes néo-latins, nous montrerons d'abord l'analogie qui existe entre les suffixes personnels latins et ceux du sanscrit :

SINGULIER.

	Sanscrit.	Latin.
1re Personne :	*mi*, *am*.	*o*, *um*, *em*, *ām*.
2e —	*si*, *s*.	*s*, *as*
3e —	*ti*, *t*, *tu*.	*t*, *at*, *to*.

PLURIEL.

	Sanscrit.	Latin.
1re Personne :	*mas, ma*.	*mus*.
2e —	*tha, ta*.	*tis, te*.
3e —	*anti, antu, an*. .	*unt, ant, nto*.

Il est à remarquer que le latin a formé la première personne singulière de l'indicatif présent, non pas, comme en sanscrit, du thème des cas obliques du pronom de la première personne, mais directement du nominatif du pronom latin *ego* : *Am-o* par contraction de *am-a-o*, qui est lui-même une contraction de *am-a-ego*.

« A la première personne du singulier, dit M. de Chevallet, l'*o* de la flexion latine a été conservé en italien : *porto, parto, batto* ; il en a été de même en espagnol et en portugais. Le français, toujours guidé par le génie de sa prononciation, supprima cet *o* final dans toutes ses conjugaisons. Il a dit d'abord *je port, je part* ou *par, je bat, j'aim, je chant, je dorm* ou *dor, je sai, je di, je rend* ou *ren, etc.*

« Par la suite on ajouta un *e* muet final à cette personne dans la première conjugaison, et l'on eut *je port*E, *j'aim*E, *je chant*E, *etc.* Cet *e* muet est destiné à marquer que l'on doit faire sentir la dernière consonne de ces mots. Avant que l'on eût recours à ce signe purement orthographique, rien n'indiquait à l'œil que l'on dût prononcer différemment les terminaisons *ant, ent* dans les verbes *je chant* (je chante), *je serpent* (je serpente), qu'on ne prononce ces mêmes terminaisons dans les substantifs *un chant, un serpent*.

« La première personne des verbes de la seconde et de la troisième conjugaison reçurent un *s* paragogique ; *je par, je rend, je di, je sai, je reçoi*, devinrent *je pars, je rends, je dis, je sais, je reçois*. Cette modification, qui peut avoir eu de bons résultats pour la douceur de la prononciation, a été moins heureuse sous un autre rapport ; elle a réduit à une seule forme la première et la seconde personne du singulier, qui avait autrefois des formes distinctes : *je par, tu pars ; je di, tu dis ; je reçoi, tu reçois, etc. J'ai* est la seule des premières personnes du singulier à laquelle on n'ait point fait subir de réforme.

« Après les observations que j'ai faites touchant l'influence de l'accent latin sur la formation de nos mots français, on comprendra facilement que la forme première *pártio*, dont l'accent est sur l'antépénultième, a dû nous donner *part* ou *par ;* tandis que la forme inchoative *mollésco*, dont l'accent est sur la pénultième, a dû nous donner *mollis*.

« Dans les trois conjugaisons la seconde personne du singulier a conservé le *s* qui se trouve dans la flexion latine *port*-AS, tu port-*es* ; *part*-IS, tu part-*s* ; *battu*-IS, tu bat-*s*.

« La troisième personne singulière de l'indicatif présent de la première conjugaison gardait anciennement le *t* final de la forme latine, ainsi que cette même personne le garde encore aujourd'hui dans la seconde et dans la troisième conjugaison ; on disait : *il port*ET, *il vol*ET, *il donn*ET, comme nous disons *il fini*T, *il dor*T, *il croi*T, *il sai*T, *il reçoi*T, etc.

« Plus tard on a supprimé le *t* de ces troisièmes personnes, et l'on a dit : *il porte, il vole, il donne*, etc.

« Les flexions latines de la première personne du pluriel

amus, *imus*, subirent l'assourdissement de leur première voyelle : et ces flexions se confondirent en français dans une terminaison qui, par analogie, devint commune à toutes les conjugaisons ; cette terminaison fut, selon les pays, *umes* ou *omes*, qui se syncopèrent ensuite en *ums*, *uns*, *oms*, *ons*. C'est la dernière de ces formes qui nous est restée ; nous n'avons conservé *omes* que dans *nous sommes*. Le passé défini a gardé la finale *mes*, formée de *imus* : *nous portâ*MES, *nous partî*MES, *nous battî*MES, de *portavimus*, *partivimus*, *battuimus*.

« A la troisième personne du pluriel, les voyelles des flexions latines *ant*, *unt*, s'éteignirent dans le son de l'*e* muet ; *nt* persista, si ce n'est dans la prononciation, du moins dans l'écriture. *Port*ANT, *parti*UNT, *battu*UNT, donnèrent : *port*ENT, *part*ENT, *batt*ENT (1). »

Si le français a conservé tant d'analogie avec le latin dans la formation de ses personnes, à plus forte raison en existe-t-il entre le latin, le provençal, l'espagnol et l'italien. On a déjà dit que ces deux derniers idiomes ont conservé, à la première personne, l'*o* de la flexion latine, mais le provençal a perdu cette flexion, comme primitivement le français. L'italien a rejeté le *s* de la seconde personne singulière à tous les temps de sa conjugaison, excepté au passé défini du conditionnel présent, tandis que le provençal et l'espagnol l'ont maintenu.

Ces trois idiomes ont perdu aussi le *t* caractéristique de la troisième personne du singulier. Mais aux trois personnes du pluriel, ils ont assez fidèlement reproduit les formes sanscrites et latines.

(1) *Origine et formation de la langue française*, tom. III, p. 210 et suiv.

De même, les suffixes personnels de la conjugaison gothique correspondent parfaitement à ceux du sanscrit. Exemple :

SINGULIER.

	Sanscrit.	Gothique.
1re *Personne* :	mi, am.....	a.
2e —	si, s........	i-s.
3e —	ti, t, tu.....	i-th.

PLURIEL.

	Sanscrit.	Gothique.
1re *Personne* :	mas, ma....	a-m.
2e —	tha, ta.....	i-th.
3e —	anti, antu, an.	a-nd.

On voit par ce tableau comparatif que le gothique a perdu seulement les voyelles finales du sanscrit, ainsi que le *m* caractéristique de la première personne du singulier.

Les voyelles initiales des suffixes personnels du verbe gothique se sont assourdies et sont devenues des *e* muets ou ont entièrement disparu en passant dans l'allemand et le flamand. Exemple :

SINGULIER.

	Gothique.	Allemand.	Flamand.
1re *Personne* :	a......	e.......	e.
2e —	i-s.....	e-st, -st...	st, s.
3e —	i-th....	e-t, t....	t.

PLURIEL.

	Gothique.	Allemand.	Flamand.
1re *Personne* :	a-m....	e-n......	e-n.
2e —	i-th....	e-t, t....	t.
3e —	a-nd....	e-n......	e-n.

Il résulte de ce rapprochement que le *m* caractéristique de la première personne plurielle du verbe gothique est changée en *n* dans les langues germaniques modernes, et qu'elles ont rejeté la dentale *d* de la troisième personne du pluriel.

FORMATION DES TEMPS.

§ 1. — Modification par *guna*.

« M. Bopp divise les désinences de la conjugaison sanscrite en légères et en graves ou lourdes, dit M. Ad. Regnier, et cette différence de nature entre les désinences lui donne le moyen d'expliquer ingénieusement, par une sorte de compensation et de loi d'équilibre, certaines altérations de la racine (1). »

Les terminaisons légères sont les désinences de tous les temps de l'actif au singulier, à l'exception de la personne de l'impératif.

Les terminaisons graves ou lourdes sont toutes les autres. — Elles sont ainsi nommées, parce qu'elles portent plus de lettres, ou parce qu'à l'origine elles ont dû en porter davantage.

Dans beaucoup de cas, la voyelle de la racine du verbe appelle le *guṇa* devant les terminaisons légères, tandis qu'elle reste invariable devant les terminaisons graves. Exemple : Le sanscrit *vid*, « savoir, » fait à la première personne singulière de l'indicatif présent *vedmi,* « je sais, » et *vidmas,* « nous savons, » à la première personne plurielle du même temps.

Il est difficile de suivre les traces du *guna* sanscrit dans

(1) *Traité de la formation des mots*, etc., p. 133.

la conjugaison des langues de la France, — celle des idiomes germaniques exceptée. La plupart des verbes primitifs des autres langues, c'est-à-dire, ceux où la terminaison se lie directement à la racine, ont été remplacés par des verbes dérivés ou plutôt de formation secondaire, où le *guna* n'existe plus comme moyen régulier de conjugaison.

« Les dialectes germaniques, continue M. Regnier, ont une conjugaison forte et une conjugaison faible. La première, qui est ainsi nommée parce que la racine y a plus de poids, que les désinences et les lettres formatives y sont ou nulles ou légères, pourrait aussi se nommer la conjugaison primitive. Au moins en a-t-elle, à certaines formes, surtout quand on ne sort pas de l'allemand, toutes les apparences. Son prétérit, à la 1re et à la 3e personne du singulier, n'a pas de désinence du tout, et se contente, pour marquer la différence de temps, de l'altération de la voyelle qu'on appelle en allemand l'*ablaut*. La 2e personne du singulier prend pour toute désinence, en gothique, la dentale *t* dans l'allemand d'aujourd'hui, (*e*) *st*.

« On voit par là que, dans aucune langue, l'altération de la voyelle radicale n'est plus importante et plus significative qu'en allemand : elle suffit parfois à elle seule, je le répète, à marquer le temps. C'est surtout dans le gothique que l'*ablaut* déploie toute sa richesse et toute sa variété. Il y forme six séries, où trois ou même quatre voyelles alternent entre elles dans le thème verbal.

Exemples :

Infinitif : *nim-am* (dans l'allemand actuel *nehemen*), prendre.
Indicatif : présent, sing. *nim-a, nim-is, nim-ith.*
— prétérit, sing. *nam, nam-t, nam.*

« Au duel, ainsi qu'au pluriel, du prétérit de l'indicatif, et, dans tout le prétérit du subjonctif, l'*a* de *nim-an* se change en *e* :

Prétérit de l'indicatif, duel, *nem-u*, *nem-uts*,
— pluriel, *nem-um*, *nem-uth*, *nem-un*.

« Les altérations de ce verbe et de ceux de sa classe, se bornent, dans les modes personnels, aux trois voyelles *i*, *a*, *e* ; mais au participe passé, ou mieux passif, il prend *u* : *num-ans*.

« Les âges postérieurs de la langue ont, comme l'on sait, conservé, comme moyens de flexion, ces permutations des voyelles de la racine. C'est peut-être même le trait le plus distinctif de la branche tudesque, une de ses ressources les plus faciles et une de ses plus grandes beautés de structure intime. Tous les idiomes germaniques, sans exception, ont gardé des mots. On ne peut donc pas songer à les décomposer. Il serait inutile aussi d'en donner ici la liste ; on la trouvera dans les grammaires (1). »

Ce qui vient d'être dit par le savant philologue français du verbe allemand, s'applique en tous points au verbe flamand, qui a aussi sa *conjugaison forte* et sa *conjugaison faible*.

La voyelle radicale des verbes flamands de la conjugaison forte change presque toujours à l'imparfait et très-souvent au participe passé. Ce changement s'opère de quinze manières différentes.

La voyelle radicale devient :

1°. A l'imparfait, *a* bref au singulier, *a* long au pluriel, et *o* long au participe passé ;

2°. *o* à l'imparfait et au participe passé ;

(1) *Ib.*, p. 136 et suiv.

3°. *i* bref à l'infinitif, *o* bref à l'imparfait et au participe passé ;

4°. *e* à l'infinitif, *o* bref à l'imparfait et au participe passé ;

5°. *e* à l'infinitif, *ie* et quelquefois *o* à l'imparfait, *o* au participe passé ;

6°. *i* ou *e* long-doux à l'infinitif, *a* bref au singulier de l'imparfait de l'indicatif, *a* long au subjonctif et au pluriel de l'imparfait, *e* long-doux au participe passé ;

7°. *a* long à l'infinitif, *oe* à l'imparfait, *a* long au participe passé ;

8°. *ie* à l'imparfait ;

9°. *a* à l'imparfait ;

10°. *y* à l'infinitif, *e* long-doux à l'imparfait et au participe passé ;

11°. *ie* à l'infinitif, *o* long-doux à l'imparfait et au participe passé ;

12°. *ui* à l'infinitif, *o* long-doux à l'imparfait et au participe passé ;

13°. *a* ou *ou* à l'infinitif, *i* à l'imparfait, *a* ou *ou* au participe passé ;

14°. *a* long à l'infinitif, *ie* à l'imparfait, *a* long au participe passé ;

15°. *oo* long-aigu et *oe* à l'infinitif, *ie* à l'imparfait, *oo* long-aigu et *oe* au participe passé.

Comme le latin n'a presque rien conservé du type de conjugaison qui joint immédiatement la terminaison verbale à l'élément radical, le nombre des verbes néo-latins, où l'on puisse constater l'influence du *guna* sanscrit, est donc aussi très-restreint. Les verbes italiens *dare* et *stare* font à leur prétérit *die-di* ou *de-tti* ; le verbe espagnol *dar* fait au prétérit *di*, etc. Sans doute, ces formes ne sont que la reproduction du latin *de-di*, *ste-ti*; mais ces formes sont dues à l'action primitive du *guna*.

On pourrait croire que le prétérit ou passé défini du verbe latin *facere* ou du verbe français *faire* (*feci*, *fecisti*, *fecit*, *je fis*, *tu fis*, *il fit*, etc.) a subi la loi du *guna*, mais en remontant à la forme française la plus ancienne du parfait de ce verbe *fe-i*, *fe-is*, on se convainc que la forme moderne ne doit pas être attribuée à l'altération de la voyelle du radical du verbe *faire*, mais à une contraction si violente que la voyelle du radical en a été rejetée et qu'il n'est resté que l'*i*, caractéristique du parfait défini de la quatrième conjugaison française (*je f-i-s*). La loi de formation du latin *fec-i*, du vieux français *fe-i*, est empruntée à une autre règle de la conjugaison sanscrite, où les verbes, dont la racine se compose de la voyelle *a* entre deux consonnes simples, suppriment au parfait le redoublement et le remplacent par le changement de l'*a* radical en *ê*. Exemple : *tan*, « étendre, » parfait, *ténitha*, pour *tatanitha* (1).

Les modifications subies par quelques verbes celto-bretons, dans plusieurs de leurs temps, peuvent s'expliquer aussi par le sanscrit. Ainsi, dans le dialecte de Cornouailles, le verbe *être* est exprimé par *béa*; il est évident que ce terme est la reproduction de la racine sanscrite *bû* (être), comme celui de *but* ou *bout* dans le même dialecte dérive par contraction de l'infinitif sanscrit *bavitum*, « (être), » dont le suffixe *tum* est rappelé par la désinence *t* dans *bout*, et la syllabe sanscrite *avi* par *ou* dans ce verbe celto-breton.

C'est par une semblable contraction qu'il faut expliquer le changement du sanscrit *étu*, qu'il aille ; *yanti*, qu'ils aillent; en *é-et*, qu'il aille, et *é-ent*, qu'ils aillent, dans le celto-

(1) BAUDRY, *Résumé de la grammaire sanscrite*, p. 31.

breton ; du sanscrit *âyam*, *ês*, *êt*, j'allais, tu allais, il allait, en *ê-enn*, *é-ez*, *é-é*, j'allais, tu allais, il allait, dans le langage breton.

On peut reconnaître aussi, dans la langue basque, l'influence du *guna* sur la formation de l'imparfait du verbe *izatea*, en dialecte de Biscaye, verbe où l'indicatif présent *nâz*, je suis, devient à l'imparfait *ninzen*, j'étais.

§ 2. — Composition de la racine avec un auxiliaire.

« Cette manière de former certains temps du verbe, dit M. Pictet est tout à fait dans le génie des langues indo-européennes. Bopp est le premier qui en ait démontré l'existence dans les verbes sanscrits, gothiques, grecs et latins. Ce qu'il importe d'observer, c'est que presque toutes les langues de la famille offrent des traces plus ou moins évidentes de deux formations de ce genre, d'époques différentes. L'une, la plus ancienne, est antérieure à la séparation de la souche commune, et les éléments en sont surtout reconnaissables dans le sanscrit; l'autre est postérieure à la division des langues, et les éléments en sont ordinairement puisés dans l'idiome même où elle a pris naissance. Ce qui caractérise les débris de la première formation, c'est qu'ils offrent entre eux des analogies assez frappantes pour démontrer leur identité primitive, tandis que les formations secondaires, produits spéciaux du génie de chaque langue n'ont entre elles que l'analogie générale de leur mode de construction (1). »

Pour bien saisir la portée de ces observations, il faut admettre en principe qu'il n'y a qu'un seul verbe, — le verbe *être*.

(1) *De l'Affinité des langues celtiques avec le sanscrit*, p. 156.

Ce principe se trouve confirmé par le sanscrit et le basque.

Nous avons vu, en effet, plus haut que la plupart des verbes sanscrits prennent un *a* entre la racine et la terminaison pronominale. Nous avons constaté ce phénomène sans en rechercher la cause. Eh bien! nous croyons que cet *a* est entré dans la composition de ces verbes, comme représentant du verbe sanscrit par excellence : *as*, être, lequel se conjugue de la manière suivante :

INDICATIF PRÉSENT.

as-mi, moi être *ou* je suis,
a-si, toi être *ou* tu es,
as-ti, lui être *ou* il est,
s-mas, nous être *ou* nous sommes,
s-tha, vous être *ou* vous êtes.
s-anti, eux être *ou* ils sont.

Or, si nous admettons que le verbe *as* est entré dans la composition de quelques temps des verbes sanscrits, il s'ensuivra que la racine verbale *vah*, transporter, faisant à l'indicatif présent : *vah-â-mi*, *vah-a-si*, *vah-a-ti*, *vah-â-mas*, *vah-a-tha*, *vah-a-nti*, signifiera littéralement : je suis transportant, tu es transportant, etc. La racine verbale *kship*, rejeter, faisant à l'indicatif présent : *kship-â-mi*, *kship-a-si*, *kship-a-ti*, *kship-â-mas*, *kship-a-tha*, *kship-a-nti*, signifiera littéralement : je suis rejetant, tu es rejetant, etc.

Ainsi, dans cette hypothèse, les racines *vah* et *kship* représentent l'idée exprimée ; — *a*, le temps dans lequel elle est exprimée ; — les flexions *mi*, *si*, *ti*, *mas*, *tha*, *nti*, la personne qui l'exprime.

Sans doute, ce sont là des exemples de verbes réguliers, et l'on ne constate pas aussi bien la présence du verbe *as* dans les verbes sanscrits irréguliers. Cependant ce fait paraît être soumis à l'action d'une loi, car nous le retrouvons établi d'une manière générale et sans aucune exception dans toute la conjugaison basque.

Loin d'offrir, comme le prétendait Harriet dans sa *Grammaire basque*, un appareil prodigieusement varié, exigeant beaucoup de réflexion pour en saisir l'ensemble et un grand effort de mémoire pour en retenir tous les détails, la conjugaison basque se réduit aux seules modifications du verbe *izatea*, que l'on fait accompagner de trois participes invariables, suivant les temps et les relations que l'on veut exprimer. Ces participes sont : le participe présent, le participe passé et le participe futur.

Cela est si vrai que, lorsqu'un Basque veut attacher au verbe *être* une idée absolue et s'en servir comme synonyme d'*exister*, il répète le verbe *être*, et dit :

izaiten niz.......	je suis étant,
hiz.......	tu es étant,
da	il est étant,
gare......	nous sommes étant,
zarete.....	vous êtes étant,
dire.	ils sont étant.

Le Breton dit de même : *béza éz ounn*, être je suis, je suis étant.

Comme la langue basque a un autre auxiliaire pour accompagner les verbes d'*action*, le verbe *niz*, « je suis, » ne sert d'auxiliaire qu'aux verbes d'*état*, comme *minzatcen naiz* ou *niz*, « je suis parlant, » (je parle).

L'auxiliaire des verbes basques d'*action* est DUT, « faire, » et se conjugue aussi avec un participe présent, passé ou futur. Exemples :

Maithatcen dut, j'aime, littéralement :		je fais		l'action d'aimer.
Maithatcen nuen, j'aimais,	—	je faisais		
Maithatu dut, j'ai aimé,	—	j'ai fait		
Maithatuco dut, j'aimerai,	—	je ferai		

Cet auxiliaire basque rend d'une manière plus énergique que l'auxiliaire français, l'action exprimée par le verbe principal. Il correspond parfaitement à la locution anglaise *to do*, un des agents les plus puissants et le plus fréquemment usités du verbe anglais, celui qui lui prête le plus d'énergie et de flexibilité ; *do* et *did* marquent en anglais l'action même, dit le docteur Lowth, ou le temps de l'action, avec beaucoup plus de force et de précision. *I do eat*, je mange, signifie littéralement en anglais : « je fais l'action de manger. »

Au verbe auxiliaire basque *dut*, correspond le verbe auxiliaire breton *ôber*, « faire, » dont la signification originelle exprime l'action, mais qui énonce le complément ou la confirmation de l'action, lorsqu'il est employé avec un autre verbe à l'infinitif. On l'ajoute même au verbe substantif *béza*, être, quand il est nécessaire d'affirmer davantage : *béza é rann*, je fais (*mot-à-mot*, être je fais).

Des verbes allemands et flamands ont aussi des temps où le verbe *faire* est entré comme auxiliaire ; ce sont ceux qui expriment le passé. Ces verbes appartiennent à la conjugaison faible et ont l'imparfait terminé en *te* pour l'allemand, et en *de* ou *te* pour le flamand ; le participe passé terminé en *t* pour l'allemand et en *d* ou *t* pour le flamand.

Or, ces terminaisons sont des vestiges ou des abréviations de l'imparfait *that* du verbe allemand *thun*, et de *dede*, imparfait du verbe flamand *doen* ; verbes dérivant tous les deux du gothique *di-dan*, « faire. » Ainsi l'allemand *ich lieb-te*, « j'aimais, » et le flamand *ik leer-de*, « j'apprenais, » signifient littéralement : je faisais l'action d'aimer, — d'apprendre. C'est une manière d'affirmer plus positivement, comme celle si usitée en anglais : *I do love him*, qui exprime avec plus de force l'idée d'aimer, que cette expression : *I love him*, « je l'aime. »

Il est probable que ces locutions dérivent du sanscrit, car cette langue a un parfait qu'on appelle circonscrit et qui se forme avec de véritables auxiliaires. Ce parfait se forme de la racine qui acquiert la valeur d'un substantif abstrait, auquel on ajoute la flexion de l'accusatif *am* et ensuite le parfait d'un des trois verbes *kri*, « faire, » *as*, « être, » ou *bhu*, « devenir ; » ce dernier correspond au verbe auxiliaire *werden* de l'allemand et du flamand. Exemple : *isan*CHAKARA, *isâm*ASA, *isâm*BABHUVA, il a commandé ou bien il a fait l'action de commander. — La racine de ce verbe sanscrit est *is*.

Les observations qui précèdent sont de nature, pensons-nous, à jeter quelque jour sur l'origine des verbes auxiliaires, recherchée par les uns dans le vieil allemand, par les autres dans le latin et le grec.

Voyons maintenant comment chaque temps du verbe des langues de la France se lie à la formation des temps du verbe sanscrit.

INDICATIF PRÉSENT.

Ce temps est le plus simple. Il est formé par le thème verbal et les flexions personnelles.

Exemple :

Sanscrit :	*as-mi*, je suis....	*a-si*, tu es.........	*as-ti*, il est.
Basque :	*n-az*...........	*h-az*..............	*da-* (Cette troisième personne paraît dériver du latin *stat*, 3e personne du singulier de l'indicatif présent du verbe *stare*.)
Celto-breton :	*ra-m*, je fais.....	*ré-z*, tu fais........	*ra-*, il fait.
Flamand :	*ik leer-e*, j'apprends.	*du leer-s*, tu apprends..	*hy leer-t*, il apprend.
Allemand :	*ich lieb-e*, j'aime..	*du lieb-st*, tu aimes...	*er lieb-t*, il aime.
Provençal :	*am* ou *am-i*, j'aime..	*am-a-s*, tu aimes. ...	*am-a-*, il aime.
Espagnol :	*am-o*..........	*am-a-s*...........	*am-a-*.
Italien :	*vend-o*, je vends. .	*vend-i*, tu vends.....	*vend-e-*, il vend.
Français :	*j'aim-e*.........	*tu aim-es*.........	*il aim-e*.

Le subjonctif a pour caractéristique en sanscrit *i* (*ê* après *a*) ou *y*, suivant l'euphonie, et, comme en latin, il prend les désinences obtuses.

Sanscrit :	*s-yâ-m*, que je sois..	*s-yâ-s*, que tu sois...	*s-yâ-t*, qu'il soit.
Basque :	*nad-i-m*.........	*had-i-n*...........	*dad-i-n*.
Celto-breton :	*vez-i-nn*.........	*véz-i*.............	*véz-ô*.
Gothique :	*s-ij-au*.........	*s-ij-ais*...........	*s-ij-ai*.
Flamand :	*ik z-y*..........	*du z-y-s*...........	*hy z-y-*.
Allemand :	*ich se-y*.........	*du se-y-est*........	*er se-y*.
Latin :	*s-i-m*..........	*s-i-s*.............	*s-i-t*.
Provençal :	....	....	*s-i-e*.
Espagnol :	*s-e-a*..........	*s-e-as*............	*s-e-a*.
Italien :	*s-i-a*..........	*s-i-i*.............	*s-i-a*.
Français :	*s-oi-s*..........	*s-oi-s*............	*s-oi-t*.

PRÉTERIT.

Le sanscrit a plusieurs manières d'exprimer le passé. Nous ne parlerons que de celles qui ont servi à la formation des temps du passé dans les verbes de nos langues de France.

C'est du prétérit sanscrit que ces temps ont reçu leurs

flexions et leurs désinences personnelles. Mais pour bien saisir les relations qui existent entr'eux et ce prétérit sanscrit, il importe de savoir que celui-ci résulte d'une combinaison de la racine du verbe conjugué avec le prétérit du verbe *être*, traduit en sanscrit tantôt par *as*, tantôt par *b'u*. Or, ces deux termes *as* et *b'u* concourent l'un et l'autre à la formation des temps qui expriment le passé dans nos verbes.

C'est la seconde formation du prétérit multiforme du verbe *as* qui a fourni ses flexions aux temps du passé dans les conjugaisons basque et bretonne.

Exemple :

Sanscrit : *â-sam, â-sas, â-sat, â-sma, â-sata, â-san* (1).
Basque : *i-zan*, ayant été; *nin-zen*, j'étais.
Breton : *kan-iz*, je chantai ; *kan-zoud*, tu chantas ; *kan-az*, il chanta ; *kan-zomp*, nous chantâmes ; *kan-zot*, vous chantâtes; *kan-zout*, ils chantèrent.

Dans la première et la seconde personne singulière du breton, le *s* seul peut et doit être comparé aux suffixes personnels du sanscrit, parce que le breton en a perdu les désinences. Mais il est évident que les flexions de la première personne du singulier et celles des trois personnes du pluriel du breton, c'est-à-dire celles terminées en *zud*, *zomp*, *zot*, *zout*, et celles en *zan*, *zen* du basque se rapprochent beaucoup du sanscrit.

Nos verbes néo-latins et le verbe basque *dut* ont eu recours à un autre système pour exprimer le passé. Ils en ont pris les flexions au prétérit augmenté multiforme, et au

(1) L'*â* qui précède *sam, sas, sat*, etc., est l'augment qui équivaut, suivant Bopp, à l'*a* privatif des Latins, et disparaît dans les dérivés de la famille.

parfait redoublé du verbe sanscrit *b'u*, qui se conjugue, savoir :

AU PRÉTÉRIT : *abav-a-m*, j'étais *ou* je fus,
ab'av-a-s,
ab'av-a-t,
ab'av-â-ma,
ab'av-a-ta,
ab'av-a-n.

Ce prétérit du verbe *b'u*, dégagé de son augment, a fourni au latin les flexions de son imparfait : *bam*, *bas*, *bat*, *bamus*, *batis*, *bant;* par conséquent, les flexions des verbes néo-latins, comme :

Le provençal : *ama-va*, *amav-as*, *ama-va*, *ama-vam*, *ama-vatz*, *ama-van;*

L'espagnol : *ama-ba*, *ama-bas*, *amaba*, *ama-bamos*, *ama-bais*, *ama-ban*.

L'italien : *vende-va*, *vende-vi*, *vende-va*, *vende-vamo*, *vende-vate*, *vende-vano*.

Le français : *je port-ais*, *tu port-ais*, *il port-ait*, *nous port-ions*, *vous port-iez*, *ils port-aient*.

Pour saisir la relation qui existe entre le latin *port-a-bam*, *port-a-bas*, *port-a-bat*, etc., et le français *je port-ais*, *tu port-ais*, *il port-ait*, il faut remonter à la forme primitive de l'imparfait du verbe français *porter*. Voici, d'après M. de Chevallet, les transformations successives subies par ce temps depuis le moyen-âge jusqu'à nos jours.

SINGULIER.

1re *Personne :* port-è-ve, - ove, - oue, - oe, oie, - oi, - ois, - ais.
2e — port-è-ves, - oves, - oues, - oes, oies, - ois, - ais.
3e — port-è-vet, - ovet, - out, - ot, - oit, - ait.

PLURIEL.

1re *Personne :* port-.................... iomes, - ions.
2e — port-.................... iets, - iez.
3e — port-è-vent, - ovent, - ouent, - oent, - oient, - aient.

On voit par ce rapprochement que la flexion latine *a-bam* est devenue *é-ve* en français par une permutation de lettres très-régulière, et que, dans la suite des temps, elle s'est tellement syncopée qu'elle a été réduite à la désinence *ai-s*.

C'est aussi du sanscrit *abăv-a-m* que le basque de la Biscaye a formé les trois personnes du singulier, et la troisième personne du pluriel de l'imparfait de son verbe auxiliaire *dut*. Exemple :

SINGULIER.

1re Personne : *ne-ban*, j'étais *ou* j'avais,
2e — *he-ban*, tu étais *ou* tu avais,
3e — *ze-ban*, il était *ou* il avait.

PLURIEL.

1re Personne : *ghen-du-en*, nous étions *ou* avions,
2e — *zen-du-en*, vous étiez *ou* vous aviez,
3e — *ze-ben*, ils étaient *ou* avaient.

PARFAIT.

Le parfait redoublé du verbe sanscrit *b'u* se conjugue ainsi :

bab'û-v-a,
bab'û-v-it'a,

bab'û-v-a,
bab'û-v-ima,
bab'û-v-a,
bab'û-v-us.

Ce temps du verbe sanscrit, en rejetant son redoublement, a donné naissance au parfait du verbe latin *sum* :

fu-i, pour *fu-v-i*, d'un ancien verbe *fu-o*.
fu-isti,
fu-it,
fu-imus,
fu-istis,
fu-ĕrunt ou *fu-erunt*.

Ce sont ces désinences latines qui forment celles du parfait ou passé défini des verbes latins et néo-latins.

Exemples :

Latin : *ama-v-i* pour *ama-fu-i* ;
audi-v-i ou *audi-i* pour *audi-fu-i*.

Provençal : *ame-i*, *ame-is*, *ame-t*, *ame-m*, *ame-tz*, *ame-ren* ou *ame-ron*.

Espagnol : *amé-*, *ama-sti*, *amò-*, *amà-mos*, *amà-steis*, *amà-ron*.

Italien : *vende-i*, *vende-sti*, *vendè-*, *vende-mmo*, *vende-ste*, *vende-rono*.

Français : *J'aima-i*, *tu aima-s*, *il aima-*, *nous aimâmes*, *vous aimâ-tes*, *ils aim-èrent*.

« Ce mode de formation par l'auxiliaire *b'u*, dit M. Pictet, se retrouve encore dans le conditionnel breton, par exemple : *kar-fe-nn*, j'aimerais, *kar-fe-z*, *kar-fé*, etc. » Le *b* sanscrit s'est changé ici en *f* comme dans le latin *fui*, c'est-à-dire en une consonne du même ordre.

C'est aussi de la racine sanscrite *b'u*, entré en composition avec le prétérit multiforme de seconde formation du verbe *as*, que s'est formé le prétérit du gothique, partant celui du flamand et de l'allemand.

Gothique : *wa-s*, je fus; *wa-st*, tu fus; *wa-s*, il fut; *wê-sum*, nous fûmes; *wê-suht*, vous fûtes; *wê-sun*, ils furent.

Flamand : *ik wa-s*, je fus; *du wae-rs*, tu fus; *hy wa-s*, il fut; *wy wa-ren*, nous fûmes; *gy wae-rt*, vous fûtes, *zy wa-ren*, ils furent.

Allemand : *ich wa-r*, je fus; *du wa-rest* ou *wa-rst*, tu fus; *er wa-r*, il fut; *wir wa-ren*, nous fûmes; *irh wa-ret* ou *wa-rt*, vous fûtes; *sie wa-ren*, ils furent.

On aura remarqué que les trois personnes singulières du gothique ont perdu les désinences des suffixes sanscrits, et que le *s* seul leur est comparable. Cette consonne s'est changée en *r* dans le flamand et l'allemand, et ce dernier idiome a pris, comme le gothique, à la seconde personne le suffixe moderne *t*.

FUTUR.

Le sanscrit a deux manières d'exprimer le futur.

La première consiste à prendre le participe futur caractérisé par le suffixe *tri*, dont le nominatif singulier masculin est *tâ*. On joint à ce nominatif le présent du verbe « être » : *âsmi*, *âsi*, *âsmas*, *âst'a*, *ârâs;* ces flexions forment la première et la seconde personne du singulier et les trois personnes du pluriel. Mais pour la troisième du singulier, on se contente, par exception, du nominatif masculin du participe seul, c'est-à-dire sans adjonction du verbe auxiliaire.

Le participe futur en *tri* du sanscrit correspond au participe futur en *turus* du latin : *ama-turus*, je suis devant aimer. Ainsi, le participe futur du verbe sanscrit *dâ*, donner, est *dâtri*, devant donner, dont le nominatif singulier est *dâ-tâ*. On aura donc au futur de l'indicatif :

Sanscrit : *dât-âsmi*, je suis devant donner, *ou* je donnerai ;
— *dât-âsi*, tu es devant donner, *ou* tu donneras ;
— *dâtâ*, il est devant donner, *ou* il donnera ;
— *dât-âsmas*, nous sommes devant donner, *ou* nous donnerons ;
— *dâta-stâ*, vous êtes devant donner, *ou* vous donnerez ;
— *dât-âras*, ils sont devant donner, *ou* ils donneront.

C'est le même procédé qu'a suivi le verbe basque, pour former son futur simple. Exemple :

Basque : *Izanen niz*, *naiz* ou *naz*, je suis devant être, *ou* je serai ;
— *Minzatuco naiz*, je suis devant parler, *ou* je parlerai ;
— *Maithatuco dut*, je suis devant aimer, *ou* j'aimerai, etc.

Le flamand et l'allemand ont aussi recours à un verbe auxiliaire pour désigner leur futur premier. Cet auxiliaire pour le flamand est *zullen*, devoir, et pour l'allemand *werden*, devenir ; il s'ajoute non pas au participe futur du verbe que l'on conjugue, mais à son participe présent, parce que cet auxiliaire exprime suffisamment par lui-même l'*action* ou l'*état* à venir.

Exemple :

Flamand : *ik zal zyn*, je dois être *ou* je serai ;
— *ik zal drinken*, je dois boire *ou* je boirai ;
— *ik zal hebben*, je dois avoir *ou* j'aurai ;
Allemand : *ich werde syn*, je dois *ou* vais être, je serai ;
— *ich werde haben*, je dois *ou* je vais avoir, j'aurai ;
— *ich werde werden*, je dois *ou* vais devenir, je deviendrai.

La seconde manière d'exprimer le futur en sanscrit consiste à insérer, entre la racine et la flexion du verbe, la syllabe *sya* ou *shya*. L'origine peut en être rapportée à un futur inusité du verbe « être » : *a-sya-mi*, *a-sya-si*, *a-sya-ti*, *a-syâ-mas*, *a-sya-tà*, *a-sya-nti*; (c'est de ce type qu'est sorti le futur des verbes grecs en σω, σομαι).

Exemple :

Sanscrit : *dâ-syami*, je vais *ou* dois donner, je donnerai ;
— *dâ-syasi*, tu vas *ou* dois donner, tu donneras ;
— *dâ-syati*, il va *ou* doit donner, il donnera ;
— *dâ-syâmas*, nous alllons *ou* devons donner, nous donnerons ;
— *dâ-syat'a*, vous allez *ou* devez donner, vous donnerez ;
— *dâ-syanti*, ils vont *ou* doivent donner, ils donneront.

Ce seraient donc les flexions d'un ancien futur du verbe *as* (être), qui auraient concouru à former le futur second des verbes sanscrits.

Bopp, p. 904 de sa *Grammaire comparée*, considère même ce futur inusité *asyami* du sanscrit, comme étant celui d'où serait venu le futur latin du verbe *sum* : *ero*, *eris*, *erit*, pour *e-so*, *e-sis*, *e-sit*, par suite de la permutation si ordinaire de l'*a* du radical sanscrit en *e* du latin, et du *s* de la flexion sanscrite en *r* dans le latin.

Exemple :

Sanscrit.	Latin.
â-syami.	*e-ro*
â-syasi.	*e-ris*
â-syati	*e-rit*
â-syâmas.	*e-rimus*
â-syat'a	*e-ritis*
â-syanti.	*e-runt*

Cest ainsi encore que, suivant l'illustre philologue, l'imparfait du verbe substantif latin dérive du prétérit multiforme du verbe sanscrit *as :*

Sanscrit.	Latin.
â-sam.	*e-ram*
â-sis.	*e-râs*
â-sit.	*e-rat*
â-sma.	*e-râmus*
â-sta.	*e-râtis*
â-san.	*e-rant*

Les verbes latins qui ont le futur en *bo*, comme *ama-bo*, *mone-bo*, etc., ont reçu cette forme du verbe sanscrit *b'u*, « être » combiné avec la syllabe *ya*, caractéristique du futur. Ces deux syllabes réunies ont fait *bya*, qui, par le *guna* et une contraction, a produit les flexions *bo* pour *bio*, *bis*, *bit*, *bimus*, *bitis* et *bunt* pour *biunt*, flexions qui expriment les différentes personnes du temps futur dans les verbes latins de la première et de la deuxième conjugaison.

C'est le futur du verbe sanscrit *b'û* qui a formé le futur du verbe celto-breton *être* comme celui des langues slaves.

Exemple :

Sanscrit.	Celto-breton.	Lithuanien.
bavi-syami....	*bé-zinn*, je serai........	*bu-su*.
bavi-syasi.....	*bé-zi*, tu seras.........	*bu-si*.
bavi-syati. ...	*bé-zô*, il sera..........	*bu-s*.
bavi-syâmas...	*bé-zimp*, nous serons....	*bu-sime*.
bavi-syata. ...	*bé-zot*, vous serez......	*bu-site*.
bavi-syanti....	*bé-zint*. ils seront......	*bu-s*.

Les désinences personnelles du celto-breton *be-z-inn* servent de flexions au futur des verbes celto-bretons actifs ou neutres :

kan-inn, je chanterai...... *dalé-inn*, je tarderai.
kan-i, tu chanteras. ...... *dalé-i*, tu tarderas, etc.

Le futur des verbes néo-latins ne dérive pas du futur des Latins, ce qui prouve que sa formation est postérieure à la division des langues. Bopp a démontré ce point important dans sa *Grammaire comparée*, § 659, p. 910 et 911, et M. de Chevallet l'a développé avec beaucoup d'érudition dans les lignes suivantes :

« Les Latins se servaient de *habere* joint à un infinitif pour marquer le devoir, la nécessité, l'intention, le dessein de faire dans un temps futur l'action exprimée par cet infinitif : *habeo legere*, *habeo scribere*, j'ai à lire, j'ai à écrire, c'est-à-dire, je dois lire, écrire, il le faut ou bien je me propose de le faire.

« Il est probable que cette tournure était de bonne heure devenue d'un fréquent usage dans le langage populaire, pour exprimer le futur, car on la trouve souvent employée dans la basse latinité des premiers siècles du moyen-âge qui n'était que le développement du latin parlé par le peuple avant l'invasion des Barbares. Je me bornerai à rapporter quelques-uns des exemples cités dans le Glossaire de Du Cange, art. *habere*.

Qui in sanctis *habet jurare,* hoc jejunus faciat. (*Capitul.* lib. I, chap. LXI.)

Ego enim eum *habeo baptizare.* (RUPERT. *Vita s. Heriberti, archiep. Colon. n° 23.*)

Venire habet il silvam. (FULBERTUS CARNOT, *epist.* CII.)

Ego te *ferire habeo.* (*Lois lombardes de Luithprand*, tit. CVIII, § I.)

« Il semble que les idiomes néo-latins aient cherché à profiter de tous les moyens d'analyse que pouvait leur offrir la langue mère, afin d'en remplacer les formes synthétiques trop variées et trop compliquées par des formes analytiques plus uniformes, plus simples, plus faciles à saisir et à retenir. C'est ainsi que l'on eut recours à la tournure que je viens d'indiquer pour tenir lieu du futur latin dont les flexions diverses pouvaient être une cause d'embarras. De cette tournure, provient le futur de la langue d'oïl, formé d'un infinitif suivi du présent de l'indicatif du verbe *avoir* : PARTIR AI, PARTIR AS, PARTIR AT OU A, etc., c'est-à-dire *j'ai à partir, tu as à partir*, etc. Dans la suite, on réunit les deux mots et l'on eut *partirai*, *partiras*, *partira*, etc. La première et la seconde personne plurielle *avons*, *avez*, sont les seules formes du verbe *avoir* qui aient subi quelque altération en se joignant à l'infinitif : *partir avons*, *partir avez*, ont donné par syncope *partirons*, *partirez*.

« Tous les idiomes néo-latins, excepté le valaque, ont formé le futur de la même manière. En italien, *partire ho*, *partire hai*, *pârtire ha*, etc., sont devenus *partirò*, *partirai*, *partirà*, etc. L'espagnol a dit : *partir he*, *partir has*, *partire ha*, et ensuite *partiré*, *partiras*, *partirá*; le portugais : *partir hei*, *partir has*, *partir ha*, et, plus tard, *partirei*, *partiras*, *partirá*; la langue d'oc (le provençal) : *partir ai*, *partir as*, *partir a*, puis *partirai*, *partiras*, *partira* (1).

« Les trois derniers idiomes qui viennent d'être mentionnés nous offrent la preuve que, dans le principe, le verbe *avoir* était entièrement séparé de l'infinitif qui le précédait, car on trouve assez souvent, entre l'un et l'autre, un ou deux pronoms personnels servant de complément (2).

« C'est à tort que Bonamy, ainsi que MM. Orell, Ampère et autres ont voulu faire venir ce temps du futur passé de la langue latine. Il est contraire à l'analogie de la transformation des sons dans ces idiomes, que des finales grêles, telles que *ris*, *rit*, se changent en finales pleines, telles que *ras*, *ra*. Ainsi *partiveris*, *partiverit*, n'auraient jamais donné *partiras*, *partira* dans quatre langues à la fois, en espagnol, en portugais, en français et en provençal. Cette objection n'est point la seule que l'on pourrait faire à l'opinion dont je viens de parler.

« La formation du futur au moyen du verbe *avoir* n'est pas exclusivement propre aux langues néo-latines, on la re-

(1) Ce mode de formation du futur a été signalé, pour la langue espagnole dès 1492, par Antoine de Nebrixa ou Lebrixa, le plus ancien des grammairiens espagnols. (*Grammatica sobre la lengua Castellana*, chap. II.) Il a été admis, pour le français, par Regnier-Desmarais, La Curne de Sainte-Palaye, Raynouard, etc. (de CHEVALLET).

(2) Voir des exemples dans M. Raynouard, *Grammaire comparée des langues de l'Europe latine*, p. 298 et 871, et La Curne de Sainte-Palaye, *Remarques sur la langue française*, dans les Mémoires de l'Académie des Inscriptions, t. XXIV, p. 684.

trouve en albanais et en vieux slave. Le gothique d'Ulfilas nous en présente également quelques exemples.

« Nos verbes dont l'infinitif est aujourd'hui en *oir* (*recevoir*) formèrent leur futur de leur ancien infinitif, qui était terminé en *er*. *Recever*, *mouver*, *saver*, donnèrent les futurs *receverai*, *mouverai*, *saverai*, qui devinrent *recevrai*, *mouvrai*, *saurai*. Nos poètes font, pour le besoin de la mesure, une syncope semblable dans les futurs des verbes de la première conjugaison dont la flexion *erai*, *eras*, *etc.*, est précédée d'une voyelle. Ils disent : *prîrai*, *avoûrai*, pour *prierai*, *avouerai*.

« Nos deux auxiliaires *avoir* et *être* formèrent également leurs futurs de leurs anciens infinitifs *aver* et *ester*. Le premier donna *averai*, devenu par syncope *aurai*, comme *saverai*, que nous venons de voir, est devenu *saurai*.

« *Ester*, être, eut pour futur *esterai*, qui devint *esserai* et enfin *serai*, par apocope (1). »

INFINITIF.

Le suffixe caractéristique de l'infinitif sanscrit est *tum*; il répond au supin actif des verbes latins. On le retrouve sous la simple forme de *t* dans les infinitifs celto-bretons *daléou-t*, tarder, *anavézou-t*, connaître, *dléou-t*, devoir, etc., et sous celle de *tea* dans les infinitifs des verbes basques *izaitea*, être, *yaqui-tea*, savoir, *egui-tea*, faire, *emai-tea*, donner.

Mais les Védas montrent encore plusieurs autres formes de l'infinitif sanscrit, parmi lesquelles il y en a une en *âse* qui nous découvre l'origine de l'infinitif ordinaire des Latins

(1) *Origine et formation de la langue française*, t. III, p. 264 et suiv.

es-se, *pos-se*, *ama-re*, *mone-re*, *lege-re*, *audi-re*, par conséquent celle de l'infinitif de nos verbes néo-latins :

Provençal : *ama-r*, *senti-r*;
Espagnol : *teme-r*, *parti-r*, *attribui-r*;
Italien : *compra-re*, *vend-re*, *servi-re*;
Français : *aime-r*, *fini-r*, *prend-re*.

Le *s* de l'infinitif védique est devenu *r* dans les verbes latins et néo-latins, à cause de sa position entre deux voyelles. Consulter sur ce changement la Grammaire sanscrite de Benfey, § 919.

Le grammairien indien Pânimi, qui vivait vers le IVe siècle avant Jésus-Christ, énumère dans ses *Sûtras* ou Règles, un certain nombre d'autres anciennes désinences de l'infinitif sanscrit. On y remarque quelques-unes terminées par la nasale *n*, comme *sên*, *asên*, *hasen*, *adhyâin*, *etc.* C'est vraisemblalement d'une de ces dernières formes que vient la nasale *n* de l'infinitif germanique :

Gothique :	*tauj-a-n*,	faire ;	*hab-a-n*,	avoir.
Allemand :	*thu-n*,	—	*hab-e-n*,	—
Flamand :	*doe-n*,	—	*hebb-e-n*,	—

PARTICIPE PRÉSENT.

Le *n*, soit seul, soit combiné avec une dentale, entre dans la formation des participes présents des verbes actifs de la famille indo-européenne :

Sanscrit : *tud-an*, part. prés. *tud-ant-i*, tourmentant.
Basque : *hastz-en*, commençant ; *hartz-en*, prenant.

Breton : *kan-a*, chantant (le *n* caractéristique manque).
Gothique : *taug-and(s)*, faisant; *hab-and(s)*, ayant.
Flamand : *doen-end(e)*, — *hebb-end(e)*, —
Allemand : *thu-nd*, — *hab-end*, —
Latin : *ama-ns, ama-nt-is*; *lege-ns, lege-nt-is*.
Provençal : *ama-nt*, *sente-nt*.
Espagnol : *ama-nt-e*.
Italien : *vende-nd-o*, *serve-nd-o*.
Français : *aima-nt, lisa-nt*.

PARTICIPE PASSÉ.

Le *t* et les dentales en général forment dans les langues dont nous nous occupons, des participes passés ou passifs, ou du moins des adjectifs qui s'en rapprochent beaucoup par le sens.

En sanscrit, le suffixe du participe présent passif est *ta* (*tas, tâ, tam*), correspondant au participe latin en *tus*, *ta*, *tum;* il se retrouve dans le participe passé des langues de la famille.

Exemple :

Allemand : *gehab-t*, eu ; *gelob-t*, loué ; *gefreu(e)-t*, réjoui.
Flamand : *geweęs-t*, été ; *geha-d*, eu ; *geleer-d*, appris ; *gevlei-d*, flatté.
Celto-breton : *kane-t*, chanté ; *kare-t*, aimé ; *gwéze-t,* su ; *dléel-t*, dû, etc.
Basque : *has-si*, commencé ; *eros-si*, acheté (dans ces mots, le *t* sanscrit s'est changé en *s*) ; *har-tu*, pris ; *langun-tu*, accompagné.
Provençal : *ama-t*, aimé ; *senti-t*, senti.

Espagnol : *habi-do*, *teni-do*, eu ; *si-do*, *esta-do*, été ; *ama-do*, aimé; *temi-do*, craint; *parti-do*, partagé.

Italien : *avû-to*, *avû-ta*, *avû-ti*, *avû-te*, eu ; *stâ-to*, *stâ-ta*, *stâ-ti*, *stâ-te*, été ; *comprâ-to*, acheté ; *vendu-to*, vendu ; *servi-to*, servi.

Le français a perdu la dentale caractéristique du participe passé. Mais anciennement, il écrivait : *evu-t*, *evu-d eu-t* (du latin *habi-tum*, eu) ; *este-t*, *esté* (de *statum*) ; *porte-t* (de *porta-tum*) ; *battu-t* (de *battu-tum*).

« Les consonnes qui servent à la formation des participes, dit M. Ad. Regnier, nous les retrouvons dans un grand nombre de suffixes, soit simples, soit composés, qui le plus souvent s'adaptent à des thèmes verbaux et leur donnent une valeur, ou de noms, ou d'adjectifs, un sens tantôt actif, tantôt passif, sens d'action ou d'agent, d'objet souffrant l'action ou de qualité agissante (1). »

(1) *Traité de la formation des mots*, p. 301.

DE L'ACCENT TONIQUE DES LANGUES

ET DE LA TONALITÉ MUSICALE.

—

Au moyen-âge, la grammaire et la musique comptaient parmi les arts libéraux ; c'est qu'entre ces deux branches de l'*art*, il y a des rapports étroits et intimes. Aussi, les *neumes,* ou accents musicaux, étaient-ils des signes qui correspondaient aux accents grammaticaux.

Comme ceux-ci, ils étaient de trois sortes :

1°. Longs ; 2°. brefs ; 3°. longs-brefs ;

1°. Graves ; 2°. aigus ; 3°. graves-aigus ou circonflexes.

Les premiers indiquent l'élévation de la voix ou l'*arsis* ; les seconds, l'abaissement de la voix ou la *thesis* ; les troisièmes, la combinaison de l'*arsis* et de la *thesis*.

« Quoi de plus naturel, dit M. Vitet (1), que d'avoir appliqué aux inflexions du chant les signes destinés à marquer les inflexions de la parole ? Pour chanter comme pour parler, il n'y a que trois manières d'émettre le son, l'élever, l'abaisser ou le maintenir au même degré. Seulement, pour la voix qui chante, chaque son devant avoir une intonation déterminée, il faut autant d'accents que de syllabes, tandis que, pour la voix qui parle, quelques syllabes seulement ont besoin de porter un accent. De là, nécessité de faire avec les trois éléments fondamentaux de l'intonation

(1) *Journal des Savants*, cahier de décembre 1855.

vocale des combinaisons assez nombreuses et assez variées pour exprimer toutes les inflexions de l'intonation musicale. Mais le point délicat est moins de savoir si tel signe ordonne d'élever ou d'abaisser la voix, que de pouvoir discerner à coup sûr quel est le degré précis d'élévation ou d'abaissement, en d'autres termes, quel est l'intervalle musical que ce signe commande. »

C'est là, en effet, le siége de la difficulté, et personne n'est encore parvenu à la surmonter, c'est-à-dire, « à interpréter *à priori*, suivant l'expression de M. Vincent, à interpréter sûrement, complétement, un morceau quelconque de musique écrite en neumes primitifs, s'il n'a eu pour aider à cette lecture aucun renseignement sur le ton du morceau, aucun terme de comparaison qu'il puisse en rapprocher, aucune tradition qui s'y rattache, aucune transcription qui en dérive de près ou de loin (1). »

Ainsi, la science musicale, de l'aveu de ses plus habiles interprètes, est impuissante à déchiffrer la notation neumatique. La grammaire saurait-elle atteindre ce but, ou au moins indiquer la voie qui y mène?

Et d'abord, répétons ici ce que M. d'Ortigue a écrit, avec beaucoup de savoir et une profonde philosophie, dans son *Introduction à l'étude comparée des tonalités*, p. 10 et suiv. « L'homme chante par cela seul qu'il parle, comme il parle par cela seul qu'il pense..... La seule différence qui existe entre le chant produit par la voix de l'homme qui parle et le chant musical, c'est que, dans le premier, la voix parcourt des intervalles extrêmement rapprochés les uns des autres, indéterminés, qui ne peuvent être ramenés à aucune gamme, et, par cela même, inappréciables, tandis que,

(1) *Le Correspondant*, du 25 juin 1855.

dans le second, elle observe des intervalles indéterminés, appréciables, perceptibles, c'est-à-dire qui appartiennent à une gamme connue, et dont l'oreille peut assigner la place dans l'échelle des sons. Nous arrivons ainsi à comprendre que, dans les tonalités ou systèmes musicaux qui sont basés sur l'élément nécessaire de la parole et inséparable d'elle, l'échelle des sons était constituée sur de très-petits intervalles, comme des quarts de ton... Il est impossible de méconnaître, dans la musique de chaque nation, certains caractères particuliers... Nous voyons de plus que certains types caractéristiques de tonalités se perpétuent dans les chants populaires, dans ces airs indigènes, particuliers aux provinces, qui sont, relativement à notre musique, comme autant d'idiomes et de dialectes... Antérieures à notre système, ces tonalités populaires se conservent, ainsi que les langues locales, les patois, antérieurs à nos langues, se conservent sous l'empire de la langue commune... Nous avons dit qu'il existe des tonalités qui procèdent par des intervalles excessivement rapprochés les uns des autres, lesquels correspondent à des *tiers* et des *quarts* de ton ; de bonne foi, comment admettre que ces petits intervalles de quarts et de tiers de ton, accents nécessaires aux peuples sensuels et voluptueux de l'Orient, ne soient pas les accents nécessaires de leur musique et de leur langage ? Comment admettre une distinction entre les accents de l'un et les accents de l'autre !... On fera des volumes sur cette matière sans rien expliquer, aussi longtemps qu'on s'obstinera à se restreindre dans le cercle spécial de l'art purement musical.

« Nulle tonalité n'est donc nécessaire en soi, conclut plus loin M. d'Ortigue (p. 58). Les tonalités naissent d'une foule de circonstances, telles que les éléments de la langue, les qualités physiologiques distinctives des races humaines, les habitudes de l'oreille, circonstances qui expliquent non-seulement la diversité des systèmes, mais encore les caractères différents des écoles sous l'empire d'un même système. »

Les faits confirment la théorie de M. d'Ortigue. N'est-il pas certain qu'une phrase étant donnée, elle sera lue ou prononcée de manières différentes par un Français, un Anglais, un Espagnol, un Allemand, un Polonais, etc. ? Par conséquent, la valeur tonique des syllabes, formant les mots qui constituent la phrase, variera suivant la nationalité de celui qui lit ou parle. Des signes quelconques ont donc été jugés nécessaires pour fixer cette valeur et la maintenir autant que possible invariable dans le chant à toutes les époques et dans tous les pays.

Les signes, qui ont été primitivement usités dans la musique, ont été, avons-nous dit, les mêmes que ceux dont on se servait pour l'accentuation du discours. Les Grecs sont les premiers qui les aient employés ; du moins on le suppose, parce que ces signes ont été nommés d'un nom emprunté à leur langue, πνευμα. Suivant saint Jean Damascène, ce mot dérive de πνειν qui veut dire *respirer*, *souffler*, *inspirer*, et πνευμα signifie *souffle*, *esprit*. Il y a quatre sortes de πνευμα : deux sont pour les voix ascendantes et les deux autres pour les voix descendantes (1). « Les Grecs, écrit Duclos dans ses *Remarques sur la Grammaire générale*, étaient fort sensibles à l'harmonie. Aristoxène parle du chant du discours, et Denys d'Halicarnasse dit que l'élévation du ton dans l'accent aigu et l'abaissement dans le grave, étaient d'une quinte ; ainsi l'accent prosodique était aussi musical, surtout le circonflexe, où la voix, après avoir monté

(1) Manuscrit en la possession de M. Vincent, et cité par lui dans l'art. suscité.

d'une quinte, descendait d'une autre quinte sur la même syllabe, qui, par conséquent, se prononçait deux fois. »

Ce passage est important, puisqu'il nous apprend non-seulement que chez les Grecs, l'accent prosodique ne différait point de l'accent musical, mais encore *quel est le degré précis d'élévation ou d'abaissement de la voix*. Ce passage satisfait donc en tous points au vœu exprimé par M. Vitet et cité plus haut, à savoir qu'il fait connaître l'*intervalle musical qu'un signe neumatique commande* chez les Grecs.

Quant à la langue des Latins, nous ne possédons malheureusement pas de document qui nous révèle quelle était la proportion de leurs accents, mais Cicéron témoigne, dans son *de Orator.*, XVII, 57, qu'ils étaient, comme chez les Grecs, au nombre de trois : le circonflexe, l'aigu et le grave, et que les Romains étaient très-sensibles à la prosodie : une syllabe trop brève ou trop longue, dit-il, fait pousser des cris dans nos théâtres, quoique la foule ne connaisse ni pieds ni rhythme, et qu'elle ne sache ni pourquoi ni en quoi l'oreille est offensée. — « Theatra tota exclamant, si fuit una syllaba brevior aut longior ; nec vero multitudo pedes novit, nec ullos numeros tenet, nec illud quod offendit aut cur aut in quo offendat intelligit : et tamen omnium longitudinum et brevitatum in sonis, sicut acutarum graviumque vocum, judicium ipsa natura in auribus nostris collocavit. »

Puisque les accents des Latins étaient les mêmes que ceux des Grecs, et qu'au rapport de M. Vincent, l'Eglise latine a adopté les traditions musicales des Grecs (1), ne pourrait-on pas dire aussi que, chez les premiers comme chez les seconds, le degré d'élévation ou d'abaissement de la voix était le même, c'est-à-dire d'une quinte ? Ceci, nous l'avouons,

(1) *Sur la tonalité ecclésiastique*. Revue archéologique, XIVe année, 1858.

n'est qu'une simple hypothèse de notre part, et nous nous contentons de l'indiquer en la soumettant à l'appréciation des musicologues. Heureux, si elle pouvait servir à déterminer un jour exactement l'intervalle musical commandé par les neumes latins.

Une autre question non moins importante reste à élucider. Ces signes indiquaient-ils aussi ce qu'on appelle en musique *la mesure ?* Ici, il n'est pas inutile de rappeler la distinction que fait M. Vitet entre deux termes que l'on a crus synonymes et que l'on a longtemps confondus. « Les anciens, dit le savant académicien, subordonnaient les divisions de la durée, l'un aux exigences de la métrique et de la prosodie, l'autre au sens de la parole et au mouvement de la passion. Le chant réglé par le rhythme oratoire était, pour le moins, aussi libre que notre récitatif, c'est-à-dire que notre musique non mesurée, et quant au rhythme poétique, le rhythme des chants héroïques, quoique moins vague que le rhythme oratoire, il n'était pas non plus rigoureusement déterminé. Le troisième seul, le rhythme de la poésie lyrique, de la danse et de la musique d'instrument, était franchement musical, et par là même franchement accentué ; mais, comme il était conforme au genre de musique avec lequel il était uni, comme il n'était que mélodique, il n'avait pas besoin d'atteindre à un degré de précision mathématique et d'exactitude absolue, superflu pour la mélodie et presque incompatible avec elle. Les Grecs, il faut le croire, n'en seraient pas restés là, s'ils avaient connu l'harmonie et les complications qu'elle enfante ; au lieu de trois sortes de rhythmes, ils en auraient eu quatre ; ils auraient caractérisé le quatrième en l'appelant rhythme harmonique ; et aujourd'hui on serait en droit de nous dire qu'entre le rhythme antique et la mesure il y a vraiment identité. Mais comme il n'en est point ainsi, il faut prendre les choses telles qu'elles sont et nous garder de confondre ce qui est véritablement distinct. Le rhythme musical des anciens était la *mesure* de la mélodie ; la mesure, au contraire, est le *rhythme* de l'harmonie, rhythme à part, rhythme spécial, qui, de même que l'harmonie, n'est qu'en partie d'origine antique, et tout moderne en réalité. »

M. Vitet attribue à l'influence des peuples du Nord ce qu'il y a de moderne dans la musique mesurée, et ajoute en terminant « qu'il s'y trouve autre chose que dans la musique rhythmée des anciens, et nous en trouvons la preuve dans la mesure elle-même, puisqu'elle a conservé comme une trace encore visible de la rude et monotone influence qui a concouru à la former, et qui lui a légué son exactitude inflexible, aveugle et toute matérielle. » Ne demandons pas à M. Vitet sur quoi il fonde cette assertion; il répondra franchement qu'il n'a ni preuves authentiques ni exemples directs à l'appui de son opinion. Cependant nous l'adoptons, et nous tenterons de la justifier, en invoquant non pas des théories musicales, puisque l'histoire garde le silence sur elles, mais la prosodie des peuples du Nord.

Et d'abord cette expression *battre la mesure* est une locution d'origine septentrionale. En effet, si nous consultons les traités de versification des Goths, des Anglo-Saxons, des Allemands, des Néerlandais, etc., nous verrons qu'il fallait un certain nombre de cadences, nommées COUPS (*ictus* en latin, *slagen* en langage teutonique), pour former le vers des peuples septentrionaux.

La longueur du vers ordinaire ou *narratif* des Anglo-Saxons n'était pas déterminée par pieds comme chez les Latins, et sa mesure n'était influencée, comme chez les Islandais, que par les syllabes longues ou accentuées, c'est-à-dire par des syllabes qui ont de l'emphase dans le son, et pour la prononciation desquelles la voix doit s'élever. Or, suivant l'expression de l'illustre hollandais Ten Kate, une syllabe longue est la partie réelle ou radicale du mot sur laquelle porte l'intonation ou l'*arsis*, ou, ce qui revient au même, l'élévation de la voix.

Le vers narratif anglo-saxon contient deux syllabes longues, et chacune d'elles est habituellement suivie d'une ou de plusieurs syllabes, qu'on peut prononcer brièvement et qui sont, pour ainsi dire, incolores et muettes. « Du reste, fait observer Rask dans sa Grammaire anglo-saxonne, il ne paraît pas que ces syllabes longues et brèves doivent être disposées d'après d'autres règles que celles prescrites par l'oreille et par la cadence du vers. Toutefois, deux ou même un plus grand nombre de syllabes accentuées se rencontrent rarement sans être accompagnées de quelques brèves. En grec et en latin, un dactyle est l'équivalent d'un spondée; mais dans ce genre de vers, un dactyle, un spondée, un trochée, etc., sont tous considérés comme équivalents, parce que chacun d'eux a une syllabe emphatique (1). »

A ce propos, le célèbre professeur danois Finn Magnusen a fait au grammairien Rask une remarque qu'il est bon de signaler à l'attention de tous ceux qui s'occupent d'esthétique; c'est que les Grecs devraient leur vers hexamètre au vers narratif des nations gothiques. « Il est constant, en effet, continue le savant Rask, que le vers national le plus ancien chez les nations phrygiennes est l'hexamètre, comme chez les peuples gothiques le vers narratif. Or, si l'on considère l'arrangement de chacun, la ressemblance est frappante, et l'hexamètre paraît être simplement une forme

(1) Traduction manuscrite de M. de Sourdeval.

restreinte du vers narratif, dont l'allure est plus libre, plus rude et sans doute plus antique. Pour donner un exemple de ce rapprochement, je vais arranger, d'après les règles du vers narratif, quelques hexamètres grecs et latins pris au hasard :

Την μεν γαρ
Κάκοτητα και ιλαδον
Εστιν ελεσθαι
Ρηΐδιως·
Λειη μεν όδος
Μαλα δ'εγγυθι ναιει
Της δ'αρετης
Ιδρωτα θεοι
Προπαροιδεν εθηκαν
Αθανατοι·
Μακρος δε και ορθιος
Οιμος επ'ανθην,
Και τρηχυς
Το πρωτον, επηνδε
Εις ακρον ικηται·
Ρηΐδιη δε
Επειτα πελει,
Καλεπη περ εουσα.

Arma virumque
Cano, Trojæ
Qui primus ab oris
Italiam
Fato profugus
Lavinaque venit
Littora : multùm
Ille et terris
Jactatus et alto,
Vi superûm
Sævæ memorem
Junonis ob iram;
Multa quoque
Et bello passus,
Dùm conderet urbem,
Inferetque
Deos Latio
Genus undè Latinum.

« Cette décomposition produit, non un vers pindarique ou adonique, mais un vers narratif gothique si complet que, dans ces dix-huit vers d'Hésiode et de Virgile, il n'y a ni déviation ni faute contre les règles du verbe narratif ; et ils se lisent d'une manière aussi coulante comme vers islandais que comme vers hexamètres (1). ».

Des érudits du premier ordre, parmi lesquels on cite les

(1) Traduction inédite de M. de Sourdeval.

frères Grimm, ont cru, au contraire, que les vers narratifs gothiques et anglo-saxons avaient emprunté leur mesure à l'hexamètre des Grecs et des Latins, et, de deux vers narratifs, ils n'en ont fait qu'un, c'est-à-dire, qu'ils les ont écrits sur la même ligne. C'est ainsi qu'ils ont réduit à cinq lignes les dix vers suivants de Boëce :

Eálá thú scippend	Hélas ! toi, créateur
Scirra tungla	Des brillants astres,
Heofones and eordan !	Du ciel et de la terre !
Thu on heahsette	Toi, sur le trône
Écum ricsast ;	Toujours règnes ;
And thu ealne hrœthe	Et toi, tous rapidement
Heofon ymb-hweorfest	Les cieux en rond tournes ;
And thurh thine halige miht	Et par ton saint pouvoir,
Tunglu genýdest	Les astres obliges
Thæt hi the to hyrad !	A t'obéir ! (1).

Si on n'écrivait ces vers qu'en cinq lignes, il s'ensuivrait qu'on se trouverait en opposition directe, 1°. avec le mode de versification usité chez les nations scandinaves, depuis les temps les plus reculés jusqu'à nos jours ; 2°. avec l'ancien usage des Anglo-Saxons eux-mêmes, qui, dans la plupart des manuscrits, ont soigneusement indiqué par des points la fin de chaque vers narratif ; 3°. avec toutes les règles de l'ancienne poésie gothique, qui nous enseignent que les vers étaient constamment unis deux à deux par l'allitération ; 5°. enfin, avec tout le système de l'ancienne versification des peuples du Nord, qui n'ont jamais admis la *césure* des hexamètres ni des pentamètres grecs et latins.

En anglo-saxon, comme dans tout idiome teutonique,

(1) Traduction inédite de M. de Sourdeval.

le ton principal s'appuyait, avons-nous dit, sur la première syllabe radicale ; de façon que les préfixes ne recevaient jamais l'accent. Mais, dans un mot composé de deux termes ayant chacun un sens propre et indépendant, le ton appartient généralement au premier.

Dans les mots anglais d'origine saxonne, la syllabe radicale ou principale conserve l'accent ; dans ceux tirés des langues savantes, l'accent ne varie pas.

Les substantifs et les adjectifs anglais de deux syllabes l'ont sur la première syllabe ; les verbes dissyllabiques l'ont sur la dernière, les participes de deux syllabes retiennent celui du verbe dont ils dérivent. Ceux dérivant des verbes monosyllabiques ont toujours l'accent sur la première syllabe.

Quant aux trisyllabes et autres polysyllabes, on peut établir, comme règle générale, que les premiers ont l'accent sur la première syllabe et les seconds sur la troisième. Mais, à cette règle générale, il y a de nombreuses exceptions.

Au siècle dernier, l'abbé d'Olivet niait que la langue française eût l'accent prosodique. Il ignorait sans doute que le grammairien Louis Meigret avait déjà résolu cette question, deux siècles auparavant, de la manière la plus affirmative, et avait étayé sa doctrine des raisons les plus fortes. « L'*accent*, disait-il, ou *ton* en prononciation est une loi ou règle certaine pour élever ou abaisser la prononciation d'une chacune syllabe. Et combien que cette doctrine semblera bien nouvelle au pur françois, si (cependant) est-elle de telle conséquence que, si quelqu'un ne les observe, soit par usage ou par doctrine, et qu'il les confonde, l'oreille françoise s'en mecontentera : de sorte que, combien que les syllabes soient observées en la prononciation avec leur quantité, si toutefois l'accent est corrompu, elle ne la daignera avouer sienne. »

Puis, posant les règles de l'accentuation française : « Pour commencer à défricher cette doctrine, il faut premièrement entendre que jamais l'accent élevé ne se rencontre en la dernière syllabe des dissyllabiques ne polysyllabiques; et que le ton déclinant ou circonflexe ne se treuve point qu'en la penultime syllabe, si elle est longue et la dernière brève.

« Les monosyllabes en notre langue font varier les tons d'aucuns dissyllabiques, ni ont eux-mêmes aucun ton stable. »

Ainsi, de deux monosyllabes qui se suivent soit au commencement d'une phrase, soit après un polysyllabe, le premier sera seul accentué; si ce sont trois monosyllabes, l'accent portera sur le second, etc.

Nous pensons donc, d'après toutes les considérations qui précèdent, qu'il importe, quand il s'agit d'interpréter les neumes primitifs, de tenir compte du génie prosodique du peuple, auquel appartient l'artiste qui a fait usage de ces accents pour la notation des textes anciens.

FIN.

TABLE DES MATIÈRES

GRAMMAIRE COMPARÉE

FIN DE LA TABLE.

ERRATA

Pages 46, ligne 1, au lieu de *bornées*, lisez : *bornés.*

— 160, ligne 24, au lieu de *primaires et relations secondaires, auxquelles....*, lisez : *primaires et relations secondaires. Aux premières....*

— 167, ligne 3, au lieu de *zounenondergang*, lisez : *zonnenondergang.*

Clermont, typ. Ferdinand Thibaud.

www.ingramcontent.com/pod-product-compliance
Ingram Content Group UK Ltd.
Pitfield, Milton Keynes, MK11 3LW, UK
UKHW020442200726
13857UKWH00002B/530